CO MI DOLEGA?

PORADNIK SKUTECZNEGO LECZENIA DIETĄ

BOŻENA KROPKA

CO MI DOLEGA?

PORADNIK SKUTECZNEGO LECZENIA DIETĄ

WYDAWNICTWO ZNAK
KRAKÓW 2016

Projekt okładki
Grzegorz Araszewski

Konsultacja
Paweł Grzesiowski – dr nauk medycznych
Joanna Gruszka – dietetyk kliniczny

Opieka redakcyjna
Kamila Piechota, Daniel Lis

Redakcja i rysunki
Agata Przewieźlik

Adiustacja
Iwona Huchla / e-DYTOR

Korekta
Bożena Dembińska, Urszula Włodarska / e-DYTOR
Klaudia Dróżdż / e-DYTOR

Opracowanie typograficzne i łamanie
Małgorzata Wieczorek / e-DYTOR

Indeks
Zofia Smyk/ e-DYTOR

ISBN 978-83-240-4127-5

znak
Książki z dobrej strony: www.znak.com.pl
Więcej o naszych autorach i książkach: www.wydawnictwoznak.pl
Społeczny Instytut Wydawniczy Znak, 30-105 Kraków, ul. Kościuszki 37
Dział sprzedaży: tel. (12) 61 99 569, e-mail: czytelnicy@znak.com.pl
Wydanie I, Kraków 2016. Printed in EU

SPIS TREŚCI

MAPA KSIĄŻKI

I. Układ pokarmowy
II. Mamy miliardy przyjaciół, czyli o florze bakteryjnej
III. Niezbędny sojusznik w walce z chorobą – układ odpornościowy
IV. Nietolerancje pokarmowe

V. Otyłość a nietolerancje pokarmowe
VI. Prawidłowe odżywianie

VII. Badania – droga do trafnej diagnozy

VIII. Od zdrowia dzieli nas tylko sześć kroków

IX. Psychika

X. Dodatki:
– Przepisy
– Jadłospis na cały tydzień
– Dzienniczki autodiagnozy

POZNAJ, JAK FUNKCJONUJE NASZ ORGANIZM I CO POWODUJE, ŻE CHORUJEMY

JEDZ MĄDRZE, WIĘKSZOŚĆ CHORÓB WYNIKA ZE ZŁEJ DIETY!

BADAJ SIĘ!

JEŚLI ZALECENIA NIE POMAGAJĄ, SKORZYSTAJ Z OSTATNIEJ DESKI RATUNKU!

POSTAW NA POZYTYWNE EMOCJE!

SKORZYSTAJ Z PRAKTYCZNYCH DODATKÓW!

WPROWADZENIE

„Sześć kroków wyjścia z alergii" to nowatorski program wspomagania dietą leczenia wielu chorób.

dr n. med. Paweł Grzesiowski

O CZYM TRAKTUJE TA KSIĄŻKA?

Ideę tego poradnika można podsumować jednym zdaniem: eliminuj zagrożenie, a będziesz zdrowy.

Decyzja, co zjeść i o jakiej porze, to prawdopodobnie najważniejsza decyzja dnia. Od niej będzie zależało nasze samopoczucie, zdolność myślenia, koncentracji, stan zdrowia dzisiaj i w przyszłości. Żywność to rodzaj paliwa, które nas napędza, to źródło zdrowia i energii. W ciągu 70 lat życia spożywamy około 1,9 tony białka, 2,3 tony tłuszczów, 9,5 tony węglowodanów oraz 0,6 tony składników mineralnych. To naprawdę sporo! Organizm musi przetworzyć aż tyle pokarmu. Ale od czasów pierwotnych bardzo zmieniła się jakość pożywienia, a nasz układ pokarmowy nie nadąża z modyfikowaniem swojej pracy pod kątem tych zmian.

W rezultacie prawdziwą plagą stały się obecnie nietolerancje pokarmowe i alergie. To najczęściej występujące choroby cywilizacyjne. Cierpi na nie coraz więcej dzieci i dorosłych. Powodem jest odejście od naturalnej kuchni i zdrowych produktów. Pożywienie zawierające konserwanty, barwniki czy stabilizatory wpływa na nieprawidłową pracę układu pokarmowego. Ale nie tylko: może również wpływać na zaburzenia płodności. Przyczyną problemów z zajściem w ciążę mogą być stany zapalne u kobiet, które wynikają z reakcji alergicznej (na przykład na gluten). Czasem wystarczy wykluczyć go z diety, aby kobieta zaszła w ciążę, tak jak było w moim przypadku. W książce omawiam między innymi przyczyny powstawania nietolerancji pokarmowych i alergii, ich objawy oraz schorzenia, jakie mogą powodować, a także zalecenia, które pomogą w skutecznej ich likwidacji.

Nieprawidłowości w trawieniu i wchłanianiu to nie koniec zaburzeń powstających w organizmie. Niejednokrotnie przyczyną różnych chorób i dolegliwości, na jakie cierpimy, jest **tryb życia**: stres, długotrwała praca, brak odpoczynku. W moim gabinecie pojawiają się osoby, które śpią kilka godzin na dobę, nie odpoczywają, czasami już nawet nie potrafią odpoczywać. Taka codzienność najpierw jest koniecznością, potem przyzwyczajeniem. Zadziwiająca jest dla mnie sytuacja, w której matki dbają tylko o zdrowie swoich dzieci, zupełnie nie zważając na potrzeby własnego organizmu. Może przyszedł czas, aby zacząć uczyć się odpoczywania?

W dniu wypełnionym wyłącznie obowiązkami nie ma czasu na przygotowanie zdrowego posiłku i zjedzenie go przy stole w rodzinnym gronie. Nie ma czasu na spacer, zabawę, relaks, spotkanie z przyjaciółmi.

Pewnego razu przyszedł do mnie pracownik korporacji. Był dumny ze swoich sukcesów zawodowych. Zarabiał pieniądze, o których znajomi mogli tylko pomarzyć. Ale niestety pojawiły się dolegliwości, które bardzo utrudniały mu nie tylko wydajną pracę, lecz także życie: osłabienie, problemy z koncentracją, brak siły napędowej. Na dodatek, dbając o kondycję fizyczną i piękne ciało, codziennie korzystał z siłowni, która znajdowała się na terenie biura. Efekt? Zaburzenie pracy nadnerczy. Zespół przewlekłego stresu doprowadził do ich wyczerpania i zmusił pacjenta do brania leków psychotropowych, powodując problemy żołądkowo-jelitowe, z którymi trafił do mnie.

Problem nadmiaru obowiązków rzutujących na nasze zdrowie dotyczy również dzieci. Rodzice dbają o ich wszechstronne wykształcenie, fundując im kolejne dodatkowe zajęcia. Tymczasem nie radzą sobie z coraz częściej pojawiającą się u dzieci nadpobudliwością, brakiem koncentracji czy problemami ze snem. Układ nerwowy dziecka, któremu nie jesteśmy w stanie codziennie przygotowywać zdrowych, pełnowartościowych posiłków, obciążany jest szkodliwymi składnikami, zwłaszcza cukrem. Nie uczymy naszych pociech zasad zdrowego stylu życia, ponieważ sami ich nie znamy. Czas to zmienić!

Do mojego gabinetu przychodzą pacjenci zmęczeni chorobą, rozczarowani wynikami dotychczasowego leczenia. Medycyna, mimo wielkiego postępu, nie radzi sobie ze schorzeniami, których podłożem są złe nawyki żywieniowe. W takich przypadkach stosowane leki przynoszą ulgę tylko na chwilę. Po ich odstawieniu uciążliwe dolegliwości wracają, ponieważ nie została zdiagnozowana przyczyna schorzenia.

Jestem specjalistką do spraw leczenia żywieniem chorób zależnych od diety oraz propagatorką zdrowego stylu życia. Moje badania opieram na wieloletnim doświadczeniu klinicznym. Jako dietetyczka zaczynałam praktykę, pomagając pacjentom z zaburzeniami trawienia. Leczyłam zaparcia, luźne stolce, biegunki. Szybko okazało się, że po zmianie nawyków żywieniowych i przywróceniu prawidłowej funkcji układu pokarmowego, między innymi przez zmianę sposobu odżywiania, u pacjentów ustępowały także inne dolegliwości, na które cierpieli (nawet te natury psychicznej). **Według badań naukowych około 80% chorób ma podłoże zależne od diety.**

Kiedy zalecana przeze mnie zmiana nawyków żywieniowych nie pomaga, należy wprowadzić działania, które w intensywny sposób zregenerują organizm. **Dlatego opracowałam autorski**

program „Sześć kroków wyjścia z alergii". Okazał się on przełomem w mojej wieloletniej pracy dietetyka. To program innowacyjny, ponieważ w swych zaleceniach łączy dietę bezglutenową, bezmleczną, bezcukrową i niskohistaminową. Program ten został omówiony w części VIII poradnika.

A co dzisiaj oferuje nam farmakologia? Skutecznym środkiem prowadzącym do wyzdrowienia nie są farmaceutyki, a przynajmniej nie wyłącznie one. Współczesnej medycynie trudno zgodzić się z faktem, że dieta może całkowicie zlikwidować alergie, pseudoalergie czy przewlekłe stany zapalne. Mam świadomość, że jest grupa pacjentów, którzy chcą stosować leki, aby szybko pozbyć się uciążliwych objawów, i którzy nie mają zamiaru zastanawiać się nad tym, jaki będzie ich stan zdrowia w przyszłości.

Sama farmakoterapia czy przyjmowanie suplementów diety, bez zmiany sposobu odżywiania oraz stylu życia, jest drogą na skróty. Łatwiej sięgnąć po lek, niż zmieniać swoje przyzwyczajenia. Nie przeczę, że leki są nieodzowne przy zagrożeniu życia pacjenta. Faktem jest również, że podanie leku chroni przed błyskawicznym rozwojem choroby, zanim zaczną działać zalecenia żywieniowe. Chcę jednak zwrócić uwagę na drugie oblicze farmakoterapii, czyli na zbyt pochopne jej stosowanie, a także na to, że nie przestrzega się pacjenta przed niepożądanymi działaniami danego specyfiku. Zależy mi na tym, aby dzięki mojemu poradnikowi więcej osób – jak ja przed laty – doceniło rolę żywienia w lecznictwie i zastanowiło się przed zrealizowaniem recepty.

W poradniku nie tylko opisuję działania niepożądane najczęściej stosowanych leków, lecz także proponuję, jak je zlikwidować. Na przykład niektóre leki przeciwpadaczkowe utrudniają wchłanianie kwasu foliowego, co może doprowadzić do atrofii mózgu.

Konieczne jest stałe kontrolowanie stężenia tej witaminy w surowicy krwi, a w razie niedoboru – suplementacja czynną formą tej witaminy. Jest to szczególnie istotne w rozwoju małych dzieci.

Niekorzystnie na nasze zdrowie wpływają również przypadkowe diety. Dowiadujemy się o dziesiątkach cudownych terapii. Niektóre są zupełnie wyssane z palca, inne bywają skuteczne, ale czy dzisiaj dla wszystkich wskazane? W diecie paleo, Dukana czy Kwaśniewskiego występuje nadmiar białka, który nie jest obojętny dla naszych nerek i często powoduje zakwaszenie organizmu. Natomiast ziołolecznictwo można stosować, ale po wcześniejszych dokładnych badaniach. Dieta doktor Johanny Budwig polega między innymi na jedzeniu białego sera z olejem lnianym. Ma działanie przeciwzapalne i rzeczywiście przynosi dobre efekty, ale nie pomoże tym, którzy mają uczulenie na nikiel występujący w siemieniu lnianym. Z kolei twaróg to produkt zawierający białko mleka, które jest bardzo częstym alergenem. Pamiętajmy, że to, co pomaga innym, nam może zaszkodzić, więc decyzję o stosowaniu danej diety trzeba skonsultować z dietetykiem.

Podstawowy kierunek leczenia powinien się wiązać z całkowitą eliminacją przyczyn choroby. Takiego podejścia do leczenia nauczyła mnie praca z pacjentem alergicznym. Tylko wtedy umiałam mu pomóc, gdy wspólnie znaleźliśmy czynnik, który go alergizował. Musieliśmy przeanalizować pokarmy, jakie przyjmował, warunki mieszkaniowe, w jakich mieszkał, i warunki, w jakich pracował. Bardzo ważnym czynnikiem w procesie leczenia pacjenta jest także jego aktualny **stan psychiczny**. Nie można zdiagnozować przyczyny złego stanu zdrowia pacjenta, jeżeli nie poświęci mu się wystarczająco dużo czasu. Potrzebne jest podejście interdyscyplinarne, kompleksowe i holistyczne. Aby skutecznie wyleczyć pacjenta, należy zwołać konsylium, w którego skład powinni wejść lekarz, dietetyk, psycholog i fizjoterapeuta.

Nasz organizm działa niczym samochód. Jestem pewna, że mimo moich dobrych chęci i długiego czasu, jaki bym spędziła na czytaniu instrukcji obsługi mojego samochodu, i tak nie potrafiłabym go naprawić jak doświadczony mechanik samochodowy. Podobnie jest z leczeniem ludzi. Organizm człowieka to niezwykły i precyzyjny mechanizm. Wszystko jest w nim ściśle powiązane. Ma wyjątkowe zdolności adaptacyjne.

Obecny system leczenia jest systemem chaotycznym i generuje wiele niepotrzebnych kosztów. Dietetyk i lekarz powinien być dobrym psychologiem, a czasami powiernikiem. Nie wstydźmy się szukać pomocy, mamy prawo o nią prosić, kiedy zauważymy w naszym organizmie jakieś niepokojące objawy. Każdy dłużej utrzymujący się ból, dyskomfort, nieprawidłowość w badaniach laboratoryjnych to sygnał, że w naszym organizmie dzieje się coś złego. Należy rozpoznać problem i rozwiązać go jak najszybciej, kiedy proste zalecenia dietetyczne jeszcze wystarczą, by zatrzymać postęp choroby. Prawidłowa diagnoza jest więc początkiem leczenia.

CO ZAWIERAJĄ POSZCZEGÓLNE CZĘŚCI PORADNIKA?

Większość chorób ma swoje podłoże w nieprawidłowym funkcjonowaniu układu pokarmowego. Celem poradnika jest uporządkowanie wiedzy na temat głównych przyczyn występowania chorób, zaproponowanie zmiany nawyków żywieniowych, omówienie dietoterapii dobranej indywidualnie dla każdego pacjenta, a także przedstawienie zaleceń programu „Sześć kroków wyjścia z alergii" (zobacz: część VIII).

Pierwsze cztery części poradnika opisują, jak działa układ pokarmowy, dlaczego tak ważne jest dbanie o florę bakteryjną, jaką rolę odgrywa układ odpornościowy oraz jakie są przyczyny i rodzaje nietolerancji pokarmowych.

Część piąta zawiera informacje na temat związku otyłości z nietolerancjami pokarmowymi, a część szósta stanowi kompendium na temat zdrowego odżywiania.

Następna część poradnika to swoisty „przegląd techniczny" organizmu: przykłady podstawowych badań, interpretacje ich wyników oraz sugestie, jak je poprawić, gdy są niepokojące. To ważny rozdział (wyróżniony graficznie), od którego możemy także rozpocząć lekturę poradnika. W przypadku wielu dolegliwości wczesna diagnostyka jest bardzo ważna, ponieważ może ochronić nasz organizm przed rozwojem choroby, której leczenie wymaga farmakoterapii.

Dalej poznajemy autorski program „Sześć kroków wyjścia z alergii" (zobacz: część VIII), który możemy wprowadzić, kiedy dotychczasowe zalecenia okażą się niewystarczające.

W ostatniej części poradnika dowiemy się o wpływie naszej psychiki, nastroju i emocji na układ pokarmowy i odpornościowy.

Do książki dołączono także praktyczne dodatki: dzienniczki autodiagnozy (które pomogą w samodzielnym rozpoznaniu poszczególnych chorób) oraz ciekawe przepisy.

Wszystkim Czytelnikom życzę pouczającej lektury i odzyskania pełni zdrowia.

I. UKŁAD POKARMOWY

1 | ROLA UKŁADU POKARMOWEGO W ZACHOWANIU ZDROWIA

Prawidłowa praca układu pokarmowego ma wpływ na cały organizm. Zaburzenia w jego pracy źle wpływają na układ odpornościowy, hormonalny oraz nerwowy. Podstawowe czynności układu pokarmowego to motoryka, wydzielanie, trawienie, wchłanianie, wydalanie i ochrona. Układ pokarmowy funkcjonuje prawidłowo, jeśli dostarczamy mu zdrowe pożywienie zawierające wszystkie wartościowe składniki odżywcze. Wszystkie procesy w organizmie są ze sobą powiązane. **Oznacza to, że im lepiej będziemy się odżywiać, tym lepiej będziemy się czuć!**

Jako specjalistka z dziedziny dietetyki zaczynałam praktykę, pomagając pacjentom z zaburzeniami trawienia. Leczyłam dolegliwości układu pokarmowego dzięki zaleceniom dietetycznym. Okazało się, że po przywróceniu prawidłowej funkcji układu pokarmowego u moich pacjentów ustępowały nie tylko problemy trawienne. Odczuwali również inne pozytywne efekty. Poprawiało się ich samopoczucie fizyczne oraz psychiczne. Początkowo nie wiązałam ściśle tych faktów. Wydawało mi się, że skoro pacjenta przestał boleć brzuch, jest szczęśliwszy. Zależność między prawidłowo funkcjonującym układem pokarmowym a stanem psychicznym okazała się znacznie głębsza.

Jedną z moich pierwszych pacjentek leczyłam z powodu zaparć. Kobieta była też hospitalizowana na oddziale psychiatrycznym. Niestety, nieskutecznie. Dwa razy w roku, wiosną i jesienią, miała stany lękowe, kłopoty ze snem, depresję. Jej samopoczucie było tak złe, że za każdym razem trafiała do szpitala na oddział psychiatrii. Wypisywano ją do domu, orzekając, że jest zdrowa. W zachowaniu i samopoczuciu pacjentki zaobserwowałam następującą zależność: objawy pojawiały się w okresie pylenia traw, wiosną i w okresie żniw. Okazało się również, że pacjentka ma celiakię, czyli nie toleruje glutenu. Jej problemy psychiczne miały podłoże alergiczne.

Przyznam, że intuicja od początku podpowiadała mi, aby z jadłospisu pacjentki wykreślić gluten – z powodu jej dużej wrażliwości na trawy. Gluten uszkadzał jelito i sprawiał, że toksyny przenikały do ośrodkowego układu nerwowego. Nietolerancja glutenu doprowadziła do alergii na trawy. W okresie ich pylenia natężenie szkodliwych czynników w organizmie kobiety było tak duże, że układ nerwowy odczuwał negatywne tego skutki. Ten przypadek diagnozowałam 13 lat temu, kiedy niewiele jeszcze wiedziano o wpływie funkcjonowania jelit na psychikę. Obecnie wiedza na ten temat jest dużo większa.

Jestem członkiem Polskiego Towarzystwa Alergologicznego, któremu przekazałam egzemplarz książki *Pokonaj alergię*. Próbowałam zwrócić uwagę, że funkcjonowanie jelit ma wpływ na efekty leczenia alergii. Moja książka opisywała te zależności. Przedstawiłam w niej gotowe rozwiązania terapeutyczne zawarte w programie „Sześć kroków wyjścia z alergii" (zobacz: część VIII). Nie było żadnego odzewu.

Zaproszono mnie na konferencję, na której wygłosiłam wykład na temat zależności między funkcjonowaniem jelit a układem nerwowym. Tym razem zainteresowanie lekarzy przedstawioną tematyką było duże. Niestety, wciąż spotykam się z tym, że pacjentom z problemami natury psychicznej zbyt często przepisuje się leki psychotropowe bez diagnostyki układu pokarmowego. Być może jeszcze sporo czasu minie, zanim uświadomimy sobie, że częste zaparcia mogą być zapowiedzią depresji.

Przykładów na to, jak dalece sprawny układ pokarmowy ma wpływ na nasze zdrowie psychiczne, mogłabym podać mnóstwo.

Chłopczykowi z epilepsją pomogła odpowiednia dieta, która zlikwidowała jego problemy z zaparciami. Dzięki przywróceniu prawidłowego funkcjonowania układu pokarmowego liczba ataków padaczkowych znacznie się zmniejszyła.

Inny pacjent, tym razem dorosły mężczyzna, miał uciążliwe problemy alergiczne. Nie mógł odpoczywać na wsi w okresie żniw, bo groził mu wstrząs anafilaktyczny. Nie tolerował pyłków zbóż. Alergia stała się pośrednią przyczyną stanów lękowych i depresji. Pacjent dodatkowo był uzależniony od czekolady, którą uwielbiał i jadł w dużych ilościach. Potęgowała ona reakcje alergiczne. Czekolada wbrew powszechnej opinii nie jest produktem całkowicie zdrowym. Należy ją jeść w umiarkowanych ilościach. Wyeliminowanie z jadłospisu czekolady i glutenu złagodziło u pacjenta stany lękowe.

Gdy trafnie zdiagnozuje się problem zdrowotny oraz wprowadzi odpowiednie zalecenia dietetyczne, organizm człowieka zadziwiająco szybko odzyskuje równowagę. To niezwykły mechanizm, który zaprogramowany jest tak, aby instynktownie dążyć do zdrowia. Jego najważniejszym „podzespołem" jest układ pokarmowy. Warto poznać, jak działa i z jakich części się składa.

2 | BUDOWA UKŁADU POKARMOWEGO

Układ pokarmowy, inaczej trawienny, składa się z przewodu pokarmowego, czyli jamy ustnej i przełyku oraz żołądka, jelita cienkiego, jelita grubego i odbytu. Na prawidłowe działanie tego układu mają wpływ gruczoły trawienne, które są z nim połączone: ślinianki, trzustka i wątroba.

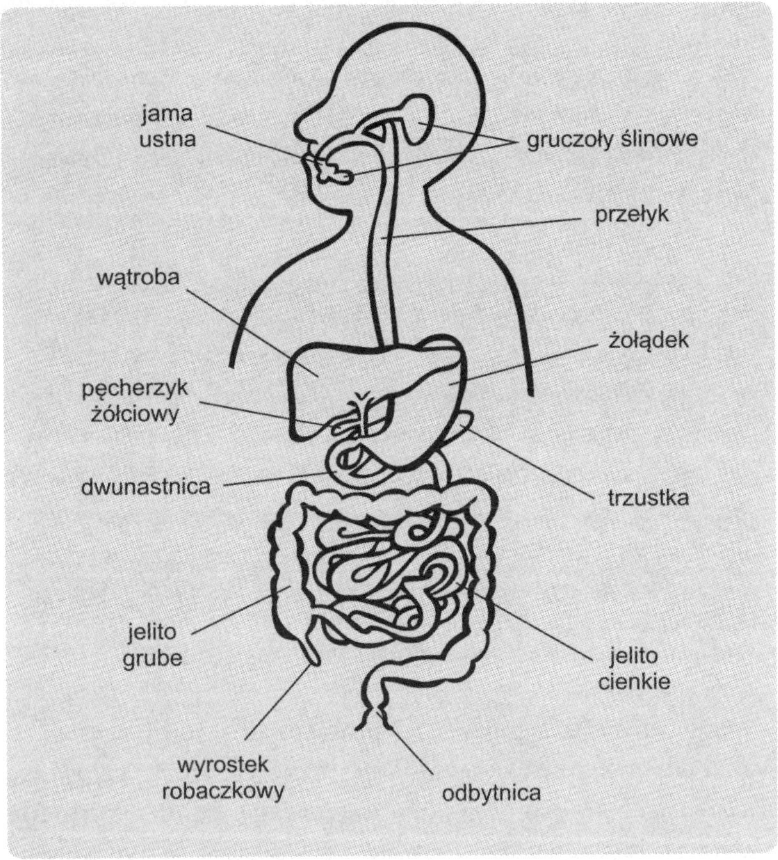

RYCINA 1. BUDOWA UKŁADU POKARMOWEGO

Źródło: Patrick Holford, *Smak zdrowia. Zasady prawidłowego odżywiania*, Świat Książki, Warszawa 1999.

3 TRAWIENIE ZACZYNA SIĘ OD PIERWSZEGO KĘSA

Proces trawienia rozpoczyna się od gryzienia. Podczas jedzenia wykonujemy pewną prostą czynność, do której nie przywiązujemy wagi, a jest bardzo ważna – gryzienie i żucie. Żując pokarm, mieszamy go ze śliną i rozdrabniamy, co ułatwia trawienie przez enzymy trawienne. To daje układowi pokarmowemu czas, aby przygotować się na przyjęcie pokarmu. Na przykład na wytworzenie soku żołądkowego i trzustkowego. Każdy kęs należy więc dokładnie pogryźć. Owoce i warzywa również, ponieważ otoczone są osłonką błonnikową, którą długo się trawi.

Chińczycy, którzy słyną z dobrze rozwiniętej profilaktyki prozdrowotnej, mają w zwyczaju długo żuć pokarm, zanim go połkną. Cesarzowie Chin mieli osobistych lekarzy, którzy wyjątkowo wnikliwie obserwowali swoich władców. Do perfekcji opanowali sztukę wczesnego zapobiegania chorobom, ponieważ jeśli cesarz zachorował, zgodnie z prawem medykom ścinano głowę. Chiński lekarz cieszył się uznaniem tylko wtedy, gdy jego pacjenci nie chorowali. Z tego powodu Chińczycy tak dobrze rozwinęli wczesną diagnostykę i profilaktykę. Głównym zaleceniem w razie wystąpienia choroby było żucie pokarmu co najmniej 30 razy

Jak bardzo trawienie wpływa na stan chorego, przekonałam się, lecząc pewną dwuletnią dziewczynkę. Dziecko cierpiało na bardzo uciążliwą wysypkę, która pojawiała się po antybiotykoterapii. Sterydy nie działały. Zaleciłam podawanie małej pacjentce trzustkowych enzymów trawiennych przez okres jednego miesiąca. Następnie poprosiłam mamę, aby przez kolejny miesiąc miksowała wszystkie potrawy, co miało wspomóc trawienie. Po miesiącu dziecko mogło jeść posiłki niemiksowane, trawienie wróciło do normy, a wysypka zniknęła i już się więcej nie pojawiła.

przed połknięciem. Długie przeżuwanie dobrze wpływa na trawienie. Dzisiaj wiemy, że ich zalecenia były wyjątkowo trafne.

Jeśli pomożemy układowi pokarmowemu dobrze spełniać swoje zadanie, uchroni nas to przed nietolerancją i alergią pokarmową.

RYCINA 2. DOKŁADNE ŻUCIE TO ISTOTNY ELEMENT TRAWIENIA

4 | ŚLINA I CYTRYNA

W procesie trawienia ważna jest ślina. Znajdują się w niej enzymy trawienne. Ślina również rozpuszcza pokarm, wypłukuje jego resztki, chroni jamę ustną przed kwaśnymi i drażniącymi substancjami zawartymi w jedzeniu. Dzięki niej trawienie zaczyna się już w jamie ustnej. Ślina zawiera lizozym, który ma działanie bakteriobójcze, między innymi na *Helicobacter pylori*. To bardzo złośliwa bakteria. Szybko się mnoży i trudno jej się pozbyć.

Ślina chroni błonę śluzową i nawilża jamę ustną, co jest konieczne podczas mówienia. **Aż 99,5% śliny to woda**. Wydzielanie śliny wynosi średnio 0,3–0,5 ml/min, natomiast podczas ssania cytryny zwiększa się do 5,0 ml/min. Dobrze jest wypić przed posiłkiem wodę z dodatkiem plasterka ekologicznej cytryny. Do produkcji śliny potrzebna jest woda, a cytryna dodatkowo zwiększy wydzielanie śliny.

RYCINA 3. PRZED POSIŁKIEM WARTO WYPIĆ SZKLANKĘ WODY Z CYTRYNĄ

5 | PRAWIDŁOWE SIEDZENIE MA WPŁYW NA TRAWIENIE

Naśladujmy dobre wzorce. Francuzi słyną ze szczupłej sylwetki. Dla nich posiłek to ważny moment dnia. Jedzą powoli, przeżuwając każdy kęs. Za każdym razem odkładają przy tym sztućce. Rozmawiają. Posiłek trwa co najmniej godzinę. Podjadanie między posiłkami świadczy o złych manierach. Niestety, zwyczaje się zmieniają. Widać to na ulicach Paryża. Coraz więcej Francuzów ma nadwagę. Ten problem dotyczy obecnie wielu narodowości.

Jak to wygląda w naszym otoczeniu? Jemy w pośpiechu, czasami na stojąco, bo szkoda nam czasu na posiłek. Posiłki „wrzucamy w siebie" szybko, byle jak i byle gdzie. Często na stojąco, połykając duże kęsy, bo na gryzienie szkoda czasu. Nawet na konferencjach naukowych o tematyce dietetycznej obserwuję, jak słuchacze, wychodząc z wykładu o zdrowym żywieniu, idą na lunch i jedzą na stojąco przy stolikach bez krzeseł.

W domu nie jest lepiej. Często jemy posiłki przed telewizorem, patrząc na sceny pełne przemocy i konfliktów. Żołądek nie może prawidłowo trawić pokarmu, jeśli mózg otrzymuje informacje: „Jesteśmy świadkami morderstwa". Dla mózgu to nie fikcja. W tym momencie negatywne emocje odczuwa cały organizm.

Urządzając domy i mieszkania, rzadko kierujemy się troską o swoje zdrowie, a częściej modnymi trendami dotyczącymi wystroju wnętrz. W naszych domach zaczyna brakować stołów, przy których można prosto usiąść na wygodnym krześle. Talerze z posiłkiem kładziemy na niskich ławach. Siedzimy ze ściśniętym żołądkiem. To bardzo źle wpływa na proces trawienia.

Żołądek jest mocno unerwiony, więc gdy się garbimy w trakcie jedzenia, uciskamy różne nerwy. Babcie i dziadkowie częściej niż rodzice upominają dzieci: „Siedź prosto", „Nie garb się przy jedzeniu". To dowód, że z biegiem lat dobre obyczaje zanikają. Mam nadzieję, że każdy z nas na nowo doceni wartość tych słów. **Siedząc przy stole w prawidłowej pozycji, od razu odczujemy pozytywne skutki.**

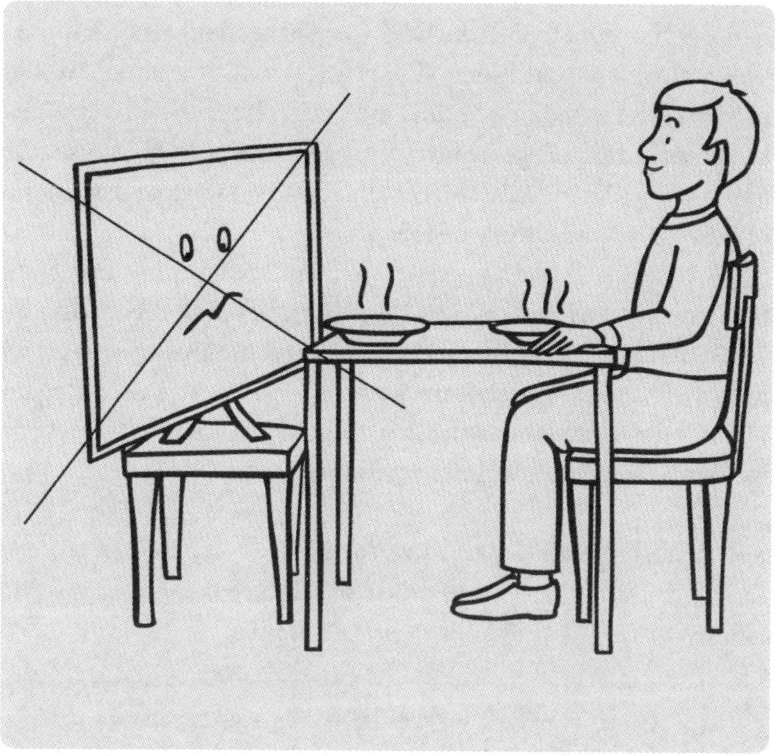

RYCINA 4. „SIEDŹ PROSTO, NIE GARB SIĘ PRZY JEDZENIU"

Zachęcam też, aby jadać w rodzinnym gronie, z ukochanymi osobami lub w innym miłym towarzystwie. Cieszyć się nie tylko smakiem potraw, lecz także rozmową. Wtedy samopoczucie będzie jeszcze lepsze. W życiu powinniśmy znaleźć chwilę na refleksję i odpoczynek. Posiłek może być właśnie taką chwilą.

Tymczasem pokarm dokładnie przeżuty przechodzi dalej – do żołądka. Przyjrzyjmy się, co tam zastaje.

6 OCHRONA ŻOŁĄDKA UCHRONI PRZED CHOROBĄ

Dokładnie przeżuty pokarm jest gotowy do dalszego etapu wędrówki. Przechodzi przez przełyk i wpada do żołądka. Ten organ przypomina worek wyścielony gładką, delikatną tkaniną – błoną śluzową. Nad błoną śluzową jest warstwa śluzu. W błonie śluzowej żołądka znajdują się gruczoły; w dnie i w trzonie są komórki główne, które wytwarzają pepsynogen, podpuszczkę (tylko w okresie niemowlęcym) i lipazę żołądkową oraz komórki okładzinowe produkujące śluz.

W żołądku wytwarzana jest ważna glikoproteina – tzw. czynnik wewnętrzny (*intrinsic factor*, IF), który jest niezbędny do wchłaniania z jelit składników odżywczych, między innymi witaminy B_{12}. Jego niedobór prowadzi do niedokrwistości megaloblastycznej. Prawidłowa funkcja żołądka ma również wpływ na wchłanianie żelaza, wapnia i magnezu.

Należy dbać o warstwę śluzową żołądka

Śluz znajdujący się w żołądku działała bakteriobójczo. Ma istotny wpływ na prawidłową pracę żołądka.

> Warstwa śluzowa prawie w 98% składa się z wody, dlatego należy wypijać odpowiednią ilość wody dziennie. Odwodnienie organizmu ma negatywny wpływ na wszystkie śluzówki w organizmie, w tym także na śluzówkę żołądka.

Śluz ma właściwości osłaniające. Tworzy barierę, która chroni śluzówkę żołądka przed samotrawieniem. Uszkodzenie tej ochronnej warstwy może przyczynić się do dużych problemów zdrowotnych.

Za stany zapalne śluzówki żołądka i zanik warstwy śluzowej odpowiedzialne są często niesteroidowe leki przeciwzapalne

Śluzową warstwę ochronną może **uszkadzać między innymi alkohol w stężeniu powyżej 30%**. Dlatego nie powinno się pić alkoholu na pusty żołądek. Mocne alkohole dobrze jest rozcieńczać czystą wodą.

(NLPZ), które stosuje się w przypadku podwyższonej temperatury oraz bólu. Warstwę ochraniającą żołądek niszczą również fast foody, które są zazwyczaj wyjątkowo ciężkostrawne, oraz zbyt dużo kawy i zbyt mało wody. Ponadto żołądek bardzo źle znosi stres.

Przy pojawiających się często bólach żołądka czy ssaniu w żołądku dobrze jest wprowadzić do diety produkty zawierające naturalny śluz. Są to: babka płesznik, babka jajowata, nasiona chia oraz siemię lniane. Nasiona można stosować naprzemiennie, czyli codziennie jeść inny ich rodzaj. To zapobiegnie ewentualnemu uczuleniu na nasiona. Z nasion chia przyrządza się desery i dodaje je do wypieków.

Chrońmy warstwę ochronną – śluzówkę żołądka! Przede wszystkim wprowadzajmy do diety nasiona bogate w śluz.

BABKA PŁESZNIK I BABKA JAJOWATA | Aby wzmocnić ochronę śluzówki żołądka, można zrobić mieszankę składającą się z nasion babki płesznik oraz babki jajowatej.

Nasiona babki płesznik (*Plantago psyllium*) zawierają 10–12% śluzów, jest w nich 5–12% tłustego oleju. Nie zawierają skrobi. Nasiona babki jajowatej (*Plantago ovata*) mają w sobie 20–30% śluzów. Jest w nich skrobia. Najlepiej łączyć nasiona obu rodzajów babki i dodawać je do wypieków lub do gotowania kasz. Dzienna dawka dla osób dorosłych to 10–30 g nasion babki płesznik oraz 12–40 g nasion babki jajowatej.

Nie ulega wątpliwości, że śluzy zawarte w nasionach babki mają właściwości lecznicze, ponieważ utrudniają wiązanie toksyn bakteryjnych do przewodu pokarmowego. Mają działanie przeciwzapalne i osłaniają ściany żołądka. Zmniejszają odczucie głodu. Rośliny te są również cenną pożywką dla bakterii kwasu mlekowego (na podstawie: http://rozanski.li/?p=1159).

SIEMIĘ LNIANE | Źródłem ochronnego śluzu jest również siemię lniane. Nie należy stosować siemienia lnianego w przypadku alergii na nikiel. Szwajcarscy autorzy poradników dietetycznych ostrzegają przed spożywaniem mielonych nasion siemienia lnianego niepoddanych obróbce termicznej ze względu na zawarty w nich szkodliwy cyjanowodór. Należy więc jeść nasiona gotowane. Olej z nasion siemienia lnianego koniecznie przechowujmy w lodówce w ciemnej szklanej butelce. Radzę kupować małe buteleczki oleju, ponieważ po otwarciu szybko się utlenia.

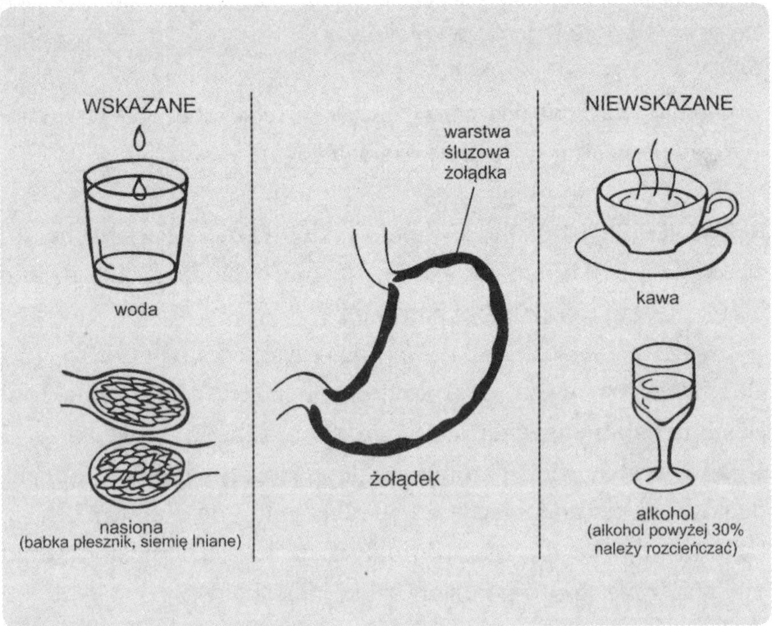

RYCINA 5. ZALECENIA DOTYCZĄCE OCHRONY WARSTWY ŚLUZOWEJ ŻOŁĄDKA

Sok żołądkowy

Sok żołądkowy wydzielają gruczoły znajdujące się w błonie śluzowej żołądka. Ma on kwaśny odczyn i jest przezroczysty. Wytwarzamy codziennie około 3 litrów soków żołądkowych.

W skład soku żołądkowego wchodzą:

- kwas solny (**kwas chlorowodorowy**, HCl);
- podpuszczka (ścina białka mleka, zanika z wiekiem);
- pepsynogen (tylko w środowisku kwaśnym o wartości pH 2–3 uaktywnia się do pepsyny, która rozpoczyna trawienie białek);
- amylaza;
- sole mineralne;
- woda.

Zadania soku żołądkowego:

- **aktywacja pepsynogenu do pepsyny**, która rozkłada białka na aminokwasy, a także stworzenie odpowiedniego pH dla działania pepsyny (pH 1,5–3,5) – przy wartości pH powyżej 5,0 pepsyna przestaje działać; niektóre leki podnoszą pH soku żołądkowego, co zaburza trawienie białek;
- **denaturacja białek pokarmowych** (odszczepianie od nich składników niebiałkowych);
- **działanie antyseptyczne** (likwidacja pasożytów, wirusów, bakterii); niedobór kwasu solnego może przyczynić się do zwiększonej zachorowalności na lambliozę, salmonellozę, czerwonkę i coraz częściej spotykaną boreliozę; prowadzi też do nadmiernego namnażania się bakterii *Helicobacter pylori*;
- **wpływ na wchłanianie** żelaza, wapnia, cynku;
- **uczestniczenie w regulacji** otwierania i zamykania odźwiernika żołądka.

O niedoborze kwasu solnego mogą świadczyć następujące objawy:

- **złe samopoczucie** po zjedzeniu dużej ilości produktów pochodzenia zwierzęcego (np. mięsa, ryb, jajek),
- **wzdęcia**,

- odbijania,
- nieprzyjemny zapach z ust,
- niestrawione resztki pokarmowe w stolcu.

Jak diagnozować niedobór kwasów żołądkowych?

W Internecie jest dużo informacji na temat suplementacji kwasem solnym. Niektórym taka suplementacja bardzo pomaga, ale innym może poważnie zaszkodzić. Obecnie dąży się do szybkiego przywracania kwasowości żołądka. To kolejny przypadek, kiedy medycyna chce rozwiązać problem zdrowotny za pomocą kapsułki.

Jeśli chodzi o niedobory kwasu żołądkowego, wszelkie zalecenia dla pacjentów wprowadzam bardzo ostrożnie. Doradzam, aby w kwestii suplementacji kwasem solnym nie robić nic na własną rękę. W razie jakichkolwiek nieprawidłowości należy zwrócić się do dietetyka lub lekarza.

Wydzielanie kwasu żołądkowego ukazują dwa rodzaje testów:

- **Kapsułka Heidelberga** jest to mały czujnik pH z nadajnikiem wielkości kapsułki witaminowej, który połykamy. To badanie nie jest ogólnie dostępne.
- **Próba z enzymem zawierającym kwas solny**, np. z betainą HCl. Wykonuje się ją tylko pod nadzorem lekarza lub dietetyka, zwłaszcza jeśli badany przyjmuje jakiekolwiek leki. Ta metoda jest niewskazana dla dzieci.

Przyjmuje się jedną kapsułkę betainy HCl przed posiłkiem, który powinien zawierać 100 g mięsa.

INTERPRETACJA WYNIKÓW | Po przyjęciu enzymu z dodatkiem kwasu solnego czujemy pieczenie. To oznacza, że w tym momencie kwasu solnego w żołądku jest za dużo, więc suplementacja kwasem solnym nie jest potrzebna. Pieczenie powinno minąć po upływie 0,5–1 godziny od zażycia kapsułki. Jeżeli jest bardzo uciążliwe lub trwa dłużej, należy rozpuścić pół łyżeczki sody oczyszczonej w połowie szklanki wody i wypić, by zneutralizować kwasy w żołądku.

Brak jakiegokolwiek odczucia ze strony żołądka po przyjęciu enzymu z dodatkiem kwasu solnego świadczy o niedoborze kwasu solnego. Należy rozważyć suplementację enzymami z dodatkiem kwasu solnego. Pod nadzorem terapeuty! Sami nie damy rady ocenić, w jakim stanie jest śluzówka naszego żołądka. Jeżeli pojawiają się w niej owrzodzenia, o których nie wiemy, możemy sobie bardzo zaszkodzić. Na szczęście z pomocą przychodzi nam natura. Całkowicie bezpieczne jest picie soku z kiszonych buraków. Buraki zawierają barwnik – betaninę – który pozytywnie wpływa na wytwarzanie soków żołądkowych.

Istnieje jeszcze jeden test na ilość soków żołądkowych. Jest bezpieczny dla zdrowia i można go wykonać samodzielnie.

Test z sodą oczyszczoną:
Należy kupić w aptece sodę oczyszczoną. Następnie trzeba sprawdzić, czy jest świeża – gdy zalejemy ją octem, powinna się spienić.
Dawkowanie: dorośli – łyżeczka świeżej sody oczyszczonej na 150 ml wody, dzieci – pół łyżeczki sody na 150 ml wody.
Mieszamy płyn, aż soda oczyszczona dokładnie się rozpuści, i wypijamy na czczo.

INTERPRETACJA WYNIKÓW | Od razu po wypiciu wody z sodą zaczynamy mierzyć czas i czekamy na pojawienie się tzw. odbicia.

INTERPRETACJA WYNIKÓW NA PODSTAWIE CZASU MIERZONEGO DO ODBICIA |

- **do 40 sekund** – nadkwasota,
- **od 40 do 90 sekund** – dobre zakwaszenie, prawdopodobnie nie ma problemów z wytwarzaniem soków żołądkowych,
- **od 90 do 180 sekund** – słabe trawienie,
- **powyżej 180 sekund** – brak trawienia.

Wskazane jest wykonanie 2–3 prób co rano, aby potwierdzić wyniki.

Oczywiście domowe metody nie zawsze są wiarygodne. Szkoda, że naukowcy nie opracowali dotąd łatwo dostępnego testu na wytwarzanie soków żołądkowych.

Skąd się bierze zgaga?

Kiedy wartość pH soku żołądkowego odbiega od fizjologicznej normy, na przykład z powodu zbyt małej ilości kwasu solnego, odźwiernik łączący przełyk z żołądkiem się nie domyka. Treść żołądka wymieszana z sokiem żołądkowym wraca w stronę przełyku. W tym momencie odczuwamy pieczenie lub palenie wywołane przez sok żołądkowy, który drażni delikatną śluzówkę przełyku. Tak powstaje wyjątkowo niemiłe odczucie nazywane „zgagą".

Jest to powszechna dolegliwość. Ten fakt wykorzystują koncerny farmaceutyczne, prześcigając się w produkcji leków likwidujących zgagę. Wszystkie preparaty działają na tej samej zasadzie: osłabiają wytwarzanie kwasu solnego, co powoduje podniesienie się wartości pH soku żołądkowego. Skutek jest taki, że zgagę mamy, lecz jej nie czujemy. Pokarm nadal cofa się z żołądka do przełyku, ale nie jest zmieszany z kwasem, tylko z wodą, więc nie odczuwamy pieczenia. Kolejny raz tabletki likwidują skutek, zamiast leczyć przyczynę. Trawienie wciąż jest zaburzone.

Niestrawiony pokarm przechodzi do dalszej części układu pokarmowego. Niestety, enzymy produkowane w jelitach i trzustce są za słabe, aby zastąpić kwas solny. Tym sposobem niestrawione cząstki uszkadzają śluzówkę jelit, doprowadzając między innymi do powstania nietolerancji i alergii pokarmowych, a nawet chorób z autoagresji.

Zaburzenia w trawieniu białek mogą być powodem niedoboru aminokwasów: lizyny, tryptofanu, glutaminy. Jeśli brakuje lizyny, pojawia się opryszczka. Lizyna jest niezbędna w procesie powstawania pepsyny z pepsynogenu. Brak tryptofanu zaburza sen, a tym samym powoduje senność i osłabienie w ciągu dnia. Niedobór glutaminy doprowadza do nieszczelności jelit.

Zbyt mała ilość aminokwasów może również doprowadzić do zespołu napięcia przedmiesiączkowego, depresyjnego nastroju, nadwrażliwości układu pokarmowego na emocje, niepohamowanego apetytu na węglowodany, zapalenia skóry.

Zaburzone wydzielanie soku żołądkowego

Wydzielanie kwasu solnego zmniejsza się z wiekiem, co upośledza trawienie białek. Oznacza to, że im jesteśmy starsi, tym gorzej nasz organizm radzi sobie z trawieniem produktów zwierzęcych. Kwas solny przy maksymalnym wydzielaniu obniża wartość pH soku żołądkowego nawet do 0,8. Już przy pH 5 (prawidłowa wartość pH przy maksymalnym wydzielaniu kwasu solnego wynosi około 1) zablokowana zostaje praca enzymów znajdujących się w żołądku i przestajemy trawić. Odczyn soku żołądkowego mogą podnieść: zakażenie *Helicobacter pylori*, nieodpowiednie odżywianie i przewlekły stres.

Manipulowanie procesami odpowiadającymi za wydzielanie kwasu solnego może przynieść złe skutki dla zdrowia.

Przekonał się o tym jeden z moich pacjentów, lat 30. Zanim przyszedł do mojego gabinetu, przez rok przyjmował bardzo mocne sterydy na alergię. Przez to był słaby i miał problemy ze snem. Podczas badania w jego kale wykryto resztki pokarmowe, co oznaczało problemy z trawieniem. Okazało się, że po wprowadzeniu suplementacji betainą z kwasem solnym samopoczucie chorego się poprawiło. Przybyło mu energii. Zaczął lepiej sypiać. Miał lepszy nastrój. W tym przypadku prawdopodobnie sterydy uszkodziły śluzówkę żołądka, co miało wpływ na produkcję kwasu solnego. To doprowadziło do pogłębienia się problemów trawiennych.

Leki z grupy inhibitorów pompy protonowej obniżają poziom kwasu solnego

W moim gabinecie pojawiali się pacjenci, którzy cierpieli na niedożywienie, problemy jelitowo-żołądkowe oraz nietolerancje pokarmowe wynikające z braku enzymów trawiennych. Przyczyną tego niedoboru było stosowanie dużej ilości leków, między innymi leków z grupy inhibitorów pompy protonowej (IPP). Należą do niej: omeprazol, oprazol, rabeprazol, esomeprazol i tenatoprazol. Mało kto wie, że mogą być szkodliwe, a zdarza się, że IPP są przepisywane jako preparaty osłonowe. Nie powinno tak być!

Jak tragiczne w skutkach może się okazać ciągłe przyjmowanie leków z tej grupy, pokazuje przykład jednej z moich młodszych pacjentek.

Pięcioletnia dziewczynka przyjmowała te leki przez trzy lata z powodu zgagi. Gdy ją diagnozowałam, okazało się, że przyczyną dolegliwości były nietolerancje pokarmowe i niedobór enzymów trawiennych. Dziewczynka przyjmowała leki, których zadaniem było podniesienie wartości pH soku żołądkowego, czyli zahamowanie wytwarzania kwasu solnego. Brak kwasu solnego potrzebnego do rozłożenia białek z pożywienia doprowadził do wystąpienia nietolerancji białka. Co dzisiaj dzieje się z dziewczynką? Niestety, ma wyjątkowo silną nietolerancję wszelkiego rodzaju białek. Próba podania mięsa, ryb, roślin strączkowych czy jajek kończy się silnymi drgawkami. Nikt nie potrafi temu zaradzić. Dziecko toleruje tylko niewielkie ilości białka zawartego w warzywach i kaszach. Muszę z przykrością przyznać, że ja również wobec tego przypadku byłam bezsilna.

Żadna ingerencja w proces trawienia nie jest obojętna dla organizmu człowieka. Nawet zioła podawane bez kontroli i zbyt długo mogą stwarzać problemy, a co dopiero inhibitory pompy protonowej. Niestety, są ogólnie dostępne. Można je kupić nawet na stacjach benzynowych.

W niektórych przypadkach podawanie tych leków jest konieczne, na przykład pacjentom po perforacji (pęknięciu) wrzodu żołądka. Zażywanie ich na zgagę zamiast wprowadzenia odpowiedniej diety jest lekkomyślne, a w dodatku nieskuteczne. Obawiam się, że niedługo przyjmowanie tych leków bez jakiejkolwiek kontroli będzie miało takie skutki uboczne jak stosowanie w nadmiarze antybiotyków.

Stosowanie leków z grupy inhibitorów pompy protonowej ma skutki uboczne

Naukowcy wymieniają następujące działania niepożądane inhibitorów pompy protonowej (IPP):

- **zobojętnianie kwaśnego środowiska w żołądku**, co może zakłócić wytwarzanie enzymów trawiennych;
- **zaburzenie wchłaniania** witaminy B_{12}, magnezu, wapnia i żelaza;
- **powstawanie polipów żołądka**;
- **zakażenie bakteriami** *Clostridium difficile* i *Salmonella*;
- **problemy z wytwarzaniem enzymów wątrobowych** i związane z tym incydenty niedokrwienne w układzie sercowo-naczyniowym.

Na całym świecie koszty związane z zastosowaniem inhibitorów pompy protonowej są ogromne. W Polsce w latach 2002–2009 łączna sprzedaż leków z grupy IPP wzrosła ośmiokrotnie!

Helicobacter pylori wpływa na wartość pH żołądka

Ta bakteria na stałe występuje w naszym organizmie, między innymi w żołądku. W fizjologicznej ilości nie stanowi zagrożenia dla zdrowia. Jej nadmiar może doprowadzić do wydzielania endotoksyny oraz fosfolipazy, która rozkłada fosfolipidy występujące w warstwie śluzowej żołądka. Z tego powodu traci ona właściwości ochronne, a *Helicobacter pylori* zaczyna coraz głębiej wnikać w śluzówkę żołądka. Zwiększa to ryzyko powstawania wrzodów żołądka. Bakteria podnosi wartość pH soków żołądkowych.

WYKRYWANIE OBECNOŚCI *HELICOBACTER PYLORI* | Istnieje kilka metod, opartych między innymi na ureazie. Jest to enzym wytwarzany przez *Helicobacter pylori*, który nie występuje naturalnie w organizmie człowieka.

- Test ureazowy wykonywany w trakcie gastroskopii. Jest to badanie inwazyjne. Lepiej przeprowadzić test ureazowy oddechowy, jeżeli nie ma innych wskazań do wykonania gastroskopii.
- Test ureazowy oddechowy polega na wykorzystaniu aktywności enzymatycznej ureazy. W czasie badania podaje się doustnie środek diagnostyczny rozcieńczony sokiem pomarańczowym. Następnie po 40 minutach pobierana jest próbka wydychanego powietrza. U chorych z zanikowym zapaleniem błony śluzowej żołądka, a także w razie pojawienia się świeżej krwi w żołądku należy zastąpić test oddechowy innym badaniem.
- Metody immunologiczne polegające na wykrywaniu obecności we krwi przeciwciał IgG skierowanych przeciw antygenom *Helicobacter pylori*. Przeciwciała nawet po wyleczeniu bakterii mogą utrzymywać się we krwi przez okres od kilku miesięcy do dwóch lat.
- Badanie kału pod kątem występowania *Helicobacter pylori*.

Obecnie leczenie polega na podawaniu antybiotyków. Namawiam do zmiany nawyków żywieniowych. Naturalny sposób odżywiania znacznie zmniejszy ilość tej bakterii w żołądku. Jeżeli badania wykazały zbyt wiele *Helicobacter pylori*, należy pamiętać, że w tej sytuacji trawienie białek jest znacznie utrudnione. Na pewno wskazane jest ograniczenie produktów zakwaszających i wysokobiałkowych.

7 | JELITO CIENKIE A DALSZY PROCES TRAWIENIA

Bardzo ważne dla ogólnego funkcjonowania organizmu są procesy przebiegające w jelicie cienkim. W jego skład wchodzą: dwunastnica, jelito czcze, jelito kręte. Całkowita długość jelita cienkiego wynosi od 2,5 do 4 metrów. Znajdujące się w nim fałdy Kerkringa, kosmki i mikrokosmki tworzą bardzo dużą powierzchnię wchłaniania: około 400 metrów kwadratowych.

8 | DWUNASTNICA I KĄTNICA NA STRAŻY ODPORNOŚCI

Dwunastnica znajduje się zaraz za żołądkiem. Tutaj treść pokarmowa częściowo rozłożona w żołądku poddawana jest działaniu żółci i enzymów trzustkowych. Kwasy żółciowe produkowane przez trzustkę zawierają takie enzymy trawienne, jak amylaza, peptydazy czy lipaza. Enzymy te odpowiadają za trawienie tłuszczów, a także uczestniczą w przemianach białek i węglowodanów. Funkcjonowanie trzustki ma wpływ na układ odpornościowy. Problemy z tym narządem mogą powodować dolegliwości, które pozornie z trzustką nie mają nic wspólnego. Poziom enzymów trzustkowych może być podniesiony z powodu nietolerancji lub alergii pokarmowych. Wraca on do normy po wyleczeniu chorych jelit.

Następne odcinki jelita cienkiego to jelito czcze i jelito kręte. W śluzówce jelita cienkiego znajdują się małe komórki: enterocyty, zwane kosmkami jelitowymi. Fascynują mnie one od lat.

To niewyobrażalne, że w takim maleńkim jednomilimetrowym słupku zachodzi tyle istotnych dla zdrowia procesów. Zależy od nich kondycja prawie całego organizmu. Kosmki jelitowe to podłużne komórki, które od strony światła jelita pokrywa rąbek szczoteczkowy, będący wyjątkowo skomplikowanym mikroskopijnym mechanizmem. Spełnia odpowiedzialne zadanie – wytwarza ważne związki: enzymy trawienne. Związki te (m.in. laktaza, izomaltaza, maltaza, sacharaza) rozkładają węglowodany. W rąbku szczoteczkowym wytwarzane są również dipeptydazy i aminopeptydazy odpowiadające za rozkład białek. Na powierzchni kosmków jelitowych znajdują się także transportery służące wchłanianiu powstających w jelitach produktów trawienia, które przenoszone są do krwi.

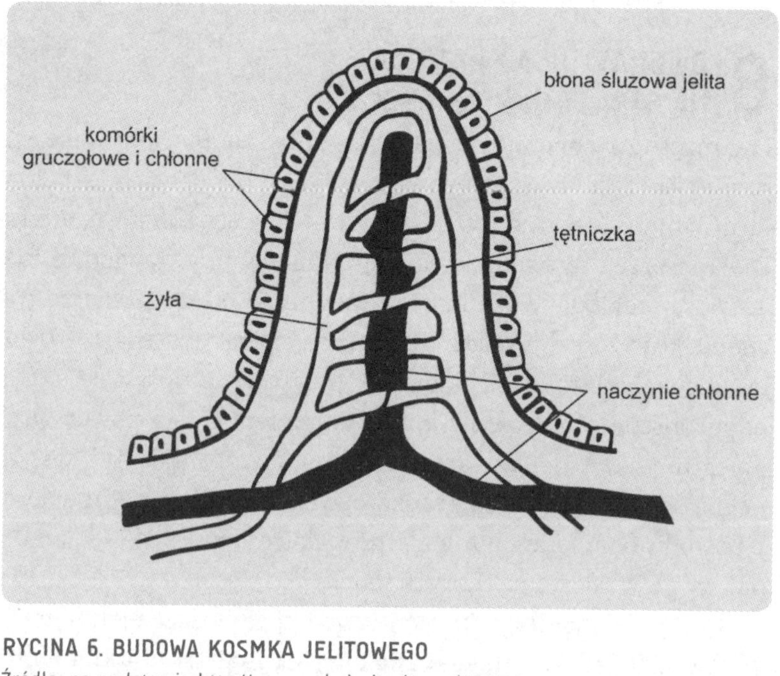

RYCINA 6. BUDOWA KOSMKA JELITOWEGO

Źródło: na podstawie http://www.scholaris.pl/zasob/70485.

W jelicie cienkim pokarm miesza się z żółcią produkowaną przez wątrobę. Żółć pomaga trawić tłuszcze. W jelicie cienkim, głównie w dwunastnicy, działa też sok trzustkowy zawierający enzymy rozkładające tłuszcze, węglowodany i białka. Aby być zdrowym, należy dbać o trzustkę i wątrobę.

Kosmki jelitowe odbudowują się co 4–6 dni. Są mocno ukrwione i wrażliwe na niedobór tlenu. Do utrzymania tych małych komórek w dobrej formie przydadzą się **dwa kilometry spacerów dziennie. Jest to szczególnie ważne w przypadku niskiego ciśnienia krwi oraz niedokrwistości.** Przy okazji systematycznych przechadzek na świeżym powietrzu poprawi się kondycja całego naszego ciała.

Kosmki jelitowe są małe, delikatne i wrażliwe na wszelkie trujące składniki, których dużo jest w żywności i wodzie. Źle znoszą zaburzenia flory bakteryjnej i przewlekły stres. Niszczą je nadmiar alkoholu i zakażenia pasożytnicze. W ten sposób zamiast pięknie ukształtowanych jednomilimetrowych kosmków mamy pozostałe po nich skarłowaciałe twory, które nie potrafią już wytwarzać enzymów trawiennych. Co prawda regenerują się, ale zbyt szybko, do dwóch dni. A w tym wypadku pośpiech nie jest wskazany, ponieważ oznacza gorszą jakość. Łatwo o błędy w replikacji DNA. Mogą w ten sposób powstawać komórki nowotworowe.

Jelit może dotyczyć jeszcze inny problem. Wiązania występujące między komórkami jelit stają się niewydolne. Jest to efekt nieprawidłowego żywienia, na przykład nadmiaru glutenu w diecie. W Polsce w ostatnim trzydziestoleciu z powodu znacznej modyfikacji żywienia pojawiła się nowa jednostka chorobowa: tzw. zespół nieszczelnego jelita. W innych rozwiniętych krajach ten problem wystąpił dużo wcześniej. Efektem zniszczenia jelit są nietolerancje i alergie pokarmowe. Można je uznać za plagi XX i XXI wieku. Temat zespołu nieszczelnego jelita (LGS) został dokładnie omówiony w dalszej części poradnika.

9 JELITO GRUBE

Strawiony pokarm przechodzi z jelita cienkiego do jelita grubego. To następny etap trawienia. W jelicie grubym treść pokarmowa przygotowywana jest do wydalenia. Resorbowane są tam głównie elektrolity i woda. Jelito grube jest krótsze od jelita cienkiego. Ma długość 1,1–1,7 metra. Od prawidłowej pracy tego odcinka układu pokarmowego zależy skład flory bakteryjnej oraz pasaż w przewodzie pokarmowym. Prawidłowy cykl przechodzenia pokarmu przez układ trawienny przedstawia się następująco: przełyk 10 sekund, żołądek 1–5 godzin, jelito cienkie 2–4 godziny, jelito grube 7–10 godzin.

Pacjenci często skarżą się na zaparcia. Proces trawienia wpływa na odporność, więc zaparcia są oznaką, że nasza odporność niedługo znacznie się obniży. Ponieważ problem z wypróżnieniem daje poczucie dużego dyskomfortu, chętnie korzystamy z reklamowanych produktów farmaceutycznych, które teoretycznie rozwiązują ten problem. Wybór jest spory. Niestety, pastylki w kolorowych opakowaniach mają działanie jednorazowe i usuwają tylko skutek zaburzeń trawiennych, a nie ich przyczynę.

Oznaką prawidłowej pracy układu pokarmowego jest regularne wypróżnianie się: raz dziennie. Kał powinien mieć kształt litery S. Nie powinien składać się z pojedynczych bobków. Nie może też być płynny ani unosić się na powierzchni wody w toalecie. Zapach zazwyczaj nie jest przyjemny, ale nie powinien być nie do zniesienia. Warto zmienić nawyki żywieniowe. Jeżeli nasz układ pokarmowy dobrze się spisuje, nie ma potrzeby korzystania z odświeżaczy powietrza do toalet.

10 UKŁAD ODPORNOŚCIOWY SPLECIONY Z UKŁADEM POKARMOWYM

W układzie pokarmowym znajduje się układ odpornościowy o nazwie MALT (*mucosa-associated lymphoid tissue*). Jego częścią jest układ GALT (*gut-associated lymphoid tissue*), czyli tkanka limfatyczna związana z błonami śluzowymi przewodu pokarmowego. W jej skład wchodzi ponad 70% komórek limfatycznych całego układu odpornościowego. W układzie GALT znajdują się liczne grudki limfatyczne, które wypełniają również wyrostek robaczkowy. Wyrostek robaczkowy znajduje się w kątnicy i pełni w organizmie ważną funkcję.

Głównym zadaniem GALT jest wytwarzanie immunoglobuliny IgA, tzw. IgA sekrecyjnego. Sprawnie funkcjonujący GALT jest najlepszym zabezpieczeniem przed takimi mikroorganizmami, jak bakterie, lamblie czy grzyby, a także przed alergenami występującymi między innymi w pożywieniu.

W przypadku zapalenia wyrostka robaczkowego często się go po prostu wycina. Sama doświadczyłam tego w wieku 10 lat. Wyrostek pełni w organizmie ważną funkcję. Usunięcie go powinno być ostatecznością. Bez wnikliwej diagnostyki stanu zapalnego wycięcie wyrostka może w przyszłości doprowadzić do poważniejszych problemów zdrowotnych.

Każdy odcinek układu pokarmowego ma bardzo ważną funkcję. Nie należy lekceważyć żadnych niepokojących oznak, zwłaszcza wzdęć, biegunek, luźnych stolców, zaparć, gazów, uczucia przelewania w jelitach. Pojawienie się krwi w kale powinno nas poważnie zaniepokoić. Dlaczego? Lekceważenie niepokojących objawów ze strony układu pokarmowego może skończyć się przewlekłymi chorobami.

Początkiem drogi do zdrowia jest przywrócenie **prawidłowego funkcjonowania układu pokarmowego.**

II. MAMY MILIARDY PRZYJACIÓŁ, CZYLI O FLORZE BAKTERYJNEJ

Sprawne funkcjonowanie układu pokarmowego zapewnia prawidłowa flora bakteryjna. Znajduje się w każdym odcinku przewodu pokarmowego, najwięcej jest jej w jelicie grubym. Wpływa nie tylko na proces trawienia, lecz także na odporność. Flora bakteryjna składa się z dobroczynnych drobnoustrojów, o które należy dbać, a one odwdzięczą się tym samym. Często przytaczam swoim pacjentom pewne zabawne stwierdzenie: „Gdy będziesz się czuł samotny, pamiętaj, że w twoim organizmie są miliardy komórek, którym bardzo na tobie zależy".

Drobnoustroje zasiedlające przewód pokarmowy stanowią zróżnicowaną mikroflorę, której liczebność wynosi około tysiąca gatunków. Ta lista nie jest jeszcze zamknięta. W jelicie grubym na 1 gram zawartości jelita przypada 10–100 miliardów organizmów. Niestety, może się zdarzyć, że wśród tych pożytecznych mieszkańców mnożą się nieproszeni lokatorzy. W układzie pokarmowym występują bakterie, grzyby i pierwotniaki, które żyją w symbiozie z człowiekiem. Na szczęście zdrowy organizm potrafi je zdyscyplinować i nie pozwala im nadmiernie się rozmnożyć. Nie tylko ilość, lecz także jakość mikroflory musi pozostawać w równowadze.

Zadaniem układu odpornościowego jest panowanie nad tą ogromną kolonią drobnoustrojów. My możemy mu w tym pomagać lub przeszkadzać. Wszystko zależy od sposobu odżywiania i codziennych nawyków. Skład flory bakteryjnej w 80% zależy od odżywiania. Nadużywanie cukru (słodyczy, wypieków, słodzonych napojów gazowanych) prowadzi do namnażania się w organizmie człowieka grzyba *Candida albicans*, który we florze bakteryjnej o prawidłowym składzie powinien występować w niewielkiej ilości.

1 | *CANDIDA ALBICANS*

Lekarze William Crook i Orian Truss spopularyzowali teorię dotyczącą zespołu nadwrażliwości na *Candida albicans*. Ich zdaniem głównymi czynnikami wywołującymi to schorzenie jest przyjmowanie antybiotyków o szerokim spektrum działania, doustnych leków antykoncepcyjnych i glikokortykosteroidów, a także spożywanie pokarmów bogatych w drożdże oraz cukry proste.

Główne objawy drożdżycy (kandydozy) to:

- wzdęcia,
- biegunka lub zaparcia,
- zapalenie zatok,
- kichanie,
- świsty,
- nawracające zakażenia pochwy (*Candida vaginitis*),
- zespół napięcia przedmiesiączkowego,
- nieregularne miesiączki,
- zaburzenia pamięci,
- zaburzenia koncentracji,
- depresja,
- zaburzenia lękowe,
- zmęczenie,
- bóle głowy,
- rozdrażnienie.

Podatność na nadmierne namnażanie się *Candida albicans* jest spowodowana złym odżywianiem, ale nie jest to jedyny powód. Po skończonej antybiotykoterapii we florze bakteryjnej rozmnaża się grzyb oporny na antybiotyki.

Proces leczenia drożdżycy jest bardzo uciążliwy. Aby układ immunologiczny poradził sobie z kandydozą, muszą być spełnione pewne warunki. Po pierwsze: trzeba mieć silny układ immunologiczny. Po drugie: nie można dokarmiać grzyba produktami o wysokim indeksie glikemicznym. Tym razem przyda się wizyta w aptece i zakup dobrej jakości probiotyków.

2 | FLORA BAKTERYJNA TO DELIKATNY EKOSYSTEM. CO MOŻE GO ZABURZYĆ?

Największe spustoszenie w ekosystemie człowieka jest powodowane antybiotykoterapią, którą obecnie wprowadza się zbyt często i niepotrzebnie. Antybiotyki stosuje się na dużą skalę bez zapewnienia pacjentom osłony przeciwgrzybiczej. Przed podaniem antybiotyku dobrze jest wykonać tzw. antybiogram (badanie mikrobiologiczne) – próbę wrażliwości bakterii na antybiotyk. Antybiogram powinien zlecić lekarz. We Francji, w Danii czy w Niemczech to badanie jest wykonywane standardowo i obowiązkowo. W Polsce niestety test wykonywany jest bardzo rzadko. Antybiogram pokazuje, jaki antybiotyk oraz jaka jego dawka najskuteczniej zlikwiduje wyhodowane na antybiogramie bakterie pobrane z organizmu chorego. Czas oczekiwania na wynik wynosi 18–24 godziny. Warto zaczekać. Jeśli antybiotyk jest źle dobrany, terapia okaże się nieskuteczna i trzeba będzie ją powtórzyć lub zastosować inny antybiotyk. Przedłużająca się antybiotykoterapia zaburzy florę bakteryjną co najmniej na kilka miesięcy.

Takie zachwianie składu przewodu pokarmowego stwarza korzystne warunki do namnażania się grzyba *Candida albicans.*

Nasz organizm jest podatny na rozwój bakterii, przede wszystkim z gatunku *Clostridium difficile*. Opanowanie przewodu pokarmowego przez ten drobnoustrój może doprowadzić do rzekomobłoniastego zapalenia jelita grubego, co z kolei może być początkiem poważnych chorób jelit. Stosowanie antybiotyków to błędne koło. Leki, które mają likwidować infekcję i patogenne bakterie, jednocześnie zaburzają florę bakteryjną, która pomaga w naturalny sposób walczyć z chorobą. W rezultacie jesteśmy coraz bardziej podatni na infekcje. Konieczne są kolejne dawki coraz silniejszych antybiotyków, a organizm jest coraz bardziej wycieńczony.

W moim gabinecie takie przypadki są codziennością. Infekcje, kończące się anginami, są skutkiem leczenia antybiotykiem. Efekt: nietolerancje pokarmowe, różnego rodzaju alergie, pyłkowica, astma. Antybiotyki zazwyczaj nie zamykają długiej listy leków. Kolejne pozycje to leki przeciwzapalne, przeciwalergiczne, sterydy, następnie inhibitory pompy protonowej (IPP).

Wszystkie te leki coraz bardziej zaburzają skład flory bakteryjnej. Być może dlatego mamy obecnie taki problem z leczeniem grzyba *Candida albicans*. Lista czynników odpowiedzialnych za niszczenie naturalnego środowiska wewnętrznego nie ma końca. Można do niej jeszcze dopisać leki antykoncepcyjne, palenie tytoniu i życie w przewlekłym stresie. Następnie pogratulujmy sobie, że nasz organizm jeszcze funkcjonuje. Wkrótce może przestać! U wielu moich pacjentów jedynym rozwiązaniem tego problemu jest przeszczep flory bakteryjnej od zdrowego dawcy.

Na szczęście w każdej chwili błędne koło można przerwać. Wystarczy zadbać o swoją florę bakteryjną. Przyniesie to wiele pozytywnych skutków: poprawę samopoczucia, ładniejszą cerę, eliminację nietolerancji pokarmowych i alergii. Wrócą siły witalne i pogodny nastrój.

3 | PROBIOTYKI – MODA CZY POTRZEBA?

Probiotyki stosuje się do odbudowy flory bakteryjnej.

Leczenie odpowiednimi szczepami bakterii może stać się w przyszłości skutecznym narzędziem wspomagającym różnego rodzaju terapie.

Termin „probiotyk" ma dwa znaczenia. Określa się nim bakterie występujące w naturalnym środowisku człowieka korzystnie wpływające na stan zdrowia oraz preparaty lub produkty zawierające żywe drobnoustroje o właściwościach probiotycznych. Szczepy stosowane w takich preparatach powinny być pozyskane z mikroflory człowieka poprzez wyselekcjonowanie szczepów bakterii z przewodu pokarmowego zdrowych noworodków, a w wypadku probiotyków dopochwowych – szczepów izolowanych z układu moczowo--płciowego zdrowych młodych kobiet.

Badania naukowe wykazały, że:

- *Lactobacillus casei* łagodzi objawy alergii na pyłki traw;
- *Enterococcus faecalis* łagodzi objawy przewlekłego stanu zapalnego oskrzeli i zatok;
- *Lactobacillus plantarum* oraz *Escherichia coli* przyczyniają się do zmniejszenia bólów brzucha, ograniczenia wzdęć i unormowania wypróżnień w zespole jelita nadwrażliwego;
- *Escherichia coli* poprawia stan zdrowia pacjentów cierpiących na wrzodziejące zapalenie jelita grubego, ponieważ ma silne działanie przeciwwirusowe i przeciwzapalne;
- *Lactobacillus casei* oraz *Lactobacillus acidophilus* pomagają w likwidacji *Helicobacter pylori*;
- *Faecalibacterium prausnitzii* hamuje stan zapalny w przewodzie pokarmowym i zapobiega zwiększonej przepuszczalności jelita.

Z terminem „flora bakteryjna” spotykamy się obecnie coraz częściej, chociażby oglądając w telewizji reklamy zachęcające do kupna probiotyków z bakteriami kwasu mlekowego. Wszyscy wiedzą, że te bakterie są ważne dla zdrowia, ale czy wiedzą dlaczego?

Bakterie kwasu mlekowego, a także fizjologiczna flora jelit, pełnią wiele funkcji metabolicznych w organizmie:

1. Fizjologiczne bakterie ***Escherichia coli* wpływają na trawienie laktozy** oraz **wytwarzają witaminy** B_1, B_2, B_6, B_{12} i K. Produkują one również substancję zwaną kolicyną, która jest naturalnym antybiotykiem. Dodatkowo fizjologiczna *Escherichia coli* chroni organizm człowieka przed patogeniczną *E. coli*.
2. Szczepy ***Bifidobacterium*, *Lactobacillus*, *Enterococcus faecium*, *Streptococcus* wpływają na syntezę różnych składników odżywczych**: witaminy K, kwasu pantotenowego, kwasu foliowego, witamin B_1, B_2, B_3, B_6, B_{12}.
3. **Bakterie kwasu mlekowego ułatwiają tworzenie się wtórnych kwasów żółciowych i poprawiają ich krążenie jelitowo-wątrobowe**, co ułatwia pozbycie się złego cholesterolu z organizmu. Z tego powodu prawidłowa flora bakteryjna przyczynia się do utrzymania odpowiedniej wagi. Osoby otyłe zazwyczaj mają mocno zaburzoną florę bakteryjną.
4. **Są ochroną nabłonka jelit i zapewniają jego ciągłość** (mucyny produkowane przez bakterie jelitowe tworzą kleistą warstwę ochronną na jelitach, chroniąc je przed patogenami).
5. **Eliminują niepożądane mikroorganizmy**, które mogą dostać się do organizmu człowieka.
6. **Działają immunomodulująco**; obecność bakterii wpływa na dojrzewanie układu odpornościowego u małych dzieci – stymulację przeciwciał IgA (IgA sekrecyjnych) oraz IgG, aktywację fagocytozy, aktywację limfocytów.
7. **Wpływają na wytwarzanie się krótkołańcuchowych kwasów tłuszczowych** (*short-chain fatty acids*, SCFA) jako produktu

fermentacji bakteryjnej włókna pokarmowego i skrobi opornej. Do kwasów tych zaliczamy: octowy, propionowy i masłowy. **Rolą krótkołańcuchowych kwasów tłuszczowych jest:**

- regulacja wartości pH stolca, która powinna wynosić 7,0–7,7;
- poprawa wchłaniania wapnia, żelaza i magnezu w jelitach;
- wpływ na metabolizm glukozy;
- odżywianie komórek jelit i komórek wątroby.

Niektóre produkty są szczególnie bogate we włókno pokarmowe i w skrobię oporną. Należą do nich prebiotyki zawierające skrobię oraz błonnik pokarmowy, który jest odporny na działanie enzymów trawiennych, przez co staje się pożywką dla bakterii kwasu mlekowego (probiotyków).

Produkty zawierające skrobię oporną to:

- produkty pełnoziarniste (pieczywo, kasze, ryż, makarony, nieprzetworzone płatki zbożowe);
- rośliny strączkowe;
- marchew, kapusta (świeża i kiszona), buraki, szpinak, sałata, ziemniaki, jeżyny, porzeczki, śliwki, gruszki, czarne jagody, jabłka, brzoskwinie oraz suszone owoce.

Najczęściej stosowanymi naturalnymi prebiotykami są: inulina (w 40% stanowi biomasę dla bakterii), szparagi, karczochy, cykoria, cebula, czosnek.

Można kupić preparaty z inuliną. Najlepsze są te z inuliną pochodzenia naturalnego, np. z korzenia cykorii, który zawiera niewielkie ilości wolnej glukozy, wolnej fruktozy i sacharozy. Inne dobre źródło inuliny to topinambur (słonecznik bulwiasty), którego kłącze zawiera około 52% inuliny. Jeżeli decydujemy się na przyjmowanie preparatów, należy szukać czystej inuliny bez dodatków, takich jak kwasek cytrynowy. Sproszkowaną inulinę można dodawać do wypieków lub kasz, można też pić kawę z cykorii. Z jednym zastrzeżeniem:

inulina bardzo pogarsza stan zdrowia osób cierpiących na nietolerancję salicylanów.

Nie wszystkie probiotyki apteczne są godne polecenia.

Dobry probiotyk kupiony w aptece powinien w opisie zawierać pełną nazwę użytych do jego produkcji szczepów z oznaczeniem cyfrowym, np. liofilizowane żywe bakterie kwasu mlekowego *Bifidobacterium longum* DSM24736®, *Bifidobacterium breve* DSM24732®, *Bifidobacterium infantis* DSM24737®, *Lactobacillus acidophilus* DSM24735®.

Minimalna **dawka terapeutyczna** skutecznego probiotyku musi wynosić: u dorosłych nie mniej niż 10 miliardów żywych komórek – 10×10^9 CFU, u dzieci powyżej 3 lat około 3 miliardów żywych komórek – 3×10^9 CFU w jednej kapsułce lub saszetce. Ja w praktyce stosuję zazwyczaj probiotyki o większej ilości bakterii. Niestety, tanie probiotyki zawierają często zbyt mało bakterii, więc nie warto ich stosować.

Bardzo dobre właściwości ochraniające bakterie kwasu mlekowego ma betanina, czerwony barwnik występujący w buraku ćwikłowym, dlatego znakomite efekty w odbudowie flory bakteryjnej daje picie zakwasu z buraków. Wraz z suplementacją probiotykami.

Przyjmowanie probiotyku aptecznego
Tylko niewielka część bakterii przeżywa pasaż przez żołądek i jelito cienkie, dlatego przyjmowanie probiotyku podczas posiłku zwiększa ich przeżywalność.

Czy stosowanie probiotyków aptecznych jest całkowicie bezpieczne?

To często zadawane pytanie. Bakterie kwasu mlekowego pozyskiwane z naturalnych źródeł, czyli z żywności, są bezpieczne, czego nie można powiedzieć o probiotykach aptecznych podanych pacjentom z grupy ryzyka. Zdarza się, że bakterie przenikają do krwi pacjenta, co może doprowadzić do zakażenia układu moczowego, zapalenia błony śluzowej macicy, zapalenia opon mózgowo-rdzeniowych, ropni wewnątrzbrzusznych, ropni wątroby i śledziony, zapalenia osierdzia, bakteriemii.

Do grupy ryzyka należą pacjenci:

- z ostrymi schorzeniami układu pokarmowego (np. ostrym zapaleniem trzustki);
- poddani inwazyjnym zabiegom chirurgicznym, w tym stomatologicznym;
- poddani immunosupresji, po przeszczepach;
- przez długi czas przyjmujący antybiotyki o szerokim spektrum działania;
- onkologiczni;
- z cukrzycą;
- z chorobami serca;
- po zabiegach endoskopii;
- zakażeni wirusem HIV.

Pacjenci z grupy ryzyka przed zastosowaniem probiotyków aptecznych, zwłaszcza *Escherichia coli*, powinni wprowadzić na okres około trzech miesięcy program „Sześć kroków wyjścia z alergii" (zobacz: część VIII), aby uszczelnić jelita.

Najlepiej szukać bakterii kwasu mlekowego w naturalnych produktach:

- fermentowanych przetworach mlecznych z mleka niepasteryzowanego;
- kiszonych warzywach, np. kapuście, ogórkach, burakach;
- przetworach z soi, takich jak miso ekologiczne, tofu ekologiczne, sos tamari ekologiczny, bezglutenowy;
- chlebie wyrabianym na zakwasie.

4 | WSPANIAŁYM ŹRÓDŁEM BAKTERII KWASU MLEKOWEGO SĄ KISZONKI

Kisić można rozmaite warzywa: kapustę, marchew, cebulę, ogórki, czosnek, rzodkiewki, brokuły, kalafior, rzepę, warzywa zielone.

Soki z kiszonych warzyw oprócz dostarczania bakterii probiotycznych wspomagają produkcję kwasów żołądkowych. Przy niskim poziomie kwasu solnego należy spożywać kilka łyżek kiszonych warzyw lub soku z nich na 10–15 minut przed posiłkiem.

W sklepach można kupić gotowe kiszonki. Trudno mi ocenić jakość, ponieważ ich nie kupuję. Kiszę warzywa samodzielnie. Jeżeli zdecydujemy się na gotowe kiszonki, wybierajmy te pochodzące ze sprawdzonych źródeł. Zwracajmy uwagę na skład. Dobra kiszonka zawiera jedynie warzywa, wodę, sól i naturalne przyprawy. Namawiam do robienia kiszonek samodzielnie w domu. Uwaga! Do kiszenia używajmy tylko warzyw ekologicznych! Po ukiszeniu produkty przechowujemy w lodówce.

Przepisy na kiszonki i zakwas z buraków zamieszczone zostały w części X.

W przypadku nadmiernego rozwoju grzyba *Candida albicans* należy zachować ostrożność w stosowaniu kiszonek. Najlepiej jeść je co cztery dni.

Florę bakteryjną można odbudowywać na różne sposoby. Niestety, nie zawsze jest to możliwe, dlatego powinniśmy zapobiegać jej uszkodzeniu. Najlepszym sposobem, aby dbać o florę bakteryjną, jest dbanie o jakość swojej diety. Nie bez znaczenia jest też tryb życia, jaki prowadzimy. Tu również obowiązuje zasada: mniej pracy, mniej stresu, więcej odpoczynku. Stosując się do tych zaleceń, być może nie będziemy potrzebowali antybiotyków. Organizm sam poradzi sobie z każdą infekcją, a flora bakteryjna nie będzie zagrożona.

III. NIEZBĘDNY SOJUSZNIK W WALCE Z CHOROBĄ

1 | ROLA UKŁADU ODPORNOŚCIOWEGO

W walce z chorobą niezbędny jest zdrowy układ odpornościowy! Nie ma zarazków, bakterii ani innych patogenów, z którymi by sobie nie poradził. W przeciwnym wypadku ludzkość nie przetrwałaby tylu chorób i epidemii. Mocny układ odpornościowy gwarantuje nam dobre zdrowie. Rozpoznaje szkodliwe dla organizmu człowieka czynniki i uruchamia systemy odporności wrodzonej i nabytej. W ten sposób dąży do pozbycia się problemu. Jest waleczny, a wrogów ma sporo, ponieważ organizm człowieka atakują miliardy wirusów, pasożytów, bakterii, antygenów, toksyn środowiskowych itd. Dlatego musimy pamiętać o ważnej zasadzie dotyczącej naszego obrońcy: on dba o nas, więc my musimy dbać o niego.

Układ odpornościowy jest jak wierny pies obronny: zawsze strzeże, a w razie potrzeby atakuje. Wyobraźmy sobie psy strzegące posiadłości swoich właścicieli. Są wierne i bardzo pracowite, ale wymagają troski. Potrzebują wody, dobrej karmy, przestrzeni i właściciela, który choć od czasu do czasu okaże im odrobinę sympatii. Psy biegają po posiadłości, zawzięcie chronią i strzegą swojego terytorium. Dom ich pana jest otoczony wysokim murem. Ułatwia to psom wykonywanie zadania, czyli obronę posiadłości właściciela. Nagle pod mury zakradają się wrogowie – patogeny. Chcą wedrzeć się na teren posiadłości. Znajdują słaby punkt – dziurę w murze, przez którą się przeciskają. Czujne psy zaczynają rozszarpywać intruzów. Głośno ujadają, aby ostrzec właściciela o zbliżającym się niebezpieczeństwie. Ale ich pan, zamiast odpowiednio zareagować na obecność wroga, uchronić się przed atakiem, zamyka i karci psy, bo przeszkadza mu ich głośne ujadanie. Nie może skupić się na pracy. Akurat w tym momencie ważniejsze jest dla niego napisanie sprawozdania czy spotkanie z klientem. Psy szczekają coraz natarczywiej. Widzą zbliżające się niebezpieczeństwo, przed którym chcą uchronić swego pana. Ich właściciel nie może tego znieść, więc aby uciszyć psy, posuwa się do coraz bardziej radykalnych metod. Jest nawet gotów pozbyć się ich, byleby tylko odzyskać spokój.

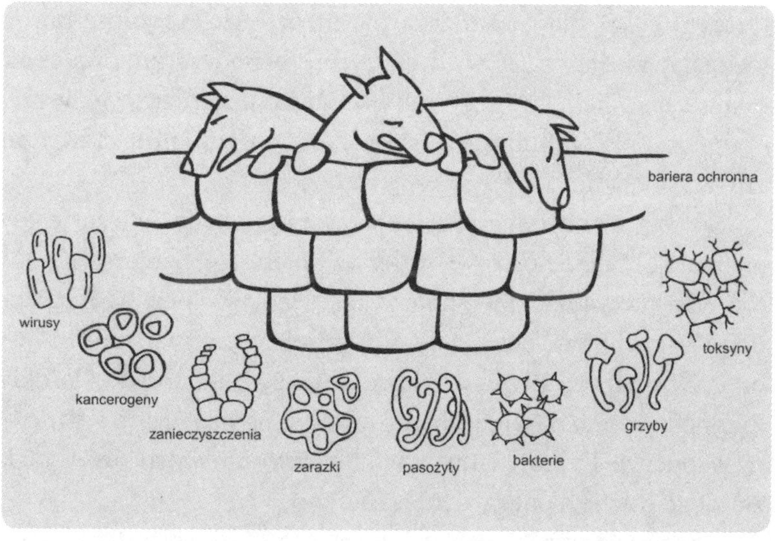

RYCINA 7. UKŁAD ODPORNOŚCIOWY MOŻNA PORÓWNAĆ DO PSÓW OBRONNYCH

Bagatelizuje fakt, że jego obrońcy alarmują go nie bez powodu. Właściciel, uciszając hałasujące psy, osiąga natychmiastowy efekt – spokój, ale w tym czasie jego posiadłość zostaje zaatakowana przez wroga. Czy takie postępowanie człowieka jest rozsądne? Na pewno nie. Niestety, bardzo często w taki właśnie sposób postępujemy z naszym układem odpornościowym.

Gdy w naszym organizmie źle się dzieje, układ odpornościowy aktywuje swoje mechanizmy, by nas o tym poinformować, a jednocześnie próbuje rozprawić się z najeźdźcą. Niestety, skutkiem jego intensywnej pracy jest dyskomfort dla człowieka w postaci bólu głowy, wysypek, obrzęków, podwyższonej temperatury. To jest właśnie „głośne ujadanie naszych psów obronnych", czyli objawy między innymi stanów zapalnych, które są narzędziem do walki z najeźdźcą oraz alarmem: „Zadbaj o zdrowie!". Jeśli pozwolimy działać psom, czyli komórkom układu odpornościowego: fagocytom i limfocytom, wśród których najskuteczniejsze są komórki NK, zwane naturalnymi zabójcami (*natural killers cells*), to rozszarpią intruzów! Pozwólmy im na to, zaakceptujmy czasowy dyskomfort. A po wygranej walce zadbajmy o swoich obrońców, zapewniając im wartościowe posiłki i odpoczynek. Odbudujmy uszkodzony mur. Są nim zazwyczaj zniszczone jelita.

Tak to powinno wyglądać. A jak jest naprawdę? W czasie gdy nasz układ odpornościowy walczy z najeźdźcą, czujemy się źle. Chcemy prowadzić normalne życie, więc próbujemy zagłuszyć uciążliwe objawy. Pomagają w tym leki przeciwhistaminowe, przeciwzapalne i przeciwbólowe, a także glikokortykosteroidy. Przynoszą doraźną ulgę, ale nie zwalczą najeźdźcy. To się może źle skończyć. Czasami intruz tylko nas wystraszy, ale bywa i tak, że może trwale okaleczyć lub zabić.

Mam pacjentów, którzy wzbogacili się, ciężko pracując. Jak się okazało – zbyt ciężko, kosztem własnego zdrowia psychicznego i fizycznego. Przychodzą do mnie z refleksją, że nie wszystko można kupić, ponieważ stracili to, co jest bezcenne – zdrowie. Pełny portfel nie cieszy, jeśli traci się kontrolę nad swoim organizmem, często wpada się w depresję, której źródłem jest strach o własne życie. Zdrowie musi mieć pierwszeństwo w każdej sytuacji.

Traktujmy poważnie wszystkie niepokojące objawy. Nie chodzi o to, by stać się hipochondrykiem, ale o to, by zapobiegać, zamiast potem leczyć. Profilaktyka zdrowia wymaga czasu i zaangażowania. Tymczasem my musimy ciężko pracować, aby zadowolić szefa, spłacać kredyty, wykształcić dzieci. To fakt! Pamiętajmy jednak, że jeśli ucierpi na tym nasze zdrowie, będziemy bezsilni. Szef nas w końcu zwolni. Nie pomożemy dzieciom. Nie spłacimy kredytu zaciągniętego na kupno wymarzonego domku z ogródkiem.

Coraz częściej mamy do czynienia ze zjawiskiem tak zwanej autoagresji. Wspierając się porównaniem naszego układu odpornościowego do obronnych psów, możemy powiedzieć, że autoagresja to zjawisko, kiedy psy atakują swojego właściciela. Dzieje się tak, jeśli swoich obrońców źle traktujemy. Jeśli o nich nie dbamy, czyli jemy niezdrowe produkty, pijemy zbyt mało płynów, siedzimy zamknięci w dusznych pomieszczeniach, nie zapewniamy sobie ruchu na świeżym powietrzu, połykamy mnóstwo leków, a temu wszystkiemu towarzyszy przewlekły stres. Trudno się dziwić, że układ odpornościowy jest zdezorientowany i nie wie już, kto jest przyjacielem, a kto wrogiem.

Jak ważne jest odpowiednie traktowanie układu odpornościowego, udowadnia przypadek jednego z moich pacjentów. Chłopak (lat 16) miał autoimmunologiczną chorobę wątroby, która pojawiła się po odczulaniu go na pyłki traw. Dopiero gdy zrobiłam mu badania, okazało się, że ma celiakię. Odczulanie bez eliminacji glutenu było nieskuteczne. W przypadku tego pacjenta układ odpornościowy został wyciszony za pomocą odczulania. Nietolerowany przez organizm gluten powodował powiększanie się „dziury w murze". Niestrawione cząsteczki glutenu stały się intruzem, który drażnił bezsilne psy, więc przystąpiły do ataku na właściciela.

Co jest naszym murem obronnym?

Układ odpornościowy jest chroniony solidnym murem. Nasza odporność to przede wszystkim sprawnie działający układ pokarmowy oraz prawidłowa flora bakteryjna – zaplecze układu odpornościowego. Trudno sforsować takie zabezpieczenia. W organizmie człowieka mur zamyka drogę intruzom, takim jak: wirusy, bakterie, pasożyty. Murem są między innymi szczelne jelita, kwas solny, prawidłowa flora bakteryjna, zdrowa skóra, prawidłowo ukształtowane błony śluzowe wszystkich układów, dobrej jakości śluz.

Skóra stanowi skuteczną barierę ochronną, jeśli jest zdrowa, bez stanów zapalnych, nienadwerężona nakładaniem zbyt dużej ilości kosmetyków. Najlepsza zasada pielęgnacji ciała mówi, że to, co jest dobre dla organizmu, jest dobre dla skóry: oliwa z oliwek, olej z awokado, z sezamu, ze słodkich migdałów. Oprócz tego długi sen, czysta woda, pogodny nastrój, świeże powietrze i odrobina słońca.

Błony śluzowe, które wyściełają każdy układ, pełnią ważną funkcję ochronną. Produkują śluz.

Odpowiedniej jakości śluz wytwarzany jest przez błony śluzowe, kiedy dostarczamy do organizmu dużo wody. Błony śluzowe wszystkich układów produkują peptydy (organiczne związki chemiczne, które likwidują wiele rodzajów bakterii i grzybów).

Jaką rolę odgrywa układ pokarmowy w budowaniu odporności? Aby być zdrowym, należy dbać o prawidłową pracę układu pokarmowego, ponieważ jego zadaniem jest dostarczanie odpowiednich składników odżywczych niezbędnych do funkcjonowania układu odpornościowego. Oczywiście, kiedy pojawi się infekcja, można połykać witaminę C, cynk itp., czyli wesprzeć chory organizm. Jednak o wiele lepiej dbać o siebie regularnie. Pojawienie się infekcji to znak, że nasz organizm jest wyczerpany i potrzebuje kilku dni odpoczynku. Należy położyć się do łóżka i zregenerować siły.

SZCZELNOŚĆ JELIT | Aby skutecznie zabezpieczyć organizm przed przenikaniem patogenów do krwiobiegu, układ pokarmowy powinien być szczelny. Zdrowy i sprawny układ pokarmowy pozytywnie wpływa na wyregulowanie pracy układu odpornościowego, który nie powinien być zbyt leniwy ani nadpobudliwy. Jeśli układ odpornościowy jest nadmiernie aktywny, wszystko go drażni. Wtedy nawet niegroźne cząsteczki niestrawionego pokarmu mogą wywołać w organizmie silne stany zapalne. Po regeneracji jelit, przywróceniu im prawidłowego funkcjonowania, układ odpornościowego wycisza się i zajmuje tym, czym powinien, to znaczy zwalczaniem intruzów: wirusów, bakterii, grzybów. Nie próbuje nam zaszkodzić autoagresją. Jest naszym sprzymierzeńcem. Układ odpornościowy nie odpowiada tylko za katar. Jest ważny! Przyczynia się do naszej długowieczności.

2 | NIESPRAWNY UKŁAD POKARMOWY PRZYCZYNĄ ALERGII

Niesprawny układ pokarmowy powoduje „efekt domina": może zapoczątkować wiele innych schorzeń, na które ma wpływ bezpośredni lub pośredni. Najczęstszym następstwem problemów trawiennych są nietolerancje, a następnie alergie pokarmowe.

Co ciekawe, wiele osób cierpi na różnego rodzaju alergie i nietolerancje pokarmowe, a o tym nie wie. Jeśli zdiagnozujemy u siebie tego typu problemy, wykonamy badania, które potwierdzą alergię, będzie to połowa sukcesu, bo wiemy już, z czym mamy do czynienia.

Zazwyczaj spotykamy się z trzema pojęciami opisującymi powikłania immunologicznie (odpornościowe) związane ze źle funkcjonującym układem pokarmowym. Są to: nietolerancja pokarmowa, alergia pokarmowa oraz pseudoalergia. Mogą dawać podobne objawy, ale opierają się na zupełnie innych mechanizmach.

Nietolerancja pokarmowa pojawia się wtedy, gdy w organizmie brakuje określonych enzymów trawiennych. Niestrawiony pokarm powoduje między innymi wzdęcia, bóle brzucha, zaparcia.

Alergia pokarmowa to efekt nieleczonej nietolerancji pokarmowej. Układ immunologiczny produkuje przeciwciała, by zwalczyć to, co nie zostało strawione. Jest nadreaktywny. Przeciwciała są odpowiedzialne za stany zapalne objawiające się między innymi: wysypkami, nieżytem nosa, zapaleniem spojówek.

Pseudoalergie to uciążliwe objawy spowodowane oddziaływaniem na organizm związków chemicznych zawartych naturalnie w pokarmach (np. histaminy) lub sztucznie do nich dodawanych (np. konserwantów, stabilizatorów). Pseudoalergie wynikają z zaburzeń metabolizowania tych związków.

Przy nietolerancji pokarmowej sprawa jest prosta. Zazwyczaj wystarczy wykluczyć z diety produkty zawierające składnik, którego nie trawimy. Na przykład wszystkie produkty mleczne, jeśli nietolerancja dotyczy laktozy (cukru mlecznego). Organizm po jakimś czasie znowu będzie tolerować cukier mleczny, pod warunkiem że nie jest obciążony genetyczną nietolerancją laktozy. Niestety, zdarza się, że ignorujemy objawy nietolerancji pokarmowej. Mało kto przejmuje się wzdęciami czy zaparciami. Gdy już zdecydujemy się poinformować lekarza o swoich problemach, otrzymujemy receptę na leki, które likwidują objawy. Nie tędy droga! Brak odpowiedniej diety powoduje, że problem narasta. Wtedy w naszym organizmie zaczyna się tak zwany marsz alergiczny.

3 | NA CZYM POLEGA MARSZ ALERGICZNY?

Marsz alergiczny rozwija się w czterech etapach. Każdy etap charakteryzują inne objawy. Jeśli występują kolejno, oznacza to, że nasz organizm „maszeruje" prostą drogą do poważnych zaburzeń immunologicznych.

Prześledźmy marsz alergiczny na przykładzie glutenu. To składnik, który często alergizuje. W pierwszym etapie nie ma żadnych niepokojących objawów, ponieważ organizm radzi sobie z trawieniem glutenu.

W etapie drugim ujawnia się nietolerancja glutenu. Dzieje się to pod wpływem czynnika zewnętrznego, który uszkadza jelita, na przykład po przebytej antybiotykoterapii lub lambliozie. Wtedy trawienie glutenu jest utrudnione, gdyż zniszczone jelita wytwarzają mniej enzymów trawiennych. Do krwiobiegu przenika niestrawiony gluten. Przez jakiś czas organizm radzi sobie z tym problemem, ale już odczuwamy pierwsze niemiłe objawy: zaparcia, biegunki, luźne stolce, przelewanie w jelitach.

W trzecim etapie powstaje niebezpieczne zjawisko. Układ odpornościowy zaczyna być wrogo nastawiony do niestrawionych cząsteczek glutenu i traktuje je jak intruza. W organizmie zaczyna się walka. Bywa tak, że u osób z predyspozycją do celiakii wytwarzają się autoprzeciwciała, np. przeciwtransglutaminowe, które mogą doprowadzić do uszkodzenia narządów. U innych pacjentów powstają przeciwciała przeciw glutenowi, np. IgE przeciwgliadynowe. Często powodują alergię na gluten. W kolejnej grupie pacjentów mogą się pojawić oba rodzaje przeciwciał.

W opisywanym etapie marszu alergicznego występują duszności, zmiany na skórze i inne poważne objawy, które często nie są kojarzone z zaburzeniami trawienia.

Jeśli na tym etapie nie wycofamy glutenu z diety, następstwem mogą być poważne, niekiedy nieuleczalne schorzenia, choroby z autoagresji, nowotwory itd. To czwarty etap marszu alergicznego.

Marsz alergiczny można w każdej chwili przerwać, a nawet cofnąć do etapu pierwszego, eliminując z diety pokarm, którego organizm nie toleruje.

Pacjenci często pytają mnie: Czy eliminacja glutenu wyleczy chorobę Hashimoto, czyli zapalenie tarczycy? Odpowiedź jest niejednoznaczna: i tak, i nie. Wszystko zależy od tego, jak długo chorujemy na tę chorobę. W przypadku choroby Hashimoto na czwartym etapie marszu alergicznego eliminacja glutenu nie odbuduje uszkodzonej tarczycy, ale zatrzyma postęp jej samozniszczenia.

Analizując tabelę 1, można zauważyć, że brak eliminacji alergenu, czyli w tym wypadki glutenu, doprowadza do rozwoju marszu alergicznego. Natomiast eliminacja alergenu oraz odbudowa flory bakteryjnej na każdym etapie zaburzeń immunologicznych powoduje zatrzymanie marszu alergicznego. I czasami powrót do pełnego zdrowia. Możemy eliminacją alergenu zatrzymać np. stan zapalny toczący się w tarczycy, ale oczywiście nie jesteśmy w stanie jej odbudować.

Kiedy zaczęłam stosować w praktyce program „Sześć kroków wyjścia z alergii" (zobacz: część VIII), którego podstawą jest eliminacja uczulających pokarmów, słyszałam wiele słów krytyki ze

TABELA 1. ETAPY ZABURZEŃ IMMUNOLOGICZNYCH NA PRZYKŁADZIE REAKCJI NA GLUTEN – MARSZ ALERGICZNY

ETAP I	ETAP II	ETAP III	ETAP IV
Bariery anatomiczne	**Odporność nieswoista**	**Odporność swoista**	**Zaburzenia immunologiczne**
Brak reakcji na gluten	Pojawia się nietolerancja glutenu	Pojawia się reakcja na gluten, aktywuje się celiakia	
• Anatomiczna ciągłość tkanek (również jelit) • Odpowiednie pH skóry i żołądka • Odpowiednia ilość soków żołądkowych • Odpowiednia ilość enzymów trawiennych • Prawidłowa flora bakteryjna • Pomocna fagocytoza – niestrawione resztki glutenu zostają usunięte z organizmu	• Utrata ciągłości tkanek (wysypki) • Zespół nieszczelnego jelita (np. biegunki) • Zaburzenia flory bakteryjnej • Inne	Zaburzenia się pogłębiają	Zaburzenia się pogłębiają
	Makrofagi, monocyty, granulocyty próbują usunąć niestrawiony gluten Eliminacja niestrawionych cząstek glutenu Niepokojące objawy: biegunka, luźne stolce, zaparcia, przelewanie w jelitach, uczucie pełności	Układ odpornościowy zaczyna produkować przeciwciała walczące z glutenem: • przeciwciała przeciw endomysium (EmA) w klasie IgA i IgG • przeciwciała przeciw gliadynie (AGA) w klasie IgA i IgG • przeciwciała przeciw deamidowanej gliadynie (DGP) w klasie IgA i IgG	Reakcje na gluten ze strony układu odpornościowego: • typ I – anafilaksja (wstrząs po zjedzeniu glutenu) • typ II – cytotoksyczny • typ III – kompleksów immunologicznych (np. reumatoidalne zapalenie stawów) • typ IV – komórkowy Alergia na gluten

ETAP I	ETAP II	ETAP III	ETAP IV
Bariery anatomiczne	**Odporność nieswoista**	**Odporność swoista**	**Zaburzenia immunologiczne**
	Makrofagi, monocyty, granulocyty próbują usunąć niestrawiony gluten Eliminacja niestrawionych cząstek glutenu Niepokojące objawy: biegunka, luźne stolce, zaparcia, przelewanie w jelitach, uczucie pełności	• przeciwciała przeciw transglutaminazie tkankowej (anty-tTG) w klasie IgG i IgA Limfocyty T Limfocyty B Niepokojące objawy: wysypki, duszności, częste infekcje, opryszczka i inne	Autoagresja (np. choroba Hashimoto) Nowotwory jelita cienkiego Bezpłodność Schorzenia OUN: depresja, schizofrenia, ADHD i inne
↓ eliminacja	↓ eliminacja	↓ eliminacja	↓ eliminacja

strony środowiska medycznego. Proponowane przeze mnie postępowanie lecznicze uważano za zbyt skomplikowane i czasochłonne dla pacjenta. Podanie leku było prostszym rozwiązaniem, chociaż w wielu wypadkach nieskutecznym, ponieważ lek tylko zagłuszał objawy choroby, nie zatrzymując marszu alergicznego.

Prawdą jest, że w gabinecie lekarskim, w przychodni rejonowej, kiedy za drzwiami czeka długa kolejka pacjentów, lekarz nie zawsze ma czas na wytłumaczenie tego, na czym polega marsz alergiczny i jaką dietę chory powinien zastosować, aby go przerwać. Wypisanie recepty jest szybkie i wygodne, ale czy pigułka zawsze jest bezpieczna?

Aby wyzdrowieć, konieczne jest nie tylko zaangażowanie lekarza, lecz także chorego. Proponowana przeze mnie terapia polega na wprowadzeniu odpowiedniego systemu żywienia. Pacjenci są przekonani, że przygotowanie posiłków od podstaw, ze zdrowych, naturalnych, nieprzetworzonych produktów, a jednocześnie zrezygnowanie z tak zwanych fast foodów i gotowców zmusi ich do dłuższego przebywania w kuchni. Kiedy już po krótkim okresie stosowania programu zauważają pozytywne efekty zdrowotne, przekonują się, że warto gotować samodzielnie. Szybko nabywają wprawy i okazuje się, że przygotowywanie zdrowych posiłków wcale nie jest pracochłonne. Warto poświęcić czas na zdrowe gotowanie, ponieważ dzięki temu możemy zrezygnować z wielu wyrobów przemysłu farmaceutycznego i spożywczego, co oznacza więcej zdrowia, a zarazem mniej wydatków.

Kolejnym wyzwaniem było opracowanie menu ze smacznymi, zdrowymi i łatwymi do przygotowania potrawami. Wiedziałam, że w ten sposób pomogę swoim pacjentom zaoszczędzić cenny czas. Okazało się, że przepisy, które ułatwiają przygotowanie odpowiedniego jadłospisu, są niemal tak samo ważne, jak ustalenie zaleceń. Pacjenci podczas wizyt w gabinecie dużo ze mną rozmawiają. Zwierzają się ze swoich problemów i obaw. Cieszy mnie to, ponieważ znając ich potrzeby, mogę im skuteczniej pomóc. Zawsze wzrusza mnie troska matek o swoje dzieci. Robią wszystko, by ich dziecko było zdrowe. Nie myślą o sobie. Czasami jednak przychodzi moment, że muszą wylać swoje smutki. Są zmęczone. Przyznają, że praca w kuchni przez kilka godzin dziennie sprawia im trudność. Oprócz tego pracują zawodowo. Przygotowują posiłki w nocy kosztem snu. Rozumiałam to doskonale. Ja również miałam chore alergicznie dziecko. Postanowiłam opracować specjalistyczne przepisy uwzględniające potrzebę eliminacji różnych składników pokarmowych. Muszę przyznać, że przygotowywanie przepisów było dla mnie także wspaniałą przygodą, gdyż bardzo lubię gotować. Wszystkiego uczyłam się od podstaw. Piekłam chleb, przygotowywałam pasty do chleba, mleka zbożowe, kompoty, ciasta, zupy. Zauważyłam potrzebę organizowania warsztatów zdrowego gotowania. Uczę na nich nie tylko przygotowywania posiłków, lecz także dobrej organizacji pracy w kuchni, co znacznie skraca czas gotowania. Kursanci chwalą sobie te warsztaty. Zamiast pięciu godzin spędzają w kuchni jedną godzinę dziennie. Nauka gotowania jest bardzo przydatna. Tryb życia, jaki obecnie prowadzimy, nie wymusza na nas konieczności samodzielnego przygotowywania posiłków. Można pójść na obiad do ulubionej restauracji, zamówić jedzenie przez telefon, a nawet podjechać samochodem pod okienko i otrzymać jedzenie na wynos. Nic więc dziwnego, że naukę gotowania zaczynamy od czynności podstawowych, chociażby od ugotowania prostej zupy.

W obecnych czasach nie dziwi sytuacja, kiedy młoda mama zna biegle trzy języki, ale ma problem z dobraniem odpowiednich składników do zupy z dyni. Nie jest to powód do zmartwienia. Wszystkiego można się nauczyć. Umiejętność gotowania jest cenna i przydatna, ponieważ może uratować zdrowie. Odpowiedni dobór składników w potrawie odżywi nas oraz nasyci na wiele godzin. Znam przypadki, kiedy ludzie słabli, byli cały czas głodni tylko dlatego, że produkty, z których składały się ich posiłki, były źle dobrane.

Zasad prawidłowego odżywiania należałoby uczyć w szkole. Informacji na ten temat ciągle jest za mało. Przekazujemy dzieciom wiedzę obejmującą wiele dziedzin. Nie uczymy zasad zdrowego odżywiania, które zapobiegają wielu chorobom oraz otyłości. Dobrze by było zorganizować w szkołach cykl zajęć prowadzonych przez specjalistę dietetyka.

Postanowiłam zainteresować dzieci tematyką prawidłowego odżywiania oraz higieny osobistej. Napisałam dwie książeczki edukacyjne – *Mieszkanka chatki na moczarach* oraz *Żywieniowe triki na lepsze wyniki*. Obie bajeczki cieszą się dużym zainteresowaniem małych czytelników. Po takiej lekturze dzieci edukują swoich rodziców na temat tego, co jest zdrowe, a co szkodliwe dla zdrowia.

Ponadto prowadziłam w szkołach i przedszkolach wykłady na temat zasad zdrowego żywienia, opierając się na informacjach, wierszykach i ćwiczeniach zamieszczonych w tych dwóch książeczkach. Udało mi się przekonać dzieci, że zdrowe produkty są pożywne i smaczne, że warto zamiast po batona sięgnąć po gruszkę.

Podstawowa wiedza z zakresu dietetyki przydała się również nauczycielom. Okazuje się, że odróżnienie chleba pełnoziarnistego od zwykłego pszennego wcale nie jest takie proste. W fabryce jasny chleb barwi się karmelem, żeby wyglądał jak ciemny, pełnoziarnisty. Warto też wiedzieć, na czym polega różnica między cukrem brązowym i białym, który oczyszczany jest ze wszystkich składników odżywczych, w wyniku czego zostaje sama biała słodycz psująca zęby.

Już prof. Kinga Wiśniewska-Roszkowska w ubiegłym wieku apelowała o wprowadzenie do szkół podstawowych przedmiotu, który obejmowałby wiedzę z zakresu zdrowego żywienia. Moim zdaniem taka wiedza powinna być wprowadzana poprzez zabawę, aby zdrowe odżywianie kojarzyło się wyłącznie pozytywnie.

Na domiar złego półki sklepowe uginają się pod ciężarem niezdrowych produktów, które kuszą kolorowymi opakowaniami i słodkim smakiem. Jabłko nie wytrzyma konkurencji ze słodkimi kolorowymi żelkami o wymyślnych kształtach. Co odpowie dziecko zapytane o ulubione potrawy? Niestety, na szczycie listy znajdują się hamburger, pizza, płatki śniadaniowe. Trudno się dziwić, że nasze pociechy chorują. Na szczęście wiedza o konsekwencjach objadania się niezdrowym jedzeniem przynosi skutek. Dzieci należy więc edukować. Ważne, aby robić to umiejętnie – zainteresować, zadziwić, zabawić. Dobrze by też było objąć procesem edukacji większą grupę rówieśników, ponieważ dzieci wzorują się na swoich koleżankach i kolegach, chcą jeść to, co inni.

Z tego powodu dietetycy walczą o zmianę jadłospisu w szkolnych stołówkach oraz wycofanie ze szkolnych sklepików niezdrowego jedzenia. Władze oświatowe w Polsce zainteresowały się tym problemem dopiero wtedy, gdy inne kraje zaczęły wprowadzać zmiany zasad żywienia dzieci w szkołach. Najpierw należałoby wytłumaczyć uczniom, że zdrowe produkty wprowadza się do szkół dla ich dobra. Jednak taka zmiana nie przyniesie efektu, jeśli nie przekona się również nauczycieli i rodziców do stosowania zdrowej diety. Co z tego, że dziecko nie zje batona w szkole, skoro dostanie go w domu? Jeśli się czegoś zabrania bez wyjaśnienia powodów, można osiągnąć efekt odwrotny do zamierzonego. Dzieci poza terenem szkoły będą jeść wszystko, co zakazane.

Pamiętam, że gdy 10 lat temu walczyłam o wycofanie wszystkich niezdrowych produktów ze sklepiku w szkole moich córek, spotkałam się ze sprzeciwem rodziców. Walka była nierówna, więc musiałam się poddać. Szczerze mówiąc, nie dziwi mnie taka postawa rodziców. To dowód, że brakuje nam wiedzy z zakresu dietetyki. Jestem jednak optymistką. Mam nadzieję, że to się wkrótce zmieni.

Źle się odżywiamy, więc chorujemy. Obciążamy swój układ odpornościowy, który staje się bezsilny i zdezorientowany. Bagatelizujemy pierwsze oznaki problemów trawiennych. Wszystko da się naprawić, jeżeli w porę zauważymy usterkę. Najważniejsze to nie dopuścić do rozwoju marszu alergicznego. I pamiętać o tym, że po drodze może czyhać wiele innych schorzeń zależnych od diety, które należy zdiagnozować i leczyć.

IV. NIETOLERANCJE POKARMOWE

1 PRZYCZYNY POWSTAWANIA NIETOLERANCJI POKARMOWYCH

Coraz częściej mamy problemy zdrowotne związane z nieodpowiednim odżywianiem. Dla każdego z nas słowo „nieodpowiednie" może oznaczać jednak coś innego. Często zdarza się, że to, co zdrowe dla jednego, innemu szkodzi. Na przykład mówi się, że zjedzenie codziennie jabłka chroni przed wieloma chorobami. To prawda. Pod warunkiem że jabłko jest tolerowane przez organizm, nie wywołuje wysypek czy duszności. Nieprawidłowe reakcje pokarmowe mogą występować bez względu na wiek. Zarówno u noworodków, jak i u osób starszych. Dlaczego tak się dzieje? Składa się na to wiele przyczyn: jakość pokarmów, zanieczyszczone środowisko, w którym obecnie przyszło nam żyć, źle funkcjonujący układ pokarmowy.

Każdy wielokrotnie słyszał takie mądre zdanie: „Aby być zdrowym, trzeba się zdrowo odżywiać". Zaczynamy przyjmować za pewnik, że żywność ekologiczna gwarantuje nam pełne zdrowie. To fakt niezaprzeczalny, ale czy rzeczywiście zdrowe, ekologiczne odżywianie wyeliminuje wszystkie problemy? Niestety, nie jest to takie proste. Znam wielu pacjentów, którzy jedli zdrowo, ekologicznie, a mimo to borykali się z różnymi dolegliwościami, na przykład wegetarian uczulonych na produkty stanowiące podstawę ich diety, czyli soję, niektóre warzywa i owoce. W takim wypadku ułożenie odpowiedniego jadłospisu było bardzo trudne, ponieważ ich organizm w zasadzie tolerował tylko mięso.

Niezależnie od tego, jakie przykre konsekwencje odczuwamy ze strony układu pokarmowego, należy zacząć od właściwej diagnozy. Z tego powodu pierwsze zalecenie brzmi: **Zbadaj się!**

Nietolerancja pokarmowa to konsekwencja „bałaganu" w układzie trawiennym. Jego złe funkcjonowanie daje o sobie znać poprzez uciążliwe objawy. Między innymi w ten sposób dowiadujemy się, że dany składnik pokarmowy jest nieproszonym gościem, ponieważ w organizmie zazwyczaj brakuje enzymów do jego strawienia. Gdy ten natrętny gość pojawia się zbyt często, systematycznie obciąża organizm. Układ pokarmowy nie radzi sobie z intruzem. Do akcji wkracza układ odpornościowy. Natrętnego gościa zaczyna traktować jak wroga. Tak powstaje reakcja alergiczna – jako skutek walki organizmu z alergizującym składnikiem pokarmowym.

Z tego wynika, że alergię poprzedza nietolerancja pokarmowa. Nie można jej ignorować. Jeśli w naszym organizmie wystąpią objawy, które mogą świadczyć o nietolerancji pokarmowej, natychmiast trzeba zacząć działać. Mogą to być: wzdęcia, przelewania, zaparcia, luźne stolce, biegunki.

2 | OSŁABIONA LUB ZABLOKOWANA AKTYWNOŚĆ ENZYMÓW TRAWIENNYCH

Może się wydawać, że wyeliminowanie nietolerancji pokarmowej jest sprawą prostą. Wystarczy usunąć z diety pokarm, którego nie tolerujemy, i problemu nie ma. Rzeczywiście, często wykluczenie nietolerowanego pokarmu powoduje trwałą poprawę stanu zdrowia. Jednak nie zawsze tak jest. Nie każda nietolerancja pokarmowa jest czasowa. Zaburzenia te mogą wynikać z genetycznego niedoboru enzymów trawiennych. Wtedy pokarm, który nie jest trawiony, należy kategorycznie usunąć z diety do końca życia.

Ignorowanie nietolerancji wynikających z zaburzeń genetycznych może powodować przykre następstwa dla całego organizmu. Do nietolerancji pokarmowych wynikających z predyspozycji genetycznych zaliczamy: **galaktozemię** (nietolerancję mleka, nawet własnej matki), **fawizm** (nietolerancję bobu) oraz nietolerancję **laktozy i fruktozy**. Do tej grupy chorób należy również celiakia, czyli genetycznie uwarunkowana nietolerancja **glutenu**.

Niedobory enzymów trawiennych mogą być pierwotne, czyli nieodwracalne, uwarunkowane genetycznie, lub wtórne, zazwyczaj odwracalne, wynikające z uszkodzenia kosmków jelitowych albo narządów (np. trzustki) czy też z zaburzenia flory bakteryjnej. Suplementacja enzymami trawiennymi (ściśle pod kontrolą dietetyka lub lekarza) jest zalecana wtedy, gdy nietolerancji towarzyszą zaburzenia żołądkowo-jelitowe, takie jak biegunka, bóle brzucha, wzmożona perystaltyka jelit, lub gdy w kale występują niestrawione resztki pokarmowe.

Aby zdiagnozować pierwotne (wrodzone) niedobory enzymów trawiennych, warto wykonać następujące badania genetyczne:

- nietolerancja laktozy – obecność genu LCT,
- nietolerancja fruktozy – obecność genu ALDOB,
- nietolerancja glutenu (celiakia) – obecność genów: HLA-DQ2 (DQ2.2 i DQ2.5) oraz HLA-DQ8.

Przyczyny powstawania nietolerancji pokarmowych mogą być różne. Najczęściej powodem wtórnych nietolerancji jest uszkodzenie kosmków jelitowych, które zaczynają produkować niedostateczną ilość enzymów trawiennych.

Kosmki jelitowe są bardzo delikatne, a przez to podatne na uszkodzenia.

Przyczyny uszkodzenia kosmków mogą być następujące:

- alergie pokarmowe, takie jak uczulenie na białko mleka (najczęściej krowiego), soję i gluten;
- przebyte infekcje wirusowe i bakteryjne, tak zwane jelitówki;
- zakażenia pasożytnicze (np. *Giardia lamblia*) i grzybicze (np. *Candida albicans*);
- stany niedożywienia organizmu (bulimia, anoreksja).

Do powodów częściowego uszkodzenia kosmków jelitowych należą:

- mukowiscydoza,
- zabiegi operacyjne przewodu pokarmowego,
- chemioterapia
- radioterapia,
- częste stosowanie antybiotyków,
- przyjmowanie leków kardiologicznych, takich jak beta-blokery (najczęściej w chorobie niedokrwiennej serca, hamują aktywność układu współczulnego),
- stosowanie inhibitorów konwertazy angiotensyny (najczęściej w leczeniu nadciśnienia tętniczego),
- zażywanie leków hamujących wydzielanie kwasu żołądkowego (w leczeniu zgagi),
- przyjmowanie niesteroidowych leków przeciwzapalnych,
- stosowanie leków immunosupresyjnych (np. po przeszczepach narządów).

Niektóre z wymienionych czynników występują czasowo, np. zakażenie wirusowe, bakteryjne czy grzybicze. Po ich wyleczeniu kosmki jelitowe powinny się sukcesywnie odbudowywać. Kiedy jednak organizm jest stale narażony na działanie czynników uszkadzających, na przykład z powodu przyjmowania leków, należy przez cały czas dbać o stan kosmków jelitowych. Proponuję wówczas wprowadzenie diety z ograniczoną ilością glutenu, laktozy i cukru.

Dieta niskoglutenowa oparta jest na naturalnych produktach zawierających mało glutenu bądź niezawierających go wcale: orkiszu, pełnych ziarnach pszenicy, życie, amarantusie, kaszy jęczmiennej, kaszy gryczanej, kaszy jaglanej, komosie ryżowej (quinoa) oraz ryżu. Należy unikać produktów przemysłowych zawierających gluten oraz produktów z mąk przetworzonych.

Podstawą diety niskolaktozowej jest twaróg, kefir, jogurt, masło. Unikamy słodkiego mleka, śmietanki, smakowych produktów mlecznych.

> Kategorycznie powinna być przestrzegana dieta bezcukrowa! Trzymajmy się z daleka od słodyczy, ciast, wypieków, lodów itp.

Czas przywracania zaburzonej aktywności enzymatycznej, np. po zakażeniu lamblią, wynosi około trzech miesięcy. Dobrze jest wprowadzić na ten okres zalecenia programu „Sześć kroków wyjścia z alergii" **(zobacz: część VIII)**, aby śluzówka się zregenerowała, a kosmki jelitowe wróciły do aktywnej pracy.

3 | NIETOLERANCJA WĘGLOWODANÓW

Niestrawione węglowodany zalegające w jelitach wywołują objawy nietolerancji pokarmowych. Zazwyczaj nie tolerujemy dwucukrów, do których zaliczamy między innymi:

- laktozę – cukier mlekowy, który jest rozkładany przez enzym laktazę;
- sacharozę – cukier buraczany i trzcinowy rozkładany przez sacharazę;
- maltozę – rozkładaną przez maltazę.

Aby zrozumieć, na czym polega nietolerancja dwucukrów, trzeba poznać proces ich trawienia. W pierwszym etapie węglowodany złożone, zawarte w kaszy, makaronach czy chlebie, są trawione przez enzym alfa-amylazę, która produkowana jest przez gruczoły ślinowe. Następnie w jelitach węglowodany rozkładane są do postaci dwucukrów dzięki amylazie produkowanej przez trzustkę. Potem enzymy: laktaza, sacharaza i maltaza rozkładają dwucukry na cukry proste: laktaza rozkłada laktozę, sacharaza – sacharozę, a maltaza – maltozę. Enzymy te znajdują się w rąbku szczoteczkowym kosmków jelitowych. Tu warto raz jeszcze przyjrzeć się budowie kosmka jelitowego.

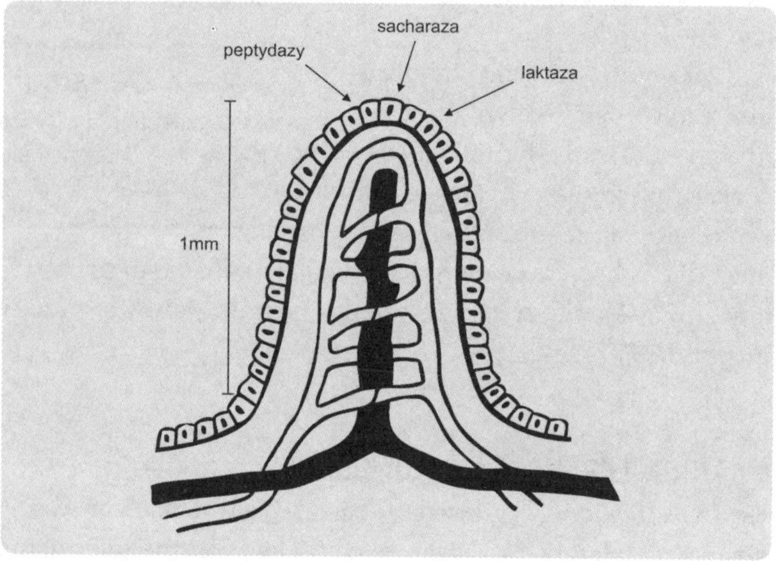

RYCINA 8. PRZEKRÓJ KOSMKA JELITOWEGO
Źródło: na podstawie http://www.scholaris.pl/zasob/70485.

Cukry proste – glukoza i fruktoza – są wchłaniane do krwi. Glukoza jest niezbędna do prawidłowego funkcjonowania organizmu człowieka, ponieważ stanowi podstawę wielu zachodzących w nim przemian.

Jeżeli proces trawienia i wchłaniania dwucukrów zostanie zaburzony, cząsteczki cukrów gromadzące się głównie w jelicie grubym są częściowo wydalane ze stolcem, a częściowo zalegają

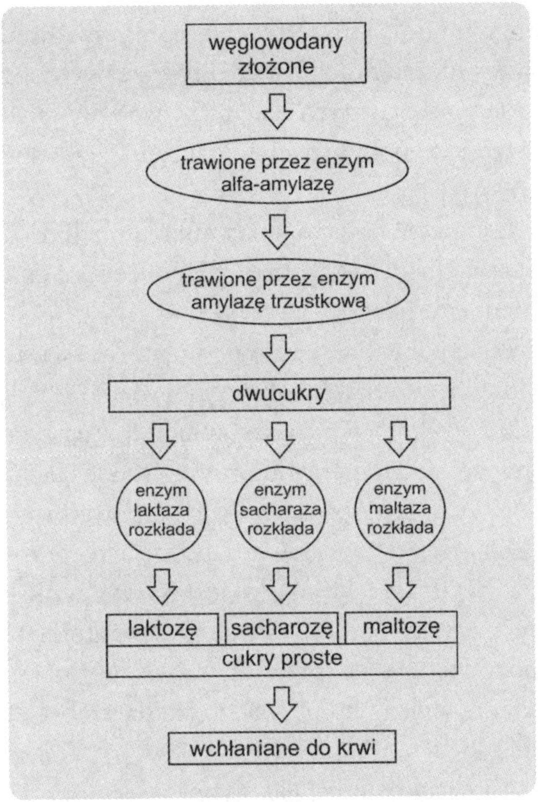

RYCINA 9. ROZKŁAD WĘGLOWODANÓW ZŁOŻONYCH

w jelicie. Powoduje to wzrost ciśnienia osmotycznego treści jelitowej oraz fermentację bakteryjną. Przez fermentację bakteryjną wytwarzane są zbyt duże ilości krótkołańcuchowych kwasów organicznych, które drażnią błonę śluzową jelit i wzmagają perystaltykę jelit. Efektem tego jest uporczywa biegunka. Z powodu fermentacji bakteryjnej stolec ma kwaśny, octowy zapach. Gromadzące się gazy powodują rozdęcie jelit, ból brzucha, tryskanie stolca podczas wydalania. Duża ilość gazów wzmaga perystaltykę jelit. Powoduje częste wypróżniania, od kilku do kilkunastu na dobę. W wieku niemowlęcym może to doprowadzić do odwodnienia i do zaburzeń wchłaniania składników odżywczych. Objawy nietolerancji dwucukrów zazwyczaj zmniejszają się z wiekiem. U starszych dzieci i u osób dorosłych częściej występują wzdęcia, bóle brzucha, kruczenie, przelewania, luźne stolce.

Istnieje **kilka metod diagnozowania** nietolerancji dwucukrów:

- **Badanie stolca** (bada się wartość pH, obecność cukrów, kwasów organicznych).
  Wykonuje się je bezpośrednio po pobraniu świeżego stolca, aby uniknąć fermentacji bakteryjnej. Badanie to polega na oznaczeniu występowania substancji redukujących w stolcu. Zaliczamy do nich niestrawione cukry (takie jak laktoza, glukoza, galaktoza, fruktoza, pentoza). Z powodu braku enzymów ulegają fermentacji w jelicie grubym pod wpływem działania bakterii. Efektem tego jest wytworzenie krótkołańcuchowych kwasów organicznych i zakwaszenie stolca. Jego pH wynosi wtedy < 5,5 (prawidłowa wartość pH to 7,0–7,5). Inne badanie stolca przeprowadza się na próbce stolca z dobowej zbiórki.
- **Doustny test obciążeniowy laktozą, fruktozą.**
  Badanemu podaje się roztwór laktozy w ilości 2 g/kg masy ciała (nie więcej niż 50 g). Następnie przez dwie godziny (w odstępach 30-minutowych) oznacza się stężenie glukozy we krwi. Prawidłowy jest przyrost glukozy powyżej 20 mg% w stosunku do wartości przed podaniem roztworu. Badanie wykonuje się na czczo (nie można jeść przez 12 godzin przed badaniem).
- **Wodorowy test oddechowy (WTO).**
  Przeprowadzany jest za pomocą urządzenia przypominającego alkomat. Wdmuchuje się powietrze przez rurkę i odczytuje wynik, który jest wartością porównawczą. Następnie sporządza się roztwór z laktozą i podaje badanemu do wypicia.

Po upływie 2 godzin od podania roztworu mierzy się stężenie cząstek wodoru w wydychanym powietrzu. Stężenie wodoru > 20 ppm (cząsteczek) świadczy o obniżonej aktywności laktazawej błony śluzowej przewodu pokarmowego. Podczas tego badania pacjent musi współpracować z lekarzem, dlatego wykonuje się je dopiero u dzieci powyżej 5 roku życia.

Bakterie kwasu mlekowego zmieniają niestrawioną laktozę między innymi w wodór, który dostaje się przez błonę śluzową jelit do krwiobiegu, a następnie do płuc. Jeżeli różnica między pierwszą zapisaną wartością porównawczą a maksymalną wartością zmierzoną po wypiciu roztworu laktozy wynosi 20 ppm, oznacza to, że organizm nie wchłania laktozy. Badanie uwzględnia też objawy występujące u pacjenta, takie jak wzdęcia czy przelewania w jelitach. Niestety, ten test może nie być miarodajny na przykład wtedy, gdy zaburzona flora bakteryjna sama wytwarza wodór.

- **Badanie genetyczne na nietolerancję laktozy – obecność genu LCT, a także nietolerancję fruktozy – obecność genu ALDOB.**

  Wynik pozytywny LCT oraz objawy nietolerancji laktozy świadczą o tym, że pacjent nie wytwarza enzymu laktazy, który trawi laktozę z produktów mlecznych. Podobnie wynik pozytywny na występowanie genu ALDOB oraz objawy nietolerancji fruktozy świadczą o braku tolerancji fruktozy, np. owoców. Badania genetyczne wykonuje się ze śliny lub z krwi. Są drogie, ale najbezpieczniejsze dla pacjenta i najmniej uciążliwe.

W moim gabinecie diagnostykę nietolerancji prowadzę na podstawie badań genetycznych i analizy objawów. Każdego pacjenta proszę, aby wypełniał dzienniczek objawów. Prowadzenie dzienniczka polega na obserwacji własnego organizmu i wpisywaniu spostrzeżeń do odpowiednio przygotowanego formularza.

Oto instrukcja, jak prowadzić dzienniczek objawów:

1. Dzienniczek wypełniamy codziennie, zaznaczając dokładną datę wpisu.
2. Wpisujemy wszystkie produkty, jakie jedliśmy w danym dniu. Proponuję wprowadzić do jadłospisu więcej produktów nietolerowanych. Testować je przez tydzień i wypisać objawy z oceną intensywności odczuć. Na przykład jeżeli testujemy nietolerancję laktozy, pijemy więcej niż zwykle słodkiego mleka, jemy więcej produktów mlecznych. **Nie należy przeprowadzać takiej prowokacji w wypadku natychmiastowych reakcji na pokarm, ponieważ może to doprowadzić do wstrząsu anafilaktycznego. Dzienniczek objawów powinien dotyczyć tych produktów, które wywołują reakcje opóźnione, tzn. występujące do 72 godzin od spożycia alergenu.**
3. Intensywność każdego z objawów oceniamy w punktach, w skali od 1 do 10, gdzie 10 oznacza objawy najintensywniejsze. Punkty notujemy, wypisując je obok ocenianego objawu.
4. Następnie należy wycofać z diety testowany produkt i obserwować zmianę intensywności odczuć. Test prowadzimy co najmniej przez sześć tygodni. Namawiam pacjentów, aby wydłużyli okres prób do trzech miesięcy.

(Zobacz dzienniczki objawów nietolerancji na końcu książki: **tabele I–IV**).

Omówiony sposób prowadzenia dzienniczka objawów dotyczy wszystkich nietolerancji opisanych w tym poradniku. Opracowane dzienniczki różnią się opisem objawów w zależności od tego, jakiej nietolerancji dotyczą. Inne objawy występują przy nietolerancji laktozy i fruktozy, a inne przy nietolerancji histaminy czy glutenu.

4 NIETOLERANCJA LAKTOZY

Laktoza występuje w mleku ssaków oraz w różnych produktach spożywczych, do których dodano mleko lub samą laktozę. Taki dodatek często zawierają leki i suplementy.

Organizm ludzki najlepiej toleruje mleko matki. Aktywność enzymów trawiących laktozę (cukier mleczny) zaczyna się już od trzeciego miesiąca życia płodowego. W czasie narodzin dziecka aktywność ta powinna być na tyle duża, aby skutecznie trawić cukry zawarte w mleku matki. U wcześniaków aktywność enzymów jest jeszcze zbyt mała, dlatego matki karmiące piersią powinny przestrzegać ścisłej diety bezmlecznej.

Organizm zdrowego człowieka najlepiej trawi laktozę w okresie niemowlęcym, potem enzymy są coraz mniej aktywne, co widać szczególnie po 5 roku życia (u ludzi rasy białej). Po 20 roku życia aktywność enzymów trawiących laktozę spada do 20% w stosunku do okresu niemowlęcego. Im jesteśmy starsi, tym mniej nam służy słodkie mleko.

Lepiej trawione są produkty mleczne zakwaszone, czyli kefir, jogurt, ser twarogowy. Dobrze tolerowane przez człowieka jest masło. Oczywiście należy je spożywać w rozsądnych ilościach i ze sprawdzonych, dobrych źródeł. Opisana żywność zawiera mniej laktozy niż słodka śmietana czy słodkie mleko, ponieważ bakterie kwasu mlekowego przetworzyły gorzej tolerowany przez nas cukier, którym się żywią.

Natura, konstruując wspaniały organizm człowieka, nie przewidziała, że tak chętnie będziemy łączyć produkty mleczne z owocami i cukrem. Mam tu na myśli jogurty owocowe, kefiry, napoje mleczne i wiele innych tego typu produktów, których w ogóle nie powinno być w naszych lodówkach. Połączenie laktozy, fruktozy i sacharozy jest wyjątkowo niekorzystne dla jelit. Kosmki jelitowe nie radzą sobie z takim zestawem. Skutkiem spożywania słodkich mlecznych mieszanek może być przewlekły katar lub często pojawiające się anginy. Pacjenci są zdziwieni, że po odstawieniu ulubionego słodkiego jogurtu z owocami przestają cierpieć na przewlekły katar, a stany zapalne zatok znikają.

Rozróżniamy **trzy typy nietolerancji laktozy**:

- **Wrodzony niedobór laktazy**: całkowity brak enzymu laktazy uwarunkowany genetycznie. Występuje rzadko. Objawy nietolerancji cukru mlecznego pojawiają się najczęściej w okresie noworodkowym. Należy wyeliminować produkty mleczne do końca życia.
- **Hipolaktazja pierwotna typu dorosłych**: uwarunkowana fizjologicznym procesem sukcesywnego zmniejszania się aktywności enzymu laktazy.
- **Wtórny niedobór laktazy**: może ujawnić się po uszkodzeniu kosmków jelitowych. Prowadzi do ograniczenia lub całkowitej utraty czynności tego enzymu. Czas przywracania zaburzonej aktywności enzymatycznej laktazy wynosi około trzech miesięcy.

TABELA 2. WYKAZ ZAWARTOŚCI LAKTOZY W POSZCZEGÓLNYCH PRODUKTACH MLECZNYCH

PRODUKT	ZAWARTOŚĆ LAKTOZY W 100 g PRODUKTU (g)
Mleko w proszku (z mleka pełnotłustego)	35,12
Mleko krowie 2%	4,7
Maślanka	4,01
Jogurt naturalny	3,2–5,5
Lody śmietankowe	4,4
Kefir 3,5%	3,6
Śmietana 18%	3,6
Twarożek wiejski ziarnisty	3,3
Ser twarogowy półtłusty	3,2
Napoje smakowe mleczne bezlaktozowe	< 1
Ser feta	ok. 0,6
Mozzarella	do 2,97
Sery pleśniowe typu brie	ok. 0,1
Ser żółty edamski tłusty	ok. 0,1

Opracowanie własne na podstawie: Doris Fritzsche, *Nietolerancja laktozy. Leczenie i dieta*, Wydawnictwo RM, Warszawa 2011.

Produkty niemleczne zawierające laktozę:

- pieczywo i wyroby piekarnicze
- płatki zbożowe przetworzone
- purée ziemniaczane
- zupy w proszku
- margaryna
- mielonka wieprzowa, parówki
- sosy sałatkowe
- słodycze
- wyroby cukiernicze
- lody
- niektóre leki i suplementy

Unikamy produktów, które zawierają laktozę.

Osoby z nietolerancją laktozy powinny być wyjątkowo czujne, ponieważ laktoza jest ukryta w wielu produktach. Aby uniknąć tego typu niespodzianek, należy uważnie czytać etykiety leków, suplementów i każdego towaru kupionego w sklepie spożywczym. Sprawa jest poważniejsza, niż się wydaje. Jeśli pacjent nie toleruje laktozy, to lek z jej dodatkiem może nie zadziałać, a wręcz zaszkodzić.

Jak leczyć nietolerancję laktozy?

Należy wykluczyć z diety wszystkie produkty, które zawierają laktozę i białka mleka, na okres co najmniej sześciu tygodni. Z mojego doświadczenia wynika, że czas ten warto przedłużyć do trzech miesięcy.

Obecnie problem nietolerancji laktozy jest bagatelizowany. Nie wyklucza się z diety wszystkich produktów mlecznych, tylko wprowadza produkty niskolaktozowe. Dodatkowo stosowane są preparaty z enzymami trawiącymi laktozę. Reklamy tego typu środków pojawiają się w mediach. Dowiadujemy się z nich, że mając nietolerancję laktozy, możemy pozwolić sobie na wypicie kawy z mlekiem, pod warunkiem że połkniemy tabletkę z enzymem laktazy. Takie praktyki stają się coraz bardziej powszechne. Uważam, że lepiej zrezygnować ze spożywania produktów mlecznych, niż ryzykować i doprowadzić do ujawnienia się w organizmie alergii na białko mleka.

Czym zastąpić produkty mleczne?

Jeśli wycofujemy z diety jakiś ważny składnik, musimy czymś go zastąpić. To może wydawać się uciążliwe. Wcześniej wystarczyło produkt wrzucić w sklepie do koszyka, przynieść do domu, rozpakować i zjeść. Teraz trzeba będzie bardziej się wysilić. Ten wysiłek się opłaca! Uratujemy swoje zdrowie, a być może odkryjemy nowe, ciekawe smaki.

Gdy przechodzimy na dietę bezmleczną, kuszą nas gotowe napoje w kartonach, ale zanim je kupisz, sprawdź ich skład.

Polecam napoje z takim składem:

- woda, kasza jaglana* (15%), olej słonecznikowy*, sól morska (gwiazdką oznaczono produkty ekologiczne);
- woda źródlana, włoski ryż (17%), olej słonecznikowy, olej szafranowy, wodorosty morskie.

Unikajmy napojów z takim składem:

- woda, mleko kokosowe (5,3%) (krem kokosowy, woda), ryż (3,3%), fosforan trójwapniowy*, stabilizatory (karagen, guma guar, guma ksantanowa), sól morska, witaminy* (B_{12}, D_2), aromaty (gwiazdką oznaczono substancje wzbogacające).

Najlepiej mleka zbożowe przygotowywać samemu. Na warsztatach mojego programu uczę pacjentów, jak radzić sobie z ich sporządzaniem.

Czy dieta bezmleczna powoduje niedobory wapnia?

Jeżeli jadłospis jest prawidłowo skomponowany, są w nim kasze, suche rośliny strączkowe, nasiona, orzechy, glony i warzywa,

> Przepisy na **masło ghee, mleko z nasion i mleko migdałowe** znajdują się w części X.

zwłaszcza zielone, nie ma niebezpieczeństwa wystąpienia niedoborów wapnia. Moim pacjentom dobieram dietę w taki sposób, aby zawierała wszystkie niezbędne składniki odżywcze oraz witaminy. Towarzyszą temu jedynie pozytywne efekty uboczne. Dieta bezmleczna według moich zaleceń zawsze idzie w parze z eliminacją cukru. To oznacza nie tylko odpowiedni poziom wapnia, lecz także powstrzymanie próchnicy zębów.

Układając jadłospis, warto wiedzieć, ile wapnia zawierają poszczególne produkty.

TABELA 3. ZAWARTOŚĆ WAPNIA W WYBRANYCH PRODUKTACH

PRODUKT	ZAWARTOŚĆ WAPNIA (mg/100 g PRODUKTU)
Tofu	100
Jajka	56
RYBY	
Sardynki	433
Łosoś	79
ORZECHY, NASIONA	
Mak	1266
Migdały	233
Orzechy laskowe	209
Nasiona słonecznika	174
Nasiona sezamu	110
Orzechy włoskie	99
WARZYWA	
Soja, nasiona suche	240
Natka pietruszki	203

PRODUKT	ZAWARTOŚĆ WAPNIA (mg/100 g PRODUKTU)
Natka rzepy	191
Rukiew wodna	151
Groch	150
Czarna fasola	135
Kapusta włoska	134
Jarmuż	117
Kapusta chińska	106
PRODUKTY ZBOŻOWE	
Amarantus	222
Komosa ryżowa (quinoa)	141
GLONY	
Hijiki	ok. 1400
Wakame	1300
Kelp	1099
Kombu	800
Nori	260
Spirulina	131

Opracowanie własne na podstawie: Paul Pitchford, *Odżywianie dla zdrowia*, Galaktyka, Łódź 2008.

Test na alergię na białko mleka:
Wieczorem przed snem kroplę domowego jogurtu lub kefiru należy umieścić na wewnętrznej stronie nadgarstka. Poczekać, aż wyschnie. Położyć się spać. Rano sprawdzić nadgarstek. Jeżeli zauważymy jakiekolwiek zamiany na skórze, wszystkie produkty mleczne należy wykluczyć z diety na okres od trzech miesięcy do trzech lat! Jeżeli zmian nie będzie, próbujemy wprowadzić do diety niewielkie ilości produktów zawierających jak najmniej laktozy.

Prowokacja produktami mlecznymi

Podczas wprowadzania do diety produktów mlecznych po długim okresie ich eliminacji z powodu nietolerancji należy postępować ostrożnie i z wyczuciem. Proces ten jest długotrwały.

Zaczynamy od „testu nadgarstkowego".

- **Etap 1.** Wprowadzamy do diety masło ghee, jeżeli było wcześniej nietolerowane. Ten etap trwa około jednego tygodnia.

- **Etap 2.** Możemy zjeść jogurt przygotowany samodzielnie ze świeżego mleka ekologicznego. Wprowadzamy go do diety, zaczynając od jednej łyżeczki dziennie. Powoli zwiększamy tę dawkę do jednej szklanki na dobę. Jeżeli nie ma niepokojących objawów, przechodzimy do etapu 3.
- **Etap 3.** Teraz dodajemy do dziennego menu 20 g ekologicznego twarogu, bez dodatków smakowych. Stopniowo zwiększamy jego ilość do 50 g. Absolutnie należy unikać serów żółtych! Jeżeli nie ma niepokojących objawów, przechodzimy do etapu 4.
- **Etap 4.** Możemy już spróbować produktów mlecznych kupowanych w sklepie. Niech to będzie kefir, jogurt bez dodatków smakowych albo twaróg. Proponuję kupować produkty mleczne w miejscowych małych mleczarniach.

W trakcie prowokacji produktami mlecznymi bezwzględnie należy prowadzić dzienniczek objawów.

Zalety produktów sfermentowanych

Jeżeli mamy do czynienia jedynie z nietolerancją laktozy, a nie jest to alergia na białko mleka, dopuszcza się możliwość spożywania sfermentowanych produktów mlecznych, takich jak jogurt czy twaróg, ponieważ zawierają śladowe ilości laktozy. Produkty mleczne poddane prawidłowej, domowej fermentacji są lekkostrawne. Mogą nawet wpływać leczniczo na śluzówkę jelita, pod warunkiem że są naturalne, przygotowane samodzielnie z surowego mleka. Takie mleko można kupić w sklepach z żywnością ekologiczną lub bezpośrednio od hodowców.

Mleko może być produktem szkodliwym. Ten fakt szokuje pacjentów. Nic dziwnego, skoro jest reklamowane jako „samo zdrowie". Dodaje się je do wielu produktów spożywczych, zwłaszcza tych dla dzieci, aby na tej podstawie wypromować produkt: „Kup dla dziecka pyszny deser, bo zawiera mleko!". Nie twierdzę, że taki smakołyk to trucizna, ale zdecydowanie nie polecałabym go jako zdrowej przekąski. Można by zadać pytanie: Dlaczego zatem nasi przodkowie pili tyle mleka i cieszyli się dobrym zdrowiem? Ponieważ pili je świeże, zaraz po wydojeniu krowy. Bez obaw. Nie musimy hodować krów, starajmy się jedynie kupować mleko naturalne, niepasteryzowane.

Dlaczego produkty mleczne kupowane w sklepach zazwyczaj nam szkodzą?

Przede wszystkim spożywamy za dużo produktów mlecznych. Proponuję mały eksperyment: proszę podejść i otworzyć swoją lodówkę. Na pewno znajdzie się tam jakiś owocowy jogurt, słodki serek albo chociaż mleko w kolorowym kartoniku z bardzo, bardzo długim terminem ważności i koniecznie śmietanka do kawy. Pycha? Myślę, że każdemu przejdzie ochota na takie przysmaki po następujących informacjach. Są to produkty mleczarskie poddane fabrycznej obróbce, czyli pasteryzacji, która zabija cenne dla zdrowia bakterie kwasu mlekowego, rozkłada enzymy. Proces ten zmienia strukturę białek, tłuszczów i innych składników odżywczych. Następnie dodaje się syntetyczne witaminy, słodziki, cukier, owoce. Reklamuje się ten produkt jako cenne źródło wapnia. My, konsumenci, dla dobra naszego i naszych dzieci nie powinniśmy ulegać tym wpływom. Poszukajmy, gdzie można kupić dobre mleko „prosto od krowy". Poczekajmy, aż naturalnie się zsiądzie. Owoce zjedzmy osobno. Mam nadzieję, że przemysł mleczarski wkrótce podąży za tymi potrzebami. Może w przyszłości technologie produkcyjne pozwolą zachować wartość odżywczą mleka.

Różnica między alergią na białko mleka a nietolerancją laktozy

Nietolerancja pokarmowa to wynik **niedoboru** enzymów trawiennych. W przypadku nietolerancji mleka – **braku** enzymu laktazy oraz enzymów trawiących białka mleka. Jeśli po wypiciu mleka występują takie objawy, jak biegunka czy luźne stolce, należy wyeliminować mleko z diety. W przeciwnym razie w organizmie pojawiają się przeciwciała przeciw białkom mleka: alfa-laktoalbuminie, beta-laktoglobulinie i kazeinie.

Proces rozpoznawania i leczenia alergii często bywa zawiły, a wyniki niejednoznaczne. Czasami, zwłaszcza u dzieci, oznaczenie przeciwciał przeciw białku mleka jest ujemne. Według wyników badania alergii nie ma. Dziecko jednak ma wysypkę nawet przy kontakcie mleka ze skórą, a co dopiero po jego wypiciu! Zdarzają się też reakcje opóźnione, widoczne dopiero po upływie 72 godzin od kontaktu z mlekiem.

Przyjmowałam w gabinecie pacjentkę, dwuletnią dziewczynkę, u której pojawiała się mocna wysypka, gdy tylko dotknęła mleka. Natomiast badania laboratoryjne nie wykazały żadnych alergii pokarmowych.

Podsumowując:

Nietolerancja laktozy nie ma nic wspólnego z alergią na białko mleka. Przy nietolerancji mamy do czynienia z niedoborem laktazy – enzymu trawiącego laktozę oraz innych enzymów trawiących białka mleka. Przy alergii na mleko w organizmie pojawiają się przeciwciała przeciw białkom mleka. Można to stwierdzić, wykonując odpowiednie testy.

Jeżeli zlekceważymy alergię na mleko, mogą się pojawić różne, często bardzo poważne dolegliwości!

TABELA 4. OBJAWY KLINICZNE ALERGII NA BIAŁKA MLEKA KROWIEGO

NARZĄD LUB UKŁAD	OBJAWY CHOROBOWE
Przewód pokarmowy	ulewania, wymioty, kolka, bóle brzucha, biegunka, zaparcia, krew w wymiocinach lub w stolcu
Skóra	wysypki alergiczne, atopowe zapalenie skóry, pokrzywka, obrzęk naczynioruchowy, miejscowe obrzęki alergiczne, świąd
Układ oddechowy	nieżyt nosa, sapka, zmiany alergiczne spojówek, chrypka/krtań, dysfagia (zaburzone połykanie), świst krtaniowy, oskrzelowy, astma, przewlekły katar, zapalenie gardła i migdałków, bezdech senny, ALTE (bezdech niemowląt), brak podwyższonej ciepłoty ciała, brak efektu antybiotykoterapii
Reakcje ogólnoustrojowe	przewlekłe zapalenie ucha środkowego, przewlekła utrata apetytu, zaburzenia przyrostu masy ciała, nadmierna pobudliwość ruchowa, rozdrażnienie, płaczliwość, białoszary kolor powłok ciała, wzmożone napięcie mięśniowe, agresja, izolacja, zaburzenia pamięci i koncentracji, postacie wstrząsowe, niedokrwistość z niedoboru żelaza, mimowolne moczenie dzienne i nocne, świąd sromu, odbytu, kłębuszkowe zapalenie nerek, ból głowy, migreny, dolegliwości stawowe, mięśniowe i kostne

Opracowanie własne na podstawie: Maciej Kaczmarski, Elżbieta Korotkiewicz-Kaczmarska, *Alergia i nietolerancja pokarmowa – mleko i inne pokarmy*, Help-Med, Kraków 2013.

Objawy wszelkich alergii pokarmowych, nie tylko na białka mleka, mogą być poruszające zarówno dla pacjenta, jak i dla dietetyka czy lekarza. To moja codzienność – przejmujący widok ludzi cierpiących, zmęczonych chorobą, którym nikt nie potrafił pomóc. Tak naprawdę najskuteczniejsze lekarstwo jest w nas – zdrowy układ pokarmowy w połączeniu z mocnym układem odpornościowym. Ten lek musimy umiejętnie wykorzystać, odbudowując, naprawiając i przywracając prawidłowe działanie tych układów.

5 NIETOLERANCJA FRUKTOZY

Fruktoza jest cukrem prostym. Najwięcej fruktozy znajduje się w owocach. Niewielka jej ilość występuje również w warzywach i zbożach. Jeśli proces trawienia przebiega prawidłowo, fruktoza wchłaniana jest w jelicie cienkim. Niezbędne są do tego między innymi transportery GLUT-5, GLUT-2. Gdy proces transportu fruktozy z jelita do krwi jest zaburzony, zalega ona w świetle jelita. Tam fermentuje w wyniku działania bakterii jelitowych. Ta nieprawidłowość powoduje działanie osmotyczne: powstawanie wodoru, dwutlenku węgla, krótkołańcuchowych kwasów tłuszczowych i mleczanów, czego objawem są luźne, sfermentowane stolce, biegunki, bóle brzucha, wzdęcia.

Na nietolerancję fruktozy cierpi ponad 80% pacjentów, których przyjmuję w swoim gabinecie. Tylko nieliczni mają genetyczną predyspozycję do jej nietolerancji. To nie powód do zmartwienia. Można temu przeciwdziałać. Najpierw trzeba całkowicie wyeliminować z diety fruktozę. Po pewnym czasie będzie można wprowadzić niewielką jej ilość. Trzeba to robić rozważnie. Zdarza się, że pacjent może zjeść dziennie połowę jabłka. Jeśli zje całe, odczuwa dolegliwości żołądkowo-jelitowe.

W przypadku wrodzonej nietolerancji fruktozy należy wyeliminować z diety produkty przemysłowe, które zawierają jej dodatek. Wtedy będzie można spożywać więcej fruktozy z owoców, które są dodatkowo źródłem witamin.

Leczenie nietolerancji fruktozy

W przypadku nietolerancji fruktozy warto zrobić badanie na obecność pasożytów oraz grzyba *Candida albicans*, ponieważ wzmagają one nietolerancję tego cukru.

W początkowej fazie leczenia nietolerancji fruktozy należy na okres sześciu tygodni całkowicie wyeliminować z diety wszystkie produkty zawierające fruktozę, czyli: cukier, miód, słodziki, płatki śniadaniowe, suszone owoce, świeże owoce (zwłaszcza arbuzy, gruszki, jabłka, liczi, melony, mango, morele, papaje, śliwki), soki owocowe, syropy (np. klonowy) oraz koncentrat pomidorowy. Ograniczyć trzeba spożywanie suchych roślin strączkowych: można je jeść co cztery dni i powinny być dobrze ugotowane.

Jak już wspomniałam, podczas zakupów należy zrezygnować z produktów przemysłowych, które mają w swoim składzie **fruktozę lub syrop glukozowo-fruktozowy**. W przetwórstwie spożywczym często dodaje się fruktozę do gotowych produktów. Na opakowaniach widnieje informacja: „Bez cukru", ale w składzie występuje syrop glukozowo-fruktozowy. Prawdopodobnie obecność ogromnej ilości tego składnika w pożywieniu przetworzonym doprowadza do coraz częstszych problemów z trawieniem fruktozy.

Aby przyspieszyć proces nabywania tolerancji na fruktozę, dobrze jest unikać żywności zawierającej słodziki, zwłaszcza produktów z dodatkiem sorbitolu, który utrudnia wchłanianie fruktozy. Naturalny sorbitol zawierają również owoce. W niektórych występuje on w większych ilościach, są to: jabłka, gruszki, brzoskwinie i śliwki.

TABELA 5. ZAWARTOŚĆ FRUKTOZY W WYBRANYCH PRODUKTACH

PRODUKT	ZAWARTOŚĆ FRUKTOZY (g/100 g PRODUKTU)
Cukier	50
Miód pszczeli	41,5
Figi suszone	23,0
Rodzynki	30,0
Śliwki suszone	16,0
Syrop klonowy	11,0
Groch, fasola	2,0
Koncentrat pomidorowy (30%)	5,2
Wszystkie owoce	8,2–1,2
Wszystkie soki owocowe	1,3–4,9

Opracowanie własne na podstawie: Maciej Kaczmarski, Elżbieta Korotkiewicz-Kaczmarska, *Alergia i nietolerancja pokarmowa – mleko i inne pokarmy*, Help-Med, Kraków 2013.

Prowokacja fruktozą

Po okresie eliminacji fruktozy z diety większość moich pacjentów zaczyna ją trawić. To dobra wiadomość dla wielbicieli owoców i miodu cierpiących na czasową nietolerancję fruktozy. Prawdopodobnie po odbudowie śluzówki jelita cienkiego oraz flory bakteryjnej będzie można na nowo wprowadzić te produkty do diety. Na początku zaczynamy jeść niewielkie ilości owoców (1–2 porcje dziennie), które zawierają mało fruktozy. Potem zwiększamy ilość tych produktów. Pamiętajmy o prowadzeniu dzienniczka objawów (**Tabela II.** DZIENNICZEK OBJAWÓW NIETOLERANCJI FRUKTOZY – na końcu książki).

Niektórzy pacjenci z nietolerancją fruktozy muszą stosować dietę bezfruktozową co najmniej przez jeden rok. Na szczęście nie musi ona być bardzo rygorystyczna. Fruktoza najlepiej wchłania się w obecności glukozy, gdy stosunek tych cukrów wynosi 1:1. Jeżeli diety eliminacyjnej trzeba przestrzegać dłużej niż trzy miesiące, można od czasu do czasu zjeść **owoce, w których stosunek fruktozy do glukozy wynosi około 1:1**. Są to: agrest, borówki, brzoskwinie, cytryny, czereśnie, grejpfruty ekologiczne, jeżyny, limonki, maliny, mandarynki ekologiczne, pomarańcze ekologiczne, porzeczki czarne i czerwone, rabarbar, truskawki oraz wiśnie. W tym okresie proponuję wprowadzić do diety większą ilość roślin strączkowych: grochu i fasoli.

TABELA 6. ZAWARTOŚĆ FRUKTOZY I GLUKOZY ORAZ ICH PROPORCJE W WYBRANYCH PRODUKTACH

PRODUKT	PORCJA (g)	ILOŚĆ FRUKTOZY NA PORCJĘ (g)	ILOŚĆ GLUKOZY NA PORCJĘ (g)	PROPORCJA GLUKOZY DO FRUKTOZY
OWOCE				
Agrest	150	5,00	4,53	1:0,91
Ananasy	150	3,66–7,50	3,20–7,05	1:0,87
Arbuzy	150	3,45–5,88	3,03–4,50	1:0,52

PRODUKT	PORCJA (g)	ILOŚĆ FRUKTOZY NA PORCJĘ (g)	ILOŚĆ GLUKOZY NA PORCJĘ (g)	PROPORCJA GLUKOZY DO FRUKTOZY
Banany	150	5,10–12,00	5,33–9,00	1:1,04
Borówki czarne	150	5,03–8,70	0,75–3,71	1:0,74
Borówki czerwone	150	4,40	4,55	1:1,03
Brzoskwinie	150	1,85–6,00	1,55–6,00	1:0,84
Cytryny	150	2,03	2,10	1:1,04
Czereśnie	150	9,21	10,40	1:1,13
Grejpfruty	150	1,80–3,15	3,00–3,57	1:1,13
Gruszki	150	9,75–10,10	2,51–4,80	1:0,25
Jabłka	150	8,61–10,50	3,05–5,10	1:0,35
Jeżyny	150	4,67	4,44	1:0,95
Karambole	150	1,80	2,40	1:1,33
Kiwi	150	6,90	6,48	1:0,94
Liczi	150	4,80	7,50	1:1,56
Limonki	150	1,20	1,20	1:1,00
Maliny	150	3,08–4,50	1,05–2,69	1:0,87
Mandarynki	150	1,95	2,55	1:1,31
Mango	150	3,90	1,28	1:0,33
Melony cukrowe	150	1,95	2,40	1:1,23
Melony miodowe	150	1,95	0,93	1:0,48
Morele	150	1,31–6,00	2,60–7,20	1:1,99
Papaje	150	0,50	1,49	1:3,00
Pomarańcze	150	2,70–3,87	3,41–3,75	1:0,88
Porzeczki czarne	150	4,61	3,53	1:0,77
Porzeczki czerwone	150	3,74	3,02	1:0,81 1:1,05
Rabarbar	50	0,58	0,61	
Śliwki	150	3,02–6,00	5,04–9,00	1:1,67
Truskawki	150	3,45–4,80	1,35–3,26	1:0,94
Winogrona	150	11,16–12,30	10,77–10,95	1:0,97
Wiśnie	150	6,42–6,75	0,15–7,77	1:1,21
Żurawina	150	1,80	0,75	-
SOKI OWOCOWE				
Ananasowy	150	5,42	5,28	1:0,98
Cytrynowy	150	1,55	1,50	1:0,97
Grejpfrutowy	150	6,30	6,45	1:1,02
Grejpfrutowy świeży	150	3,45	3,60	1:1,04
Jabłkowy	150	9,60	3,60	1:0,38

PRODUKT	PORCJA (g)	ILOŚĆ FRUKTOZY NA PORCJĘ (g)	ILOŚĆ GLUKOZY NA PORCJĘ (g)	PROPORCJA GLUKOZY DO FRUKTOZY
Mandarynkowy świeży	150	4,53	2,33	1:0,51
Winogronowy	150	12,45	12,15	1:0,98
Wiśniowy świeży	150	7,95	9,75	1:1,23
OWOCE SUSZONE				
Brzoskwinie	150	11,25	9,38	1:0,84
Daktyle	150	37,35	37,50	1:1,00
Figi	150	34,50–35,25	15,15–37,50	1:1,09
Jabłka	150	42,90	15,15	1:0,35
Morele	150	7,35	14,55	1:1,99
Rodzynki	150	45,00–47,40	41,25–46,80	1:0,99
Śliwki	150	14,03–24,00	1,50–23,48	1:1,67
WARZYWA				
Buraki	150	6,30	6,30	
Cebula	150	3,00	3,45	
Dynia	150	3,30	1,50	
Fasolka szparagowa	150	2,25	0,15	
Kalafior	150	0,37	0,08	
Kukurydza	150	0,75	0,75	
Marchew	150	4,80	3,30	
Ogórki	150	1,95	0,60	
Papryka	150	3,45	2,85	
Pomidory	150	1,95	0,30	
Pory	150	3,30	1,05	
Rzodkiewki	150	1,05	0,15	
Ziemniaki, szpinak	150	0,30	0,15	
INNE				
Cukier z buraków cukrowych	150	75,00	75,00	
Groch, fasola	150	3,00	1,50	
Kasze	150	1,35	0,45	
Miód pszczeli	150	62,25	1,50	
Płatki kukurydziane	150	6,30	1,80	

PRODUKT	PORCJA (g)	ILOŚĆ FRUKTOZY NA PORCJĘ (g)	ILOŚĆ GLUKOZY NA PORCJĘ (g)	PROPORCJA GLUKOZY DO FRUKTOZY
Ryż	150	0,30	0,15	
Soja	150	8,10	6,00	
Syrop klonowy	150	16,50	6,00	
Syrop kukurydziany	150	0,00	52,50	

Opracowanie własne na podstawie: Maciej Kaczmarski, Elżbieta Korotkiewicz-Kaczmarska, *Alergia i nietolerancja pokarmowa – mleko i inne pokarmy*, Help-Med, Kraków 2013; Doris Fritzsche, *Nietolerancja laktozy. Leczenie i dieta*, Wydawnictwo RM, Warszawa 2011.

6 NIETOLERANCJA GLUTENU

Gluten to białko roślinne występujące w takich zbożach, jak pszenica i jej odmiana orkisz, żyto, jęczmień. Owies nie ma w sobie glutenu, ale zawiera białko o nazwie awenina, które jest tak samo szkodliwe jak gluten. Gluten może również znajdować się w wielu produktach spożywczych: w przetworach mięsnych takich jak wędliny, parówki, pasztety oraz w słodyczach, deserach, produktach mlecznych i wielu innych. Gluten pojawia się w lekach, a nawet w piwie. Można powiedzieć, że zawładnął całym przemysłem spożywczym. Jeżeli chcemy upewnić się, czy w naszej torbie z zakupami nie ma glutenu, należy czytać etykiety. Zawartość glutenu musi być na nich oznaczona. Jeśli ze swojego załadowanego po brzegi koszyka sklepowego wyrzucimy wszystko, co zawiera gluten, zostanie nam kilka produktów, ale za to zdrowych.

Jeżeli nietolerancja glutenu nie ma podłoża genetycznego, można ją wyleczyć jak każdą czasową nietolerancję i alergię.

Celiakia a nadwrażliwość na gluten

Nietolerancja glutenu może być wrodzona. Przykładem tego jest choroba zwana celiakią. U osób z celiakią niewielka ilość glutenu jest w stanie spowodować bardzo poważne konsekwencje zdrowotne. Natomiast nadwrażliwość na gluten (*gluten sensitivity*) jest nabytą nietolerancją glutenu, która mija wraz z odbudową kosmków jelitowych. Na ten fakt zwrócił uwagę włoski pediatra i naukowiec doktor Alessio Fasano wraz ze swoim zespołem.

Zespół nieszczelnego jelita

Alessio Fasano stwierdził, że gluten ma nietypową budowę. Z tego powodu enzymy człowieka nie rozpoznają sekwencji aminokwasów tego składnika i gluten nie jest trawiony całkowicie. W dodatku powoduje wytwarzanie większej ilości białka zapalnego – zonuliny. To doprowadza do rozszczelnienia jelit – rozluźniają się wiązania między komórkami jelit. Tak powstaje zespół nieszczelnego jelita (*leaky gut syndrome*, LGS). Zdrowe kosmki jelitowe, szczelne wiązania i odpowiedni skład flory bakteryjnej mają wpływ na szczelność jelit. Chronią organizm przed przedostawaniem się do krwiobiegu toksyn, alergenów pokarmowych, pasożytów oraz grzybów.

Zdarza się, że mamy problem z LGS, ale o tym nie wiemy. Proces chorobowy postępuje, a my czasami nie zwracamy na to uwagi. Zaczynamy chorować, ponieważ układ immunologiczny produkuje przeciwciała przeciw pokarmom, pyłkom itd. przedostającym się do krwi przez nieszczelne jelita. Tymczasem powinien zajmować się zwalczaniem wirusów, bakterii chorobotwórczych czy pasożytów.

Wszystko, co dostaje się do naszego układu pokarmowego, musi zostać błyskawicznie przeanalizowane przez układ odpornościowy. Każdy immunolog potwierdzi, że przyjmowanie i trawienie posiłku jest wyjątkowo trudnym zadaniem nawet dla zdrowego człowieka, którego jelita są szczelne. A co dopiero kiedy układ odpornościowy jest zdezorientowany i prowokowany do nadmiernej pracy z powodu nieszczelności jelit. Na szczęście organizm człowieka jest tak wyspecjalizowany, że nawet w trudnych sytuacjach, bardzo przeciążony, nieźle sobie radzi. Nie nadużywajmy jednak jego wytrzymałości!

Candida albicans a zespół nieszczelnego jelita

Utrzymanie szczelności jelit utrudnia również grzyb *Candida albicans*. Do jego rozwoju przyczynia się stosowanie antybiotyków, leków immunosupresyjnych, antykoncepcyjnych, sterydów, inhibitorów pompy protonowej. Badania naukowe wykazały, że grzyb *Candida albicans* produkuje białko o strukturze podobnej do glutenu (białko HWP1). Białko HWP1 może stanowić substrat do produkcji transglutaminazy tkankowej, która w organizmie osób predysponowanych do celiakii jest w stanie wyrządzić ogromne szkody. Zaobserwowałam tego typu zależność u moich pacjentów chorujących na celiakię. Zdarzało się, że pomimo stosowania przez nich diety bezglutenowej nie widziałam znaczącej poprawy ich stanu zdrowia. Rozwiązaniem problemu okazało się wyleczenie kandydozy. Udało się to dzięki wprowadzeniu specjalnych zaleceń dietetycznych oraz odpowiednich suplementów. Grzyby powodują również wyrzut histaminy z komórek tucznych, nasilając reakcje zapalne w organizmie. (Na podstawie: Paweł Rogalski, *Kandydoza przewodu pokarmowego – fakty i mity*, „Gastroenterologia Kliniczna" 2010, t. 2, nr 3).

Dlaczego nie tolerujemy glutenu?

Jak wygląda ziarno zboża?

Często spotykam się z opinią, że dieta bezglutenowa to niepotrzebny i zapewne szkodliwy dla zdrowia wymysł. Oto główny argument przeciwników diety bezglutenowej: jedli go nasi

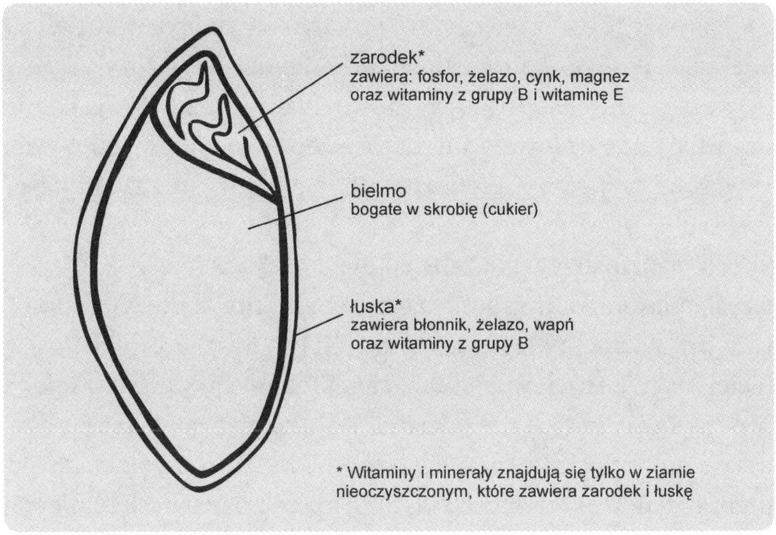

RYCINA 10. SCHEMAT BUDOWY ZIARNA ZBÓŻ

przodkowie i byli zdrowi. To prawda. Dieta naszych przodków zawierała wiele zbóż glutenowych, ale zawartość glutenu w tych zbożach była dużo mniejsza niż obecnie. Poza tym nigdy nie spożywali samej skrobi, w której znajduje się gluten, ale jedli całe ziarno wraz z łuską i zarodkiem. W łusce i zarodku występują między innymi witaminy z grupy B oraz błonnik. Witaminy z grupy B wpływają na wytwarzanie enzymów trawiennych, czyli dzięki nim produkowane są proteazy trawiące gluten. W trawieniu glutenu pomaga też prawidłowa flora bakteryjna, a pośrednio błonnik, który w jelitach działa jak szczotka, wymiatając pozostałości po niestrawionym glutenie.

Tolerancję glutenu zaburzają również inne czynniki. We współczesnym menu pojawiły się nowe potrawy, których nasi przodkowie nie znali: pizza, hot dogi, hamburgery, makarony, naleśniki, gofry i inne. Produkty te pozbawiane są błonnika, witamin oraz minerałów i bardzo obciążają układ pokarmowy.

Zażywamy coraz więcej leków, w tym antybiotyków. Częściej zdarzają się różnego rodzaju alergie. Plenią się pasożyty i grzyby, zwłaszcza wywołujące lambliozę i kandydozę. Wszystkie te czynniki mogą powodować uszkodzenie kosmków jelitowych i związane z tym zaburzenia trawienia, między innymi glutenu.

Skutki nieprzestrzegania zaleceń diety bezglutenowej

Czysty gluten zdominował naszą dietę. Chcę skutecznie przed nim przestrzec. Zwłaszcza wielbicieli produktów z dużą ilością białej mąki i innych wypełnionych glutenem „pyszności". Takich produktów człowiek nie toleruje. Dobrze by było wybierać żywność z niewielką zawartością glutenu. Pieczywo, wypieki, kluski, pierogi, naleśniki należy robić z mąk pełnoziarnistych, najlepiej z mieszanki mąki orkiszowej, żytniej, pełnej pszenicy.

U osób predysponowanych genetycznie, w wyniku niepożądanej reakcji ze strony układu pokarmowego na niestrawiony gluten, mogą powstać kompleksy immunologiczne odpowiedzialne za takie choroby, jak: cukrzyca insulinozależna typu 1, autoimmunologiczne zapalenie wątroby i trzustki, reumatoidalne zapalenie stawów oraz inne choroby autoimmunologiczne: zapalenie tarczycy, czyli choroba Hashimoto, łuszczyca, toczeń trzewny, zespół Sjögrena, zapalenie wielomięśniowe, a także nowotwory jelit – chłoniaki. Sporo tego, prawda? W produktach przemysłowych można znaleźć go pod nazwą: gluten, skrobia. W makrobiotyce pozyskuje się ten składnik przez wypłukiwanie z mąki pszennej czystej skrobi – produkt ten nazywa się sejtan. Należy go unikać!

Badania pod kątem nietolerancji glutenu

Powszechnie uważa się, że dieta bezglutenowa jest zarezerwowana wyłącznie dla pacjentów chorujących na celiakię. Ogólnie lekarze uznają dietę bezglutenową za uciążliwą dla pacjenta. Zalecają ją tylko w ostateczności. Badaniem proponowanym przez gastroenterologów w celu ustalenia, czy pacjent choruje na celiakię, jest biopsja jelit. Niestety, jej wynik czasami nie jest miarodajny. W jelitach pod wpływem niestrawionego glutenu może rozwijać się stan zapalny. Doprowadzają do tego cytokiny – białka produkowane przez leukocyty do obrony przed glutenową trucizną. Zdarza się, że zmiany w jelitach występują jedynie miejscowo. Jak to ciekawie określił doktor Alessio Fasano, tworzą się „łaty" ze zmianami zapalnymi. Pobierając próbkę podczas biopsji, można trafić na zdrowy odcinek jelita, a nie na chorą „łatę". Z badania wynika zatem, że jesteśmy zdrowi. Lekarz informuje nas, że wykluczenie glutenu nie jest konieczne. My jednak czujemy się źle. Potem coraz gorzej. Przechodzimy kolejne etapy zaburzeń immunologicznych.

Przeciwciała przeciw glutenowi

Celiakię rozpoznaje się dzięki badaniu krwi na obecność takich przeciwciał, jak:
- przeciwciała przeciw endomysium (EmA) i gliadynie (AGA) w klasie IgA i IgG,
- przeciwciała przeciw deamidowanej gliadynie (DGP) w klasie IgA i IgG,
- przeciwciała przeciw transglutaminazie tkankowej (anty-tTG) w klasie IgG i IgA.

Aby badanie było jak najbardziej miarodajne, przed jego wykonaniem należy zwiększyć zawartość glutenu w diecie przez jeden miesiąc. Przeciwciała wytwarzają się tylko w obecności glutenu w pożywieniu. Gdy stan zdrowia znacznie się pogorszy, trzeba natychmiast przerwać prowokację glutenem. Konieczne jest prowadzenie dzienniczka objawów. Całą procedurę badań należy wykonać pod okiem doświadczonego terapeuty, ponieważ interpretacja wyników nie jest prosta.

Zawsze uważano, że u chorych na celiakię powinny wytworzyć się przeciwciała, które są odpowiedzią organizmu na niestrawiony gluten, ale nie zawsze tak się dzieje. Ten fakt potwierdza również doktor Fasano. Gdy przeciwciała się wytworzą, stan pacjenta zazwyczaj jest już bardzo ciężki. W mojej trzynastoletniej praktyce przeciwciała miało zaledwie dziesięciu pacjentów, w tym ja sama. U pozostałych chorych przeciwciał nie było. Natomiast dieta bezglutenowa pomogła wszystkim.

Objawy nietolerancji glutenu:
- przewlekła lub długotrwała biegunka;
- niedożywienie lub zmniejszenie masy ciała u dzieci;
- utrzymujące się lub pojawiające bez konkretnej przyczyny objawy ze strony układu pokarmowego, takie jak nudności czy wymioty;
- uczucie zmęczenia;
- przewlekły ból brzucha, kurcze lub wzdęcia brzucha;
- gwałtowny lub nieoczekiwany spadek masy ciała.

(Zobacz na końcu książki: **Tabela III**. DZIENNICZEK OBJAWÓW NIETOLERANCJI GLUTENU).

Leczenie nietolerancji glutenu. Dieta bezglutenowa

Bez względu na to, czy nietolerancja glutenu jest czasowa, czy wrodzona, pierwsze zalecenia są takie same – ścisła dieta bezglutenowa. Dieta tego typu jest dużym wsparciem dla organizmu. Potwierdzają to między innymi liczne źródła naukowe. Profesor Jerzy Socha w książce *Choroby autoimmunologiczne u dzieci* w rozdziale *Rola żywienia w zapobieganiu i leczeniu chorób autoimmunologicznych u dzieci* pisze: „Dieta bezglutenowa [...] stanowi nie tylko metodę leczenia celiakii, ale również zapobiega rozwojowi chorób z autoagresji". To zdanie utwierdziło mnie w przekonaniu, że mój program „Sześć kroków wyjścia z alergii" (zobacz: część VIII), który zawiera w zaleceniach między innymi dietę bezglutenową, może łagodzić uciążliwe objawy chorób wynikających z autoagresji. Miałam tego potwierdzenie, obserwując pacjentów, u których zmniejszały się parametry świadczące o chorobie wynikającej z autoagresji.

W mojej pracy zdarzają się momenty bardzo przykre, wręcz przejmujące, kiedy patrzę na ludzkie cierpienie, zwłaszcza jeśli można go było uniknąć.

Leczyłam 50-letnią pacjentkę, która miała usunięty woreczek żółciowy, wyrostek robaczkowy, tarczycę, macicę i jajniki. Niestety, złe samopoczucie i niepokojące objawy nie ustąpiły, uniemożliwiając pacjentce podjęcie pracy i normalne życie. Ponadto chora przyjmowała wiele leków. Poleciłam jej wykonanie badań na celiakię. Okazało się, że wartości DQ2 i DQ8 są dodatnie. Pacjentka była zaskoczona, ale ja wcale. Kobieta długo płakała w moim gabinecie. Nic dziwnego: od samego początku jej zmagań z chorobą wystarczyło wycofać z diety gluten. Niestety, z powodu poważnych błędów diagnostycznych w przeszłości obecnie samo wyeliminowanie glutenu z diety już nie wystarczy.

Alessio Fasano potwierdza, że nietolerancję glutenu najlepiej ukazują badania genetyczne. Zwrócił też uwagę na inny fakt, który bardzo mnie zaciekawił: dzieciom można podawać gluten dopiero po ukończeniu pierwszego roku życia. Wówczas rosną zdrowsze, ich tkanki są jakościowo lepsze, kości silniejsze, mocniejszy system nerwowy, a rozwój mózgu optymalny.

Obserwowałam rozwój własnych dzieci i doszłam do wniosku, że rzeczywiście tak jest. Z diety córek całkowicie wykluczyłam gluten. Powodem tego była celiakia stwierdzona u jednej z nich. Dziewczynki na tle swoich rówieśników rozwijały się nadspodziewanie szybko. Obie samodzielnie, bez mojej pomocy, nauczyły się czytać, pisać, liczyć. To nie musi oznaczać wybitnych zdolności. Myślę, że naturalna kuchnia, bez alergenów, pozytywnie wpłynęła na ich rozwój. Do dziś moje córki świetnie radzą sobie w różnych trudnych sytuacjach. Pamiętam kilka wypadków, które mogły się źle skończyć, ale ich silny organizm się obronił. Gdy moje dziewczynki były małe, nigdy się nie kłóciły. Świetnie się razem bawiły. Współpracowały zgodnie. Niestety, również w realizacji szalonych pomysłów. Kiedyś postanowiły wyjąć ze schowka w tapczanie jakąś zapomnianą już zabawkę. Ekipa złożona z pięcioletniej i dwuletniej „mądrali" przystąpiła do podnoszenia oparcia ciężkiego tapczanu. Młodsza je trzymała, podczas gdy starsza sięgała po zabawkę. Niestety, w pewnej chwili dwulatka puściła oparcie, które spadło starszej siostrze na przedramię. Usłyszałam nieprawdopodobny krzyk. Wpadłam do pokoju, podniosłam tapczan, oceniłam straty. I co się okazało? Ekipa uszła cało – pojawił się jedynie olbrzymi siniak na przedramieniu. Dlaczego córka nie złamała ręki? Myślę, że było to związane z dobrym wchłanianiem wapnia i witaminy D. To wpłynęło na wzmocnienie struktury kości.

Wcześniej zdiagnozowałam u córki nietolerancję glutenu. Była na diecie bezglutenowej, zdrowej i pełnowartościowej. Moje dziecko do 5 roku życia nie jadło w zasadzie nic, co zostało przemysłowo przetworzone. Warto unikać nadmiaru glutenu w diecie zdrowego dziecka i wybierać pieczywo pełnoziarniste, najlepiej z dodatkiem orkiszu, owsa i nasion. Makarony, kluski, naleśniki, ciasta i ciasteczka należy przyrządzać tylko z mąk pełnoziarnistych. Po zastosowaniu się do tych zaleceń prowadźmy dziecku dzienniczek objawów. Obserwujmy, jak się rozwija, a zwłaszcza jak się zachowuje. Trudno w to uwierzyć, ale dziecko być może stanie się nawet grzeczniejsze.

Pamiętajmy jednak, że nie przysporzy nam zdrowia dieta bezglutenowa oparta na przemysłowych produktach bezglutenowych – ze względu na ich skład!

Przykładowy skład chleba bezglutenowego kupionego w sklepie: mąka ryżowa, skrobia kukurydziana, kawałki czekolady 13% (cukier, tłuszcz kakaowy, masło kakaowe, emulgator: lecytyna sojowa, aromat), woda, cukier, jajka, margaryna roślinna (tłuszcz palmowy, tłuszcz kokosowy, woda, olej rzepakowy, sól, emulgatory: mono- i diglicerydy kwasów tłuszczowych, aromat naturalny), skrobia ryżowa, syrop glukozowy, substancja zagęszczająca: guma guar, hydroksypropylometyloceluloza, drożdże, sól, regulator kwasowości: kwas cytrynowy, aromat.

TABELA 7. WYKAZ PRODUKTÓW DOZWOLONYCH I NIEWSKAZANYCH W DIECIE BEZGLUTENOWEJ

PRODUKTY DOZWOLONE	PRODUKTY NIEWSKAZANE
Zboża: mąka kukurydziana kasza kukurydziana skrobia kukurydziana (maizena) mąka ryżowa skrobia ryżowa płatki ryżowe ryż naturalny kleiki ryżowe mączka ziemniaczana mąka jaglana mąka z tapioki mąka z sorgo makarony bezglutenowe kasza gryczana płatki z kasz bezglutenowych	mąka pszenna mąka żytnia kasza manna kasza jęczmienna: mazurska, perłowa, pęczak płatki owsiane otręby i płatki ze zbóż zawierających gluten chleby glutenowe bułki glutenowe makarony wykonane z mąk glutenowych wypieki z mąk glutenowych
Rośliny strączkowe: przetworzona soja czerwona i zielona soczewica fasole, groch, ciecierzyca	w okresie zaostrzenia choroby, a także dzieciom do lat dwóch podajemy tylko ugotowane i przetarte nasiona strączkowe
Nabiał: zakwaszane mleko jogurt domowy twaróg kefir jajka	mleko słodkie, sery dojrzewające, topione śmietana, jogurty z dodatkiem mąki (dotyczy to zazwyczaj jogurtów kupnych) jogurty z dodatkami smakowymi serki homogenizowane z dodatkiem cukru i innych dodatków smakowych

PRODUKTY DOZWOLONE	PRODUKTY NIEWSKAZANE
Desery: galaretki na agarze, kisiele zagęszczane mąką ziemniaczaną, kukurydzianą, ryżową (robione w domu)	desery z dodatkiem mąki pszennej czekolada nadziewana, cukierki nadziewane batony, wafle, guma do żucia ciasta na bazie mąki z glutenem cukier jako dodatek do napojów i wypieków produkty mleczne
Napoje: słaba herbata kompoty herbaty ziołowe (bez dodatku cukru)	kakao owsiane kawa zbożowa napoje gazowane, alkoholowe
Mięso: indyk, królik, gołąb zamiast wędlin – pieczeń z mięsa jako dodatek na kanapki ryby	pozostałe mięsa konserwy mięsne i rybne wędliny, pasztety i kiełbasa pasztetowa (mogą zawierać dodatek glutenu) półprodukty gotowe panierowane, np. filety rybne, kotlety, wszystkie potrawy obtoczone w mące zawierającej gluten
Tłuszcze: oliwa z oliwek olej z siemienia lnianego masło ghee	gotowe majonezy gotowe sosy sałatkowe
Warzywa i owoce: dozwolone bez ograniczeń w postaci soków, napojów, przecierów, surówek oraz potraw gotowanych zupy owocowe i warzywne z dodatkiem produktów bezglutenowych, zagęszczone mąką kukurydzianą lub ziemniaczaną	
Przyprawy łagodne: sól, wanilia, cynamon, majeranek, szczypiorek, natka pietruszki, koperek, sok z cytryny	**Przyprawy ostre:** ocet, musztarda, pieprz, ostra papryka

Źródło: Bożena Kropka, *Pokonaj alergię*, Wydawnictwo Rodzina, Skoczów 2010 (ze zmianami).

7 NIETOLERANCJA HISTAMINY

Histamina to hormon tkankowy i neuroprzekaźnik. Pełni w organizmie bardzo ważne funkcje, między innymi zwiększa perystaltykę jelit, rozszerza naczynia krwionośne, stymuluje wytwarzanie kwasu solnego w żołądku. Histamina to związek niezbędny do sprawnego funkcjonowania organizmu człowieka. Gdy struktura kosmków jelitowych jest zniszczona, pojawia się problem z wytwarzaniem enzymu oksydazy diaminowej (DAO). Ten enzym odpowiada za rozkład histaminy. Jej nadmiar dostaje się do krążenia ogólnego, co może być powodem uciążliwych objawów świadczących o zatruciu organizmu. Prawidłowe stężenie histaminy w osoczu to około 0,7 ng/ml. Podwyższone stężenie powoduje:

- 1–2 ng/ml: wzrost wydzielania soku żołądkowego,
- 3–5 ng/ml: zwiększenie liczby uderzeń serca,
- 6–8 ng/ml: znaczny spadek ciśnienia tętniczego,
- 7–12 ng/ml: skurcz oskrzeli,
- około 100 ng/ml: blok serca.

Nadmiar histaminy w organizmie objawia się uciążliwymi wysypkami skórnymi, na które nie działają sterydy. Mogą też wystąpić: przewlekły katar, częste bóle głowy, migreny, skurcze żołądka, mdłości, biegunki.

Nie tylko uszkodzenie kosmków jelitowych zaburza proces rozkładu histaminy. Pewne produkty spożywcze i związki chemiczne blokują wydzielanie enzymu rozkładającego histaminę. Do tych produktów należą: **alkohol, herbata (czarna, zielona, biała, czerwona, yerba mate), napoje energetyczne**. Kiedy pojawiają się niepokojące objawy, rozważmy wyeliminowanie z codziennej diety produktów, które negatywnie wpływają na działanie enzymu DAO.

Niestety, wytwarzanie tego enzymu hamują również niektóre leki. Oczywiście nie można ich odstawić bez konsultacji z lekarzem!

Leki hamujące wytwarzanie enzymu rozkładającego histaminę:

- środki kontrastujące podawane przy badaniach obrazowych;
- leki znieczulające i usypiające (prylokaina, tiopental);
- leki zwiotczające (pankuronium);
- leki pobudzające perystaltykę jelit (metoklopramid);
- diuretyki;
- antagoniści receptora H_2 (cymetydyna);
- leki mukolityczne (bromoheksyna, ambroksol, acetylocysteina) i broncholityczne (aminofilina);
- antybiotyki, w tym leki przeciw gruźlicy i infekcjom płuc innego pochodzenia (cefuroksym, cefotiam, izoniazyd, pentamidyna, kwas klawulanowy, chlorochina);
- leki hipotensyjne i przeciwarytmiczne (werapamil, alprenolol, dihydralazyna, propafenon, dobutamina);
- analgetyki (morfina, petydyna, NLPZ, kwas acetylosalicylowy, metamizol).

Jeżeli stosowanie tych leków jest konieczne, zawsze może przyjść z pomocą dieta niskohistaminowa. W praktyce oznacza to przede wszystkim wyeliminowanie produktów przemysłowych zawierających konserwanty, barwniki, stabilizatory, emulgatory, dodatki smakowe: glutaminian sodu, kwasek cytrynowy. Jeżeli to nie pomoże, dobrze jest ograniczyć spożywanie naturalnych pokarmów zawierających histaminę bądź powodujących wydzielanie się jej z komórek tucznych.

Składnikiem, który najbardziej zaburza gospodarkę histaminą, jest monoglutaminian sodu, czyli powszechnie znany glutaminian sodu (MSG). Dodaje się go do wielu produktów, aby wzbogacić smak. Znaleźć go można w kostkach rosołowych i zupkach błyskawicznych.

Objawy wyrzutu histaminy z komórek tucznych, która uwalnia się pod wpływem MSG, mogą być bardzo intensywne: ogromny ból głowy, zaczerwienienie twarzy, łzawienie, uderzenie gorąca do głowy, drętwienie i mrowienie rąk oraz szyi, uczucie ucisku w klatce piersiowej, ogólne osłabienie, które może skończyć się omdleniem. Czasami dolegliwości występują już po 20 minutach od spożycia produktu zawierającego MSG. Zespół tych objawów nosi nazwę syndromu chińskiej restauracji. W restauracjach chińskich stosuje się często sos sojowy, który zawiera glutaminian sodu. Duża ilość tego wzmacniacza smaku występuje też w serze camembert (100 g zawiera 1,0 MSG) i w wodorostach *Laminaria japonica* (100 g zawiera 1,3 MSG).

Walka z nietolerancją histaminy

Jak już wspomniano, główne zalecenia dotyczące leczenia nietolerancji histaminy to zrezygnowanie z produktów wysoko przetworzonych oraz z produktów naturalnych zawierających zbyt dużo tego hormonu. Konieczna jest również regeneracja jelit. Zastosowanie się do tych zaleceń spowoduje, że układ immunologiczny nie będzie zbyt gwałtownie reagował na histaminę. Ponownie zacznie się wytwarzać enzym DAO bezpiecznie rozkładający histaminę.

TABELA 8. WYKAZ PRODUKTÓW DOZWOLONYCH I NIEWSKAZANYCH W DIECIE NISKOHISTAMINOWEJ

PRODUKTY DOZWOLONE	PRODUKTY NIEWSKAZANE
Nabiał: żółtko jajka, masło, twaróg, śmietanka bez konserwantów, mleko surowe	białko jajka, mleko bezlaktozowe, zakwaszane produkty mleczne: kwaśna śmietana, jogurt, kefir, maślanka, sery dojrzewające, mleko w proszku
Mięso: wołowina*, kurczak ekologiczny, indyk, kaczka, królik	podroby, gotowe mięso mielone zapakowane, wieprzowina, salami, parówki, mięso wędzone, szynka suszona
Ryby: ryby mrożone	ryby mrożone, w glazurze, owoce morza

PRODUKTY DOZWOLONE	PRODUKTY NIEWSKAZANE
Zboża: proso, kasza jaglana, owies*, żyto*, jęczmień*, komosa ryżowa (quinoa), ryż pełnoziarnisty, mąka kukurydziana	pszenica* , gryka*, orkisz*
Orzechy i nasiona: kokosy, migdały, sezam*	orzechy*, pestki słonecznika, kakao
Oleje: rzepakowy, oliwa z oliwek	słonecznikowy, orzechowy*
Warzywa: ziemniaki, bataty, papryka słodka, rzodkiewki, rzodkiew biała, pasternak, kapusta, sałata, marchew*, seler*, kalafior, cukinia, ogórki, koper, czosnek, dynia, fasolka szparagowa, buraki, brokuły, szparagi, kukurydza świeża, zielony groszek*, kalarepa*, cebula*, por*, soczewica*, szpinak*	brukselka*, rukola, rośliny strączkowe, bakłażany, awokado, pokrzywa, pomidory, kapusta kiszona
Owoce: jabłka, jeżyny, porzeczki, wiśnie, żurawina, daktyle, morele, borówki, melony, nektaryny*, brzoskwinie, rodzynki, rabarbar, rokitnik, figi, gruszki*, banany*, maliny	winogrona, mango, śliwki*, arbuzy*, cytrusy*, grejpfruty, kiwi*, limonki, papaje, ananasy, dzika róża, truskawki, pomarańcze
Grzyby: grzyby leśne, pieczarki	drożdże
Przyprawy: zioła świeże: bazylia, szczypiorek, szałwia, natka pietruszki, zioła suszone, imbir, gałka muszkatołowa, cząber, anyż, kurkuma, curry, mak, ocet	wanilia, musztarda
Napoje: woda mineralna niegazowana, woda z kranu, herbata miętowa, herbata Rooibos	woda mineralna gazowana, herbaty ziołowe, np. na kaszel czy z innymi dodatkami, napar z liści pokrzywy, herbata czarna, napoje energetyczne, kakao, czekolada, alkohol

* mogą powodować reakcje alergiczne

Opracowanie własne na podstawie: *Gastroenterologia praktyczna*, red. Jerzy Socha, PZWL, Warszawa 1999; *Histamine potential of foods and additives*, Schweizerische Interessengemeinschaft Histamin-Intoleranz (SIGHI), www.histaminintoleranz.ch [28.05.2012].

8 NIETOLERANCJA SALICYLANÓW

Ten rodzaj nietolerancji został opisany już w 1928 roku w związku z przypadkiem ciężkiej astmy spowodowanej nietolerancją aspiryny. Współistnieje ona z częstymi infekcjami dróg oddechowych i polipami nosa. Połączenie tych trzech schorzeń nazywane jest triadą aspirynową. U pacjentów źle tolerujących aspirynę jej donosowe podanie już po upływie 30–60 minut powoduje pojawienie się wydzieliny w nosie. Inne objawy to pokrzywki, często przewlekłe i bardzo uporczywe. Pacjentów z objawami nietolerancji salicylanów w moim gabinecie przybywa. Leczenie jest jednak bardzo uciążliwe.

Jedną z pacjentek leczyłam przez rok zgodnie z zaleceniami programu „Sześć kroków wyjścia z alergii". Była to 46-letnia kobieta. Miała zmiany trądzikowe, głównie na twarzy. Od lat poddawano ją antybiotykoterapii i sterydoterapii. Okazało się, że główną przyczyną jej problemów była nietolerancja salicylanów. Po paru miesiącach stosowania programu zniknęła wysypka, zabliźniły się zmiany na twarzy (niektóre najgłębsze zostały), ustąpiła nadwrażliwość na słońce oraz wzdęcia, bóle brzucha, bóle migrenowe, problemy z wypróżnianiem. Pacjentka w dalszym ciągu źle reaguje na zioła, które zawierają salicylany, oraz na środki czystości. Ostatnio poinformowała mnie, że również te nadwrażliwości zanikają.

Do nietolerancji salicylanów w pokarmach dochodzi wtedy, gdy zahamowane zostaje działanie cyklooksygenazy – enzymu, który je rozkłada.

Niesteroidowe leki przeciwzapalne

Tego typu leki stosujemy, kiedy boli nas głowa lub kiedy dokucza nam przeziębienie. Sięgamy po najprostsze rozwiązanie – łykamy pigułkę. Zazwyczaj pomaga, więc łykamy kolejną. Potem bierzemy tabletkę nawet wtedy, gdy moglibyśmy się bez niej obejść. Przemysł farmaceutyczny bardzo chętnie odpowiada na nasze złe nawyki.

Niektórzy pacjenci są zmuszeni do regularnego przyjmowania tych leków, ponieważ chorują na przykład na reumatoidalne zapalenie stawów lub wrzodziejące zapalenie jelita grubego. Przy tego typu schorzeniach taka kuracja jest w pełni uzasadniona.

Leki z kwasem acetylosalicylowym (*acetylsalicylic acid*, ASA) oraz niesteroidowe leki przeciwzapalne (NLPZ) stosowane są powszechnie. A czy ktokolwiek zastanawiał się, jak działają? Otóż – jak już wspomniano – hamują one działanie cyklooksygenazy, co osłabia biosyntezę prostaglandyn. Prostaglandyny to związki potrzebne do prawidłowego funkcjonowania organizmu człowieka. Wywołują stany zapalne, które są niezbędne w procesie zdrowienia. Powodują odczuwanie bólu oraz podwyższają temperaturę ciała. Leki ASA i NLPZ próbują zatrzymać ten proces. Na osłabieniu biosyntezy prostaglandyn opiera się działanie przeciwzapalne, przeciwbólowe i przeciwgorączkowe popularnych leków.

Prostaglandyny wpływają też na skład i właściwości krwi, hamują wydzielanie soku żołądkowego, a jednocześnie pobudzają produkcję śluzu żołądkowego, który chroni żołądek. Kwas solny znajdujący się w nim jest bardzo żrącą substancją. Jeżeli ściany żołądka nie są ochronione przez śluz, narząd ten jest narażony na uszkodzenie. Może się to skończyć owrzodzeniami, a nawet stanowić zagrożenie życia.

W błonie śluzowej żołądka gromadzi się najwięcej witaminy C. Gdy musimy stosować leki z kwasem acetylosalicylowym lub niesteroidowe leki przeciwzapalne, dochodzi do niedoborów witaminy C, a przy okazji do zaburzeń wchłaniania witaminy B_{12} i żelaza.

Najgroźniejszym działaniem niepożądanym może być nietolerancja salicylanów występujących w pokarmach i ziołach. Dotyczy to zwłaszcza osób, które cierpią na różnego rodzaju nietolerancje bądź alergie pokarmowe. Problemów z trawieniem salicylanów nie należy ignorować. Mogą się one przerodzić w nietolerancję lub nadwrażliwość na dodatki do żywności.

Mam nadzieję, że powyższe informacje przekonają wszystkich, iż leków przeciwbólowych kupowanych bez recepty nie należy nadużywać. Ich przyjmowanie jest uzasadnione, gdy odczuwamy silny ból lub gdy jesteśmy przeziębieni. Sięgając po leki, narażamy się na poważne problemy zdrowotne w przyszłości. Zawsze, jeśli to możliwe, wszystkie schorzenia trzeba leczyć odpowiednio dobraną dietą, bo dieta eliminuje przyczynę choroby.

Jedną z moich pacjentek leczono antybiotykami, które doprowadziły do rozwinięcia się Clostridium difficile. Kolonizacja przewodu pokarmowego tym drobnoustrojem przyczyniła się do rozwoju rzekomobłoniastego zapalenia jelita grubego. Obecnie pacjentka jest leczona niesteroidowymi lekami przeciwzapalnymi. Pojawiły się przykre następstwa: nietolerancja pokarmów zawierających salicylany.

Przy nietolerancji salicylanów należy przejść na dietę niskosalicylową. Zalecam ją również wtedy, gdy pacjentowi podawane są leki blokujące działanie enzymu DAO (rozkładającego histaminę).

Zalecenia dodatkowe dla przyjmujących leki przeciwbólowe i przeciwzapalne

Zalecenia te obejmują pięć podstawowych zasad.

- **Zasada pierwsza**: Należy dbać o ochronę błony śluzowej żołądka oraz przyjmować naturalną witaminę C.
- **Zasada druga**: Należy dbać o prawidłowy poziom witaminy B_{12}, kontrolując jej stężenie w surowicy krwi. W razie nie-

doboru trzeba przyjmować witaminę B-complex w formie chelatu.

- **Zasada trzecia**: Przyjmując paracetamol, należy szczególnie dbać o wątrobę, ponieważ lek ten ją uszkadza.
- **Zasada czwarta**: Przyjmując niesteroidowe leki przeciwzapalne, nie wolno stosować preparatów z żelazem, ponieważ bardziej uszkadza się śluzówkę żołądka.
- **Zasada piąta**: Należy koniecznie unikać chemii w pożywieniu!

Jak leczyć nietolerancję salicylanów?

Leczenie nietolerancji salicylanów jest uciążliwe, ponieważ zawiera je bardzo dużo produktów. Zaczynamy od wprowadzenia programu „Sześć kroków wyjścia z alergii" (zobacz: część VIII) na okres trzech miesięcy. Po tym okresie stosujemy dietę niskosalicylową. Nie zapominamy o systematycznym prowadzeniu dzienniczka objawów. Podczas całego procesu leczenia należy być stale pod kontrolą dietetyka. (Zobacz na końcu książki: **Tabela IV.** DZIENNICZEK OBJAWÓW NIETOLERANCJI SALICYLANÓW).

Dieta niskosalicylowa

Produkty, które nie zawierają salicylanów, to: zboża, mięso zwierząt i ryb, jajka, masło, olej sojowy, kapusta, seler, suche ziarno łuskanego groszku, soczewica, fasola, sałata lodowa, brukiew, obrane ziemniaki, banany, gruszki obrane ze skórki, ziarno maku, sól oraz do picia: mleko sojowe i ryżowe robione w domu, sok z obranych gruszek własnej produkcji i woda.

TABELA 9. ZAWARTOŚĆ SALICYLANÓW W WYBRANYCH PRODUKTACH

Opracowanie własne na podstawie: Maciej Kaczmarski, Elżbieta Korotkiewicz-Kaczmarska, *Alergia i nietolerancja pokarmowa – mleko i inne pokarmy*, Help-Med, Kraków 2013; http://salicylatesensitivity.com/about/food-guide/ http://www.food-info.net/pl/qa/qa-fi27.htm.

NIEISTOTNA	MAŁA (0,1–0,25 mg/100 g)	UMIARKOWANA (0,25–0,49 mg/100 g)	DUŻA (0,49–1 mg/100 g)	BARDZO DUŻA (POWYŻEJ 1 mg/100 g)
Bezpieczna	Bezpieczna	Obserwacja	Wykluczyć	Wykluczyć
Warzywa: zielony groszek, fasolka szparagowa, kapusta biała, czerwona, włoska, sałata lodowa, brukiew, obrane ziemniaki, szczypiorek, natka pietruszki, groch, soczewica, fasola	szparagi świeże, kalafior, por, dynia, buraki, czosnek, cebula, rzepa, brukselka, koperek świeży, ciecierzyca	bakłażany bez skórki, sałata (z wyjątkiem lodowej), kukurydza świeża	bakłażany ze skórką, brokuły, ogórki świeże, szpinak, bataty, pomidory, bób, pasternak zwyczajny, rukiew wodna, kiełki, glony, pokrzywa	topinambur (inulina), cykoria, słonecznik, karczochy, ostropest, korniszony, kiszona kapusta, kiszone ogórki, zakwas z buraków, cukinia, kabaczki, endywia, zielone i czarne oliwki, rzodkiewki, papryka, przecier pomidorowy, pomidory w puszkach, pomidory suszone
Owoce: figi świeże, gruszki bez skórki, persymony (kaki), limonki, banany, sok z cytryny	jabłka Golden Delicious, mango, marakuja	arbuzy, liczi, gruszki ze skórką, cytryny, rabarbar, granaty	awokado, daktyle świeże, porzeczki (wszystkie rodzaje), żurawina, gujawy, pomarańcze, ananasy, śliwki, truskawki, melony, kantalupy, wiśnie, czereśnie, grejpfruty, mandarynki, morwy, nektarynki, tangelo, brzoskwinie	morele, maliny, jeżyny, malinojeżyny, czarne jagody, winogrona, owoce suszone

NIEISTOTNA	MAŁA (0,1–0,25 mg/100 g)	UMIARKOWANA (0,25–0,49 mg/100 g)	DUŻA (0,49–1 mg/100 g)	BARDZO DUŻA (POWYŻEJ 1 mg/100 g)
Bezpieczna	Bezpieczna	Obserwacja	Wykluczyć	Wykluczyć
Orzechy i nasiona: mak, karob	pestki słonecznika	wiórki kokosowe, pestki dyni, sezam		migdały, wszystkie rodzaje orzechów, kasztany jadalne
Napoje: mleko sojowe, sok z obranych gruszek (własnej roboty)				syropy owocowe, soki owocowe i warzywne, herbata (czarna, biała, zielona), herbaty ziołowe
Przyprawy: sól				mniszek lekarski, rumianek, ostropest, ekstrakt z drożdży i produkty zawierające drożdże, sos sojowy, ziele angielskie, pieprz, pieprz cayenne, anyż, cynamon, goździki, kminek, koper, kozieradka, kurkuma, curry, garam masala, imbir, lukrecja, mięta, gorczyca, oregano, papryka, rozmaryn, szałwia, estragon, tymianek, wszystkie rodzaje octów, bazylia, liść laurowy, koperek suszony, chili, gałka muszkatołowa, wanilia, chrzan, gorczyca

Cukier: cukier trzcinowy			melasa	miód, galaretki, dżemy
Tłuszcze: masło ghee, olej sojowy, smalec gęsi				olej kokosowy, oliwa z oliwek
Zboża: proso, kasza jaglana, komosa ryżowa, amarantus, gryka, ryż			kukurydza	
Nabiał: twaróg, jogurt naturalny, jajka				
Mięso, ryby: indyk, gęś, kaczka, królik, baranina, jagnięcina, dziczyzna, większość ryb (z wyjątkiem makreli, śledzia, tuńczyka, pangi, tilapii)				makrela, śledź, tuńczyk, panga, tilapia

Salicylany występują również w produktach kosmetycznych, takich jak: perfumy, szampony, środki ziołowe, szminki, produkty do pielęgnacji skóry, kremy do golenia, płyny do płukania ust, miętowa pasta do zębów, kremy do opalania, maści przeciwbólowe.

9 | NIETOLERANCJE POKARMOWE A SCHORZENIA JELIT

Zespół jelita nadwrażliwego

Nieleczone nietolerancje pokarmowe mogą wywołać chorobę zwaną zespołem jelita nadwrażliwego (drażliwego). Jej objawy są bardzo podobne do objawów nietolerancji pokarmowych: wzdęcia, bóle i skurcze brzucha, zaparcia na zmianę z biegunkami. Jest jednak ważna różnica. Te dolegliwości są ściśle powiązane ze stanem psychicznym pacjenta.

Aby uspokoić nadwrażliwe jelito, trzeba przede wszystkim odbudować florę bakteryjną. Dodatkowo należy usunąć z diety:

- **owoce drobnopestkowe** (jeżyny, maliny, truskawki, agrest);
- **produkty zawierające sorbitol**: soki owocowe, dżemy, konfitury, galaretki;
- **produkty ciężkostrawne**: rośliny strączkowe, kapustę, por;
- **warzywa zawierające inulinę**: szparagi, skorzonerę, pasternak, topinambur;
- **produkty spożywcze**: gumy do żucia, słodycze zawierające słodziki alkoholowe: sorbitol (E420), mannitol (E421), izomatinę (E953), maltitol (E965), laktitol (E966), ksylitol (E967);
- **produkty dla cukrzyków**;
- **produkty z dodatkiem kwasu glitaminowego** (E620) i **glutaminianów** (E625).

Można jeść kasze, ale najlepiej dokładnie ugotowane i przetarte przez sito.

Osoby z zespołem jelita nadwrażliwego odczuwają w życiu codziennym ogromny dyskomfort. Obawiają się, że biegunka czy ból żołądka złapie ich w najmniej odpowiednim momencie: w biurze, na konferencji, podczas randki. To powoduje stres, który jeszcze bardziej wzmaga te objawy, bo doprowadza do zaburzeń pracy jelit i żołądka.

W takiej sytuacji zastanawiamy się, dlaczego organizm odmawia nam posłuszeństwa. Cały układ trawienny, tak jak rdzeń kręgowy, jest bardzo unerwiony. Nerwy tworzą układ enzymatyczny, jelitowy, który kieruje czynnościami żołądka i jelit. Nazywa się go „mózgiem brzusznym". Nawet rygorystyczne przestrzeganie diety może nie wystarczyć, aby dokuczliwe objawy nie nawracały. Wielokrotnie zdarzało się, że pacjenci, którzy już powinni byli zapomnieć o problemach jelitowych, wracali do mojego gabinetu. Powrót dolegliwości może być następstwem stresu.

Wszystko ma swoją przyczynę. Czasami jest ona oczywista, a czasami głęboko ukryta. Niezależnie od przyczyny dbajmy, by nie doszło do przykrych skutków. Przede wszystkim aby nietolerancje pokarmowe w przyszłości nie doprowadziły do poważnych schorzeń jelit.

Nieswoiste zapalenie jelit

Nieswoiste zapalenie jelit to grupa schorzeń, do której należą wrzodziejące zapalenie jelita grubego (WZJG) i choroba Leśniowskiego-Crohna. Wrzodziejące zapalenie jelita grubego objawia się zaczerwienieniem i rozpulchnieniem błony śluzowej jelita, w którym występują krwawiące ubytki. Choroba Leśniowskiego-Crohna to nieswoiste przewlekłe zapalenie jednego z odcinków jelita cienkiego. Zmiany te najczęściej dotyczą końcowego odcinka jelita cienkiego, nieco rzadziej odbytu i jelita grubego.

Przyczyny tych dolegliwości nie są znane, ale przypuszcza się, że mogą to być alergie pokarmowe i zaburzenia flory bakteryjnej, której skład ma duże znaczenie. Badania naukowe wykazały, że podanie bakterii, zwłaszcza *Lactobacillus casei* lub niepatogennego szczepu *Escherichia coli*, łagodzi stany zapalne jelit w tych schorzeniach. Pozytywne skutki daje wprowadzenie do diety wielonienasyconych kwasów tłuszczowych omega-3.

Leczenie schorzeń jelit

Jeżeli chcemy leczyć jelita, zdecydujmy się najpierw na zmianę żywienia. Według mnie najczęstszymi przyczynami schorzeń jelit są nietolerancje pokarmowe, alergie pokarmowe i zaburzenia flory bakteryjnej. Proces leczenia trzeba więc zacząć od zmiany diety. Przede wszystkim należy wyeliminować nietolerowany składnik na okres co najmniej trzech miesięcy. Jeśli po tym okresie nie nastąpi poprawa samopoczucia, konieczne jest wprowadzenie programu „Sześć kroków wyjścia z alergii" (zobacz: część VIII) oraz wyciszenie emocji i unikanie stresu.

Postęp w leczeniu tych schorzeń należy monitorować. Zalecam pacjentom wykonanie badania poziomu **kalprotektyny w kale**. Zwiększone stężenie kalprotektyny świadczy o stanie zapalnym jelit. Oznaczenie tego markera jest przydatne, zwłaszcza gdy zapalenie przebiega bezobjawowo.

V. OTYŁOŚĆ A NIETOLERANCJE POKARMOWE

1 | STOP KALORIOM!

Człowiek pierwotny, aby przeżyć, musiał coś upolować, zebrać, a w późniejszym okresie wyhodować. Zdobycie strawy wymagało ogromnego wysiłku, przez co ludzie jedli mniej. Taki tryb życia wymuszał na fizjologii człowieka oszczędne gospodarowanie zasobami energetycznymi. Przeżywał ten, kto pożywienie umiał zmagazynować w swoim organizmie. Obecnie nasza praca często polega głównie na obciążeniu umysłowym. Mamy za mało ruchu. W dodatku maszyny i komputery ułatwiają nam pracę. Potrzebujemy znacznie mniej energii z pożywienia niż nasi przodkowie. Aby zdobyć jedzenie, idziemy spacerkiem do pobliskiego sklepu lub podjeżdżamy samochodem pod market. W sytuacji kiedy tak mało się ruszamy, a spożywamy dużo kalorii, bilans energetyczny jest dla nas bardzo niekorzystny. Efektem jest systematyczne przybieranie na wadze. Aby zmniejszyć masę ciała, trzeba po prostu mniej jeść i więcej się ruszać. Proste.

Otyłość a głód

Układ trawienny ma pewną właściwość, o której trzeba wiedzieć, bo może się okazać niebezpieczna dla łasuchów. **Jest to mechaniczne rozciąganie.** Często spożywamy posiłki również wtedy, kiedy nie jesteśmy głodni. Jeżeli taka sytuacja powtarza się często, żołądek i jelita stopniowo ulegają rozciągnięciu i potrzebują

Im więcej wkładamy do żołądka, tym szybciej pokarm jest przez niego trawiony.

większej ilości pokarmu, żeby się napełnić. Wydawałoby się, że im więcej zjemy, tym dłużej powinniśmy być nasyceni, ponieważ żołądek będzie się dłużej opróżniać, ale tak nie jest. Aby stracić na wadze, należy stopniowo zmniejszać objętość żołądka, jeść regularnie i nie podjadać.

Zwracajmy uwagę na to, co jemy

Ważny jest skład posiłku. Tłuszcze, białka i węglowodany opuszczają żołądek w różnym czasie. Pokarm bogaty w tłuszcze i białka może opóźnić opróżnianie żołądka. W skrajnych przypadkach, przy bardzo obfitym i tłustym posiłku, nawet o 16 godzin. Nie polecałabym śniadania składającego się z miski kaszy z dodatkiem duszonego jabłka, ponieważ wśród tych składników nie będzie dodatku tłuszczu i białka, które gwarantują nasycenie i utrzymanie stałego poziomu cukru we krwi. Dzięki ich obecności w pokarmie nie odczuwa się potrzeby łapczywego sięgania po jedzenie.

Zawsze przypominam pacjentom, **aby w każdym posiłku był dodatek białkowy i tłuszcz.**

Proponowane obecnie diety odchudzające, w których dąży się do eliminowania tłuszczów i węglowodanów, nie są tworzone zgodnie z wiedzą na temat pracy układu pokarmowego. Bez tych składników w pożywieniu szybciej odczuwamy głód i trudniej powstrzymać się od jedzenia. Nowe, modne diety z większą ilością mięsa gwarantują utrzymanie stałego poziomu cukru we krwi oraz szybkie zmniejszenie masy ciała, ale mogą źle wpływać na stan nerek.

2 PRZEJADANIE SIĘ MOŻE PROWADZIĆ DO NIETOLERANCJI POKARMOWYCH

O tym, czy jesteśmy głodni, czy nie, decydują dwa antagonistyczne ośrodki: ośrodek sytości i ośrodek łaknienia. Pierwszy z nich hamuje przyjmowanie pokarmu dzięki działaniu takich peptydów, jak cholecystokinina (CCK). Inne peptydy, na przykład grelina, pobudzają ośrodek łaknienia. Dodatkowo stymulują go nerwy. Na czynności ośrodków łaknienia i sytości wpływają krótkoterminowe sygnały neurohormonalne pochodzące z przewodu pokarmowego i długoterminowe sygnały neurohormonalne z tkanki tłuszczowej i trzustki. Trawienie musi więc przebiegać sprawnie i bez zakłóceń. Czynnikami, które podczas tego procesu pełnią funkcję nadrzędną, są hormony produkowane między innymi w żołądku i jelitach. Nie tylko odpowiadają za proces trawienia, lecz także chronią poszczególne części układu pokarmowego i oddziałują na układ nerwowy. Należą do nich: gastryna, motylina, grelina, serotonina i histamina.

Gdy układ trawienny źle funkcjonuje, składniki pokarmowe nie są odpowiednio przyswajane. **Nasz organizm odczuwa te niedobory i dąży do ich uzupełnienia. Przez to ciągle domaga się jedzenia.** To może powodować przyrost wagi. Wielu moich pacjentów boryka się z tym problemem. Za każdym razem najpierw szukam przyczyn tych zaburzeń – czasami są to nietolerancje i alergie pokarmowe. Następnie uczę pacjenta, jak zmienić nawyki żywieniowe, aby przywrócić prawidłową pracę układu pokarmowego. Dzięki temu organizm zacznie przyswajać wszystkie składniki odżywcze.

Po zastosowaniu zasad prawidłowego żywienia organizm sam wraca do normy. Ustępują też inne dolegliwości związane z nieprawidłową masą ciała, która teraz w zależności od problemu zmniejsza się lub zwiększa. Zostaje przywrócone prawidłowe trawienie i wchłanianie, bo odbudowują się jelita. **Organizm uruchamia mechanizmy zdrowienia – instynktownie dąży do zdrowia i równowagi!**

3 | STRES MOŻE BYĆ PROSTĄ DROGĄ DO ŁAKOMSTWA

Nie zdajemy sobie sprawy, jak bardzo źle wpływa na zdrowie wszechobecny stres. Szybkie tempo życia, jakie sobie narzuciliśmy, ogromna ilość obowiązków, rywalizacja – wszystko to może być przyczyną zaburzeń odżywiania, takich jak: kompulsywne jedzenie, żarłoczność psychiczna, zespół zaburzenia jedzenia związany ze snem, zespół jedzenia nocnego, jedzenie pod wpływam stresu. To zazwyczaj doprowadza do spożywania nadmiaru kalorii.

Powiązanie ze sobą układu pokarmowego i nerwowego powoduje, że oddziałują na siebie nawzajem. Układ pokarmowy, zwłaszcza żołądek i jelita, odczuwa nasze silne emocje: stres podczas egzaminu, ekscytację przed pierwszą randką, miłosne „motylki w brzuchu" na widok ukochanej osoby. Akurat w tych ważnych momentach, gdy zależy nam na zrobieniu dobrego wrażenia, pojawia się uczucie ściśniętego żołądka, biegunka i nieprzyjemne burczenie w jelitach. Chyba każdy z nas tego doświadczył.

Niektórzy na stres reagują podjadaniem. To również jest uciążliwe, bo powoduje niekontrolowany przyrost wagi. Dzieje się tak dlatego, że w żołądku i jelitach znajduje się tak zwany jelitowy układ nerwowy. Liczba neuronów w przewodzie pokarmowym to około 100 milionów, czyli tyle, ile znajduje się przy rdzeniu kręgowym. Nasz organizm, odczuwając negatywne emocje, ma ochotę zjeść coś, co zawiera tłuszcze i węglowodany. Akurat od tego najbardziej się tyje.

4 | ZDROWO ODŻYWIENI NIE JEDZĄ CHEMII

W utrzymaniu prawidłowej masy ciała nie pomaga konsumpcyjny styl życia. Walka o jak największą sprzedaż i duży zysk powoduje, że promowana jest żywność tania w produkcji i wysoko przetworzona, zawierająca wiele szkodliwych dodatków.

> Przemysł spożywczy bazuje na syntetycznych wspomagaczach smaku. W produktach przeważa cukier. Jedzenie takich „uzdatnianych pyszności" prowadzi do zaburzeń łaknienia.

Dawniej smak słodki był dla człowieka informacją, że pokarm, który wkłada do ust, np. warzywo lub owoc, nie powinien mu zaszkodzić. Obecnie jest inaczej. Wszystko, co bardzo słodkie, nie jest naturalne, tylko przetworzone chemicznie, czyli szkodliwe. W taką pułapkę wpadają przede wszystkim dzieci. Stąd biorą się u nich alergie, nietolerancje pokarmowe, pseudoalergie i choroby autoimmunologiczne. Zadziwia mnie, że organizm ludzki tak dobrze funkcjonuje, chociaż jest podtruwany niezdrowymi produktami.

5 | NAJLEPIEJ CHUDNĄĆ STOPNIOWO

Sprawdzajmy swoją wagę, ale nie popadajmy w przesadę. Nie ma sensu męczyć się stosowaniem przypadkowych „cudownych" diet. A jest ich coraz więcej i stają się coraz bardziej wymyślne. Mamy do wyboru na przykład dietę kapuścianą albo dietę czekoladową. Każda dieta ze znacznie ograniczoną kalorycznością może stanowić zagrożenie dla zdrowia. Jeżeli chorujemy na tarczycę i zaczniemy stosować dietę z bardzo niską kalorycznością, po czasie jeszcze bardziej osłabimy funkcję tego narządu, zmniejszając metabolizm organizmu. W ten sposób utracone kilogramy bardzo szybko do nas wrócą. Doświadczymy tak zwanego efektu jo-jo.

Jeżeli zamierzamy pozbyć się zbędnych kilogramów, dobrze by było robić to pod kontrolą dietetyka. Zacząć należy od zbadania tarczycy. Domyślam się, że niektórzy nie chcą korzystać z porad dietetyka. W takim wypadku przy układaniu jadłospisu zalecam wykorzystywanie produktów o niskim indeksie

Nastolatka (lat 16) znacznie ograniczyła kaloryczność diety. Zaczęła unikać tłuszczów i węglowodanów. Osiągnęła widoczne efekty – wyglądała jak modelka. Niestety, po jakimś czasie zaczęły wypadać jej włosy, zatrzymała się miesiączka, a skóra wyglądała jak pergamin: była cienka i sucha. Gdy analizowałam wyniki badań pacjentki, okazało się, że wartości fT_3 oraz fT_4 były znaczne poniżej normy. Dziewczyna zaczęła chorować na nadczynność tarczycy. Przywracanie prawidłowej funkcji tarczycy trwało rok. Przywrócenie miesiączki i zdrowej skóry również.

glikemicznym. Fakt, że dieta oparta na tego typu produktach powoduje zmniejszenie masy ciała, nie jest nowością. W ten sposób odżywiali się nasi przodkowie.

Jak obliczyć swoją prawidłową wagę?

Należy się zważyć i zmierzyć oraz zastosować odpowiedni wzór. W ten sposób można sprawdzić, czy mamy problem z nadwagą. Francuski chirurg i antropolog Pierre Paul Broca opracował następujący wzór:

Kobiety: idealna waga = (wzrost [cm] – 100) × 0,85
Mężczyźni: idealna waga = (wzrost [cm] – 100) × 0,9
lub:
Kobiety: (wzrost [cm] – 100) – 10%
Mężczyźni: (wzrost [cm] – 100) – 5%

Dlaczego warto ćwiczyć?

Ćwiczenia fizyczne są ważne, ponieważ działają pozytywnie na cały organizm:

- Ilość tkanki tłuszczowej zmniejsza się na korzyść tkanki mięśniowej, dlatego czasami bez znaczenia jest sprawdzanie swojej wagi co tydzień.

- Poprawia się przemiana węglowodanowa, zmniejsza insulinooporność, obniża stężenie cholesterolu we krwi.
- Zwiększa się wydolność serca, obniża ciśnienie tętnicze krwi.
- Dotlenione zostają jelita, które dzięki temu wytwarzają więcej enzymów trawiennych.
- Według naukowców aktywność fizyczna przez okres 18 miesięcy hamuje uwarunkowania genetyczne otyłości, zależne między innymi od genu FTO (predyspozycja do otyłości).

Polecam następujące formy ruchu: marsz, jazdę na rowerze, pływanie, taniec. Dobrze jest pokonywać długie trasy marszowe, koniecznie po miękkim podłożu, na przemian z jazdą na rowerze. W czasie wysiłku fizycznego należy zachować regularny i spokojny oddech.

Wykonujmy też ćwiczenia siłowe, jednak nie częściej niż dwa razy w tygodniu.

Każda aktywność fizyczna powinna zostać poprzedzona pięciominutową rozgrzewką. Pod koniec należy stopniowo zmniejszać intensywność ruchu. Ważne, aby wysiłek fizyczny miło nam się kojarzył, dlatego warto wybrać sobie taki rodzaj ruchu, który sprawia nam największą przyjemność.

Wykorzystujmy każdą okazję, aby się poruszać. Wstańmy pół godziny wcześniej i przeznaczmy ten dodatkowy czas na szybką przechadzkę lub wieczorem przed snem wybierzmy się na krótki spacer.

VI. PRAWIDŁOWE ODŻYWIANIE

Każdy z nas ma inne nawyki żywieniowe, ulubione potrawy i produkty, które uważa za najsmaczniejsze. Spożywamy posiłki bardziej lub mniej wartościowe. Jednak większość z nas tak naprawdę nie wie, co to znaczy „zdrowo się odżywiać". Pojawia się na ten temat mnóstwo różnych, często sprzecznych informacji w telewizji, w kolorowych czasopismach, na stronach internetowych.

Efekt tego jest następujący: wiemy wszystko i nic. Można się zniechęcić i stracić zainteresowanie tematem zdrowej diety. Po głowie krąży nam mnóstwo pytań bez odpowiedzi. Czy kawa jest zdrowa, czy nie? Czy nadmiar czekolady może szkodzić? Stale mam apetyt na czekoladę, więc może cierpię na niedobór magnezu? Czy przy chorej tarczycy można jeść brokuły? Spróbuję chociaż na część z tych pytań odpowiedzieć.

Dobrym wstępem do zmiany nawyków żywieniowych jest przeprowadzenie jednodniowego postu warzywno-owocowego raz w tygodniu. To zmieni nasze preferencje smakowe. Wiele lat temu ja również przechodziłam dietetyczną „rewolucję". Dopiero po 17-dniowej głodówce poczułam, jak niezwykły, intensywny smak mają naturalne produkty. Moje kubki smakowe wznowiły aktywność. Chleb kupiony w sklepie wydał mi się mocno przesolony. Buraki ugotowane w łupinach były tak słodkie, że mnie zemdliło. Nie namawiam do głodówki. Dziś, jako dietetyk z doświadczeniem, przestrzegam, że głodówka nie dla wszystkich będzie odpowiednia i powinna być przeprowadzona pod okiem doświadczonego dietetyka i lekarza. Natomiast jeden dzień postu warzywno-owocowego jest jak najbardziej wskazany. Głównym posiłkiem w tym dniu powinny być warzywa na parze z dodatkiem dobrej jakości tłuszczów. Jednodniowej głodówki nie stosuje się po to, aby się odchudzić. Chodzi o zmianę preferencji smakowych. Wątrobie również dobrze zrobi takie jednodniowe odciążenie. W ten dzień jemy warzywa. Między posiłkami możemy zjeść 2–3 owoce. Do picia mamy sok warzywny, z jednym zastrzeżeniem – to również pokarm. Przed połknięciem mieszamy go w ustach ze śliną, tak jak to się dzieje podczas gryzienia. Jeśli w trakcie postu poczujemy chłód, proponuję na rozgrzewkę wypić herbatę z imbiru lub dodać do warzyw odrobinę świeżo zmielonego pieprzu.

Organizm nie lubi drastycznych zmian, więc dzień po przeprowadzeniu postu nie objadajmy się ciężkimi potrawami. Na śniadanie proponuję kaszę z warzywami, a na obiad duszoną rybę lub suche rośliny strączkowe, np. czerwoną soczewicę z gotowanymi warzywami i surówką. Dopiero na trzeci dzień można jeść to, na co ma się ochotę, oczywiście oprócz fast foodów, które są szkodliwe zawsze i pod każdą postacią. Pamiętajmy, że warzywa wkładane do hamburgera nie czynią go zdrowszym.

1 | OGÓLNE ZASADY ZDROWEGO ŻYWIENIA

Po przeprowadzeniu jednodniowych cyklicznych postów nasz układ pokarmowy, oczyszczony z zalegających w nim niestrawionych resztek śmieciowego jedzenia, jest gotowy na trawienie pokarmów pełnowartościowych, które trudniej się trawi niż te przetworzone. Ważne jest nie tylko, co się je, lecz także w jakich ilościach, jak często i w jakich zestawieniach.

Siedem prostych zasad żywieniowych

ZASADA PIERWSZA | Produkty zbożowe i kasze nie powinny być oczyszczone, czyli pozbawione błonnika oraz zarodka, w którym są cenne składniki odżywcze.

Polecane produkty zbożowe i kasze na śniadanie:

- kasze (gryczana, jęczmienna, jaglana, amarantus, komosa ryżowa, ryż naturalny) z warzywami i dodatkiem białkowym (mięso, jajka, ryby) oraz dużo natki pietruszki lub szczypiorku, do tego odrobina dobrej jakości tłuszczów (oliwa z oliwek, olej z siemienia lnianego i inne);
- pieczywo: graham, razowe z dodatkiem pełnowartościowej mąki orkiszowej, byle nie z dodatkiem karmelu, który jest cukrem dodawanym do białego chleba sprzedawanego jako pełnoziarnisty;
- płatki: owsiane, jaglane i gryczane, nie polecam kukurydzianych.

Osoby na diecie bezglutenowej muszą unikać produktów na bazie mieszanek mąk, które zawierają tylko czystą skrobię. Takie produkty nie będą służyć zdrowiu. Do obiadu świetnie nadają się: kasza pęczak, gryczana, jęczmienna lub ryż pełnoziarnisty. Nie polecam kaszy kukurydzianej, chyba że jest ekologiczna.

Produkty pełnoziarniste mają ogromny wpływ na zdrowie. Są źródłem energii, błonnika, witamin z grupy B (B_1, B_2, B_3, B_5, B_6, B_9 – kwasu foliowego), witaminy E, witaminy H – biotyny, składników mineralnych: żelaza, magnezu i wapnia oraz przeciwutleniaczy. Tych składników odżywczych brakuje w węglowodanach oczyszczonych, takich jak biały ryż czy biała mąka pszenna i wypieki z niej, więc nie polecam ich w codziennej diecie. Białka znajdujące się we wszystkich zbożach, oprócz amarantusa i komosy ryżowej, są niekompletne, nie zaopatrzą organizmu w niezbędną ilość aminokwasów, dlatego w jadłospisie dobrze je uzupełnić orzechami lub roślinami strączkowymi. Jeżeli nie mamy problemów z trawieniem, możemy je również łączyć z mięsem, rybą, jajkiem, zakwaszonymi produktami mlecznymi.

ZASADA DRUGA | Każdy posiłek należy wzbogacać o warzywa. Pomarańczowe, żółte, a zwłaszcza zielone. Ponadto wszystkie warzywa i owoce są źródłem składników mineralnych, głównie potasu oraz przeciwutleniaczy, które usuwają z organizmu nadmiar wolnych rodników przyczyniających się do rozwoju różnych chorób i dolegliwości. Nie należy zapominać o owocach w diecie. Najlepiej spożywać je między posiłkami. Owoce, zwłaszcza jagody, porzeczki, dzika róża i maliny, zawierają sporą dawkę witaminy C.

ZASADA TRZECIA | W codziennej diecie powinny znaleźć się suche rośliny strączkowe różnego rodzaju: fasola, soczewica, groch, ciecierzyca i inne. Zawierają błonnik, witaminy z grupy B, witaminę A oraz wapń, cynk, magnez, potas, fosfor i przeciwutleniacze. Mają działanie przeciwnowotworowe, a dodatkowo wpływają na utrzymanie równowagi hormonalnej. Nasi przodkowie jedli bardzo dużo roślin strączkowych. Między innymi dzięki temu kobiety nie cierpiały na obfite miesiączki, nie przekwitały przedwcześnie, a okres menopauzy przebiegał bezobjawowo.

ZASADA CZWARTA | Zalecam dwie lub trzy porcje produktów nabiałowych dziennie, pod warunkiem że nie cierpimy na nietolerancję laktozy albo alergię na białka mleka.

Najbezpieczniejsze dla zdrowia są produkty sfermentowane i naturalnie przetworzone: kefir, jogurt, maślanka, twaróg. Trzymajmy się z daleka od serów żółtych i pleśniowych, a także od jogurtów i napojów mlecznych z dodatkami smakowymi. Zawierają one sporo tłuszczu oraz histaminy, a organizm człowieka niezbyt dobrze radzi sobie z ich trawieniem. W przypadku nietolerowania białka mleka stosujmy produkty zastępcze opisane w rozdziale o nietolerancji laktozy. Produkty mleczne zawierają pełnowartościowe białko, wapń, fosfor, bakterie kwasu mlekowego (zakwaszane produkty mleczne).

ZASADA PIĄTA |

Dieta powinna też uwzględniać takie produkty, jak:
- chude mięso: kurczak ekologiczny, indyk, wołowina, cielęcina, królik;
- chude ryby: sola, mintaj, dorsz, szczupak, leszcz;
- tłuste ryby: pstrąg, śledź, makrela.

Ryby nie goszczą często na naszych stołach, a to błąd. Oprócz białka zawierają ważne dla zdrowia tłuszcze omega-3. Mają w sobie również sporo żelaza, witamin z grupy B (B_1, B_2, B_3 – niacyny, B_{12}).

Cenne białko występuje też w innych pokarmach, na przykład w jajkach. Należy je jeść 2–3 razy w tygodniu. Jajka zawierają: żelazo, cynk, mangan, witaminy A, D, E, K oraz lecytynę.

ZASADA SZÓSTA | Ważnym elementem diety jest tłuszcz. Koniecznie musimy dodawać do posiłku jego małe porcje, ponieważ to źródło ważnych składników: wielonienasyconych kwasów tłuszczowych (WNKT) typu omega-3 i omega-6, hormonów tkankowych i nie tylko. Tłuszcz daje energię i spełnia inne ważne zadania. Przede wszystkim jest najdłużej trawiony. Po posiłku z dodatkiem tłuszczu nie czujemy się głodni nawet przez kilka godzin. Nieprawdą jest, że zdrowa dieta nie powinna zawierać tłuszczu. To niezbędny składnik każdego posiłku.

Tłuszcz jest koniecznym dodatkiem do warzyw zarówno gotowanych, jak i surowych, ponieważ pozwala lepiej przyswajać witaminy. Dodajemy go do warzyw surowych, duszonych i gotowanych oraz do innych potraw, ale dopiero wtedy, gdy znajdują się już na talerzu – nie traci on wówczas swoich cennych właściwości prozdrowotnych.

Techniki przygotowywania potraw, dzięki którym tłuszcze nie zmieniają swojej struktury:

1. Gotowanie (warzyw) na parze.

- Zagotować wodę w garnku.
- Włożyć warzywa do sita lub specjalnego koszyka do gotowania na parze.
- Zmniejszyć ogień i przykryć garnek.
- Gotować warzywa około 10 minut.
- Wyjąć warzywa z naczynia i dodać do nich dobrej jakości tłuszcz, np. masło garni.
- Wodę z gotowania można dodać do zupy.

2. Duszenie na wodzie i oleju.

- Podgrzać niewielką ilość wody w rondlu.
- Wrzucić do rondla różne produkty: warzywa, mięso, a następnie powoli dusić.
- Pod koniec duszenia dodać dobrej jakości tłuszcz.

W jadłospisie powinny się też znaleźć orzechy, pestki i migdały. Zawierają one doskonałej jakości tłuszcze, najlepsze dla zdrowia człowieka.

ZASADA SIÓDMA | Trzeba pić dużo płynów: wody mineralnej, herbat ziołowych, kompotów. Jednocześnie należy znacznie ograniczyć ilość wypijanej czarnej herbaty i kawy. Znacznym obciążeniem dla nerek są napoje gazowane, kolorowe, słodzone oraz dietetyczne (!). Oprócz tego sztuczne substancje dodawane do tych napojów wpływają zaburzająco na neurologiczne i hormonalne sygnały kontrolujące głód i sytość. Im więcej pijemy, tym bardziej chce nam się pić. Dlatego zamiast niezdrowych napojów proponuję wodę. Popijając ją między posiłkami, tracimy na wadze nawet o 30%.

Kiedy będziemy sporządzać listę zakupów, zastosujmy się do powyższych zasad i zapełnijmy swoją lodówkę zdrowymi produktami. Do tego przyda się jeszcze wykaz produktów, których nie powinniśmy kupować ani jeść.

Unikajmy zatem lub ograniczmy spożywanie:

- żywności z dodatkami typu E. Wydawać by się mogło, że te dodatki są pochodzenia naturalnego, ale czy naprawdę tak jest? Na wszelki wypadek unikajmy gotowych produktów przemysłowych, które je zawierają;
- tłustych mięs: wieprzowiny, kiełbasy, pasztetów, wyrobów garmażeryjnych;
- cukru białego, słodyczy, słodkich napojów, lodów itp.;
- produktów smażonych, wędzonych, grillowanych;
- alkoholu oraz soli.

Jak informują naukowcy, w ciągu roku zjadamy około 8 kg dodatków do żywności. Pamiętajmy, że są to związki chemiczne. Po zjedzeniu niektórych produktów w naszym organizmie pojawia się kilka, a nawet kilkanaście takich związków naraz. Nie wiemy, jak oddziałują na siebie nawzajem. Wątpię, aby były prowadzone badania naukowe pod tym kątem. Na wszelki wypadek unikajmy żywności zawierającej te dodatki. Oczywiście, jeśli takie produkty zjemy od czasu do czasu, myślę, że nie wpłynie to negatywnie na zdrowie. Najważniejsze, aby w jadłospisie nie pojawiały się zbyt często.

Nic poważnego się nie stanie, jeśli od czasu do czasu zjemy coś „zakazanego” czy wypijemy więcej kieliszków wina w miłym towarzystwie. Relaks i kilka dodatkowych kalorii nie przyczynią się do pogorszenia samopoczucia, ale brak kontaktu ze znajomymi już tak. Ważne, aby nie rezygnować ze spotkań w gronie przyjaciół z powodu rygorystycznego przestrzegania zasad zdrowego żywienia. Równie ważne jak zdrowa dieta są dobry nastrój i radość z życia, a tego niestety doświadczamy coraz rzadziej. Cieszyć się życiem będziemy wtedy, gdy będziemy również cieszyć się zdrowiem!

Zakładam, że decyzja o radykalnej zmianie jadłospisu została już podjęta. Świetnie! Teraz trzeba wytrwać w tym postanowieniu. Dobrym na to sposobem jest regularna samokontrola. Proponuję wypełnianie dzienniczka żywienia. Codziennie przez dwa tygodnie powinniśmy wpisywać do niego wszystko, co jemy i pijemy w danym dniu. Następnie przez sześć tygodni starajmy się wprowadzać nowe zalecenia żywieniowe. Pamiętajmy, aby dzienniczek wypełniać przez cały ten czas! Wtedy jest większa szansa na wyłapanie popełnianych błędów żywieniowych.

Przez osiem tygodni, w trakcie przeprowadzania zmian w jadłospisie, należy obserwować swój organizm. Wyniki tych obserwacji również należy notować w dzienniczku.

Nawet już po tygodniu stosowania zdrowej diety możemy odczuć większy przypływ energii, zmniejszenie bólów głowy. Czasami nie zdajemy sobie sprawy, jaki wpływ ma dieta na nasz organizm, póki nie będziemy mieli wyraźnych dowodów.

Naukowcy twierdzą, że zmiana nawyków żywieniowych trwa około sześciu tygodni, ale potrzebna jest motywacja. To zadanie najlepiej spełni wypełniany regularnie dzienniczek żywienia oraz obserwowanie pozytywnych skutków, jakie przynosi zmiana diety.

Nasz dzienniczek powinien być wypełniony według poniższego wzoru:

TABELA 10. DZIENNICZEK ŻYWIENIA

Znak X postawiony w poszczególnych rubrykach jest wskazaniem właściwym.

	ZALECENIE – PRAWIDŁOWE ŻYWIENIE	TAK	NIE
Opis samopoczucia	Regularność posiłków		
	Liczba posiłków w ciągu dnia: 3–5	X	
	Częstość posiłków: co 3–4 godziny	X	
	Podjadanie		X
	Kolacja: 2–3 godziny przed snem	X	
Składniki posiłków			
	Czy w posiłkach występowały tylko produkty zbożowe i kasze pełnowartościowe?	X	
	Czy co najmniej w trzech posiłkach występowały warzywa gotowane?	X	
	Czy co najmniej w trzech posiłkach była surówka lub sok ze świeżych warzyw i owoców?	X	
	Czy codziennie w jadłospisie występowały 2–3 owoce?	X	
	Czy w diecie występowały jajka (2–3 tygodniowo)?	X	
	Czy w diecie występowały rośliny strączkowe co najmniej 3 razy w tygodniu?	X	
	Czy w diecie występowały: 2 razy w tygodniu tłuste ryby: pstrąg, śledź, makrela; 1 raz w tygodniu chude ryby: sola, mintaj, dorsz, szczupak, leszcz?	X X	
	Czy w moim jadłospisie występowały codziennie dobre tłuszcze: do wyboru orzechy, nasiona, awokado, oleje z pierwszego tłoczenia?	X	
	Czy w diecie występowało tylko 1 raz w tygodniu mięso (najlepiej ekologiczne)?	X	
	Czy wypiłem/łam co najmniej 1 litr wody dziennie?	X	
	Czy wypiłem/łam tylko 1 kawę i herbatę dziennie?	X	

	ZALECENIE – PRAWIDŁOWE ŻYWIENIE	TAK	NIE
Błędy żywieniowe			
	Czy w diecie występowały produkty przetworzone? Jakie:		X
	Czy w diecie występowały tłuste mięsa: wieprzowina, kiełbasy, pasztety, wyroby garmażeryjne?		X
	Czy w diecie występowały słodycze, lody, słodzone napoje itp.?		X
	Czy w diecie występowały produkty smażone?		X
	Czy w diecie występowały produkty wędzone lub grillowane?		X
	Czy codziennie piłem/łam alkohol?		X
	Czy spożywane pokarmy były dosalane?		X
	Czy w diecie występowały produkty, które mnie uczulają? Gluten Mleko Cukier		X
	Czy uprawiałem/łam jakikolwiek rodzaj ruchu?	X	
	Czy poświęcałem/łam co najmniej 15 minut na relaks?	X	

(Zobacz na końcu książki: **Tabela V.** DZIENNICZEK ŻYWIENIA).

Od czego zacząć zmianę nawyków żywieniowych?

ZASADA NR 1 | Planuj jadłospis na cały tydzień.

Na początek proponuję poświęcić czas, aby wymyślić jakieś ciekawe menu na cały tydzień, kierując się poznanymi zasadami. Dobrze by było uwzględnić pomysły wszystkich członków rodziny, oczywiście te zgodne z nową dietą. Niektóre potrawy będą wymagały wcześniejszych przygotowań, np. namoczenia suchych warzyw strączkowych, warto więc zaplanować pracę w kuchni z wyprzedzeniem.

Co na śniadanie?

Oto kilka propozycji potraw, które nadają się zarówno na pierwsze, jak i na drugie śniadanie oraz na kolację.

a) Treściwa zupa warzywna

Zawiera mnóstwo wartościowych składników. Można użyć do jej przyrządzenia wszystkich warzyw, ziemniaków bądź kaszy czy ryżu, wraz z dodatkiem mięsa lub roślin strączkowych. Pod koniec gotowania dodajemy oliwę z oliwek lub masło garni.

Zupy warzywne przyrządzane na śniadanie lub kolację powinny być bardzo gęste, ale nie za sprawą mąki czy śmietany, tylko dużej ilości warzyw. Można do zagęszczania użyć 2–3 ziemniaków. Dodatkiem, który wzbogaca smak zup, jest duża ilość koperku, szczypiorku, natki pietruszki.

b) Kasza jaglana, kasza gryczana, ryż naturalny, płatki owsiane, gryczane, jaglane z warzywami oraz dodatkiem suchych roślin strączkowych, mięsa lub ryby (do wyboru).

Warzywa (do wyboru):

- cebula;
- seler naciowy;
- por pokrojony w krążki;
- marchewka, pietruszka pokrojone w kostkę;
- papryka żółta, czerwona, zielona;
- pieczarki pokrojone w paseczki;
- kurkuma, sól, pieprz;
- oliwa z oliwek, masło garni;
- natka pietruszki, koperek, szczypiorek.

Sposób przygotowania:
Kasze lub ryż należy gotować przez chwilę razem z mięsem lub z roślinami strączkowymi. Następnie włożyć wybrane warzywa. Pod koniec gotowania dodać do dania masło garni lub oliwę oraz natkę pietruszki, szczypiorek albo koperek.

Nie polecam jedzenia na śniadanie kaszy na słodko, ponieważ po takim posiłku szybko jest się znów głodnym. Odradzam też różnego rodzaju gotowe, przemysłowo przetworzone płatki, ponieważ pęcznieją w żołądku, a przez to tłumią odczucie głodu. Nie mają żadnych wartości odżywczych.

c) Jajecznica lub omlet z dwóch jajek na maśle garni z warzywami: pomidorem, kabaczkiem, cebulą.

Przygotowanie dania należy zacząć od podduszenia warzyw, aby odparowała z nich woda, potem dodajemy jajka. Na końcu posypujemy całość szczypiorkiem. Podajemy z pieczywem pełnoziarnistym glutenowym lub bezglutenowym.

d) Ryba duszona lub pieczona z warzywami i oliwą z oliwek.

Potrzebne składniki:

- dorsz lub inna ryba,
- marchewka,
- kalarepa,
- natka pietruszki, koperek.

Sposób przygotowania:
Rybę dusimy około 7 minut. Osobno dusimy warzywa pokrojone w kostkę. Można przygotować je dzień wcześniej i zagęścić mąką kukurydzianą. Nie zapominamy o dodaniu koperku i natki pietruszki. Podajemy z kaszą albo z pieczywem pełnoziarnistym glutenowym lub bezglutenowym.

e) Sałatka z roślinami strączkowymi, rybą, jajkiem lub mięsem (do wyboru) oraz sałatą i pomidorem.

Osobno ugotować jajka lub inny białkowy dodatek, na który w tym dniu mamy ochotę, na przykład rośliny strączkowe, albo przygotować ryby lub mięso na patelni grillowej.

Sałatę zieloną dokładnie wypłukać, usunąć nerwy, porwać na małe kawałki. Wymieszać z dodatkiem białkowym i warzywami.

Do sałatki można dodać gotowany na parze kalafior, brokuł, marchew, kalarepę, cukinię, pieczarki, paprykę oraz podgotowaną lub podduszoną cebulę. Sałatkę wzbogacamy sosem winegret. Obok sałatki połóżmy pieczywo pełnoziarniste glutenowe lub bezglutenowe.

Może się wydawać, że przygotowanie takich śniadań jest zbyt pracochłonne. Często poranki przed wyjściem do pracy to wyścig z czasem. Najprostszym rozwiązaniem jest zalanie mlekiem gotowych płatków śniadaniowych lub zjedzenie w pośpiechu kanapki z czymkolwiek, byleby było w plasterkach, bo wtedy nie trzeba tracić cennych minut na krojenie. Tymczasem przyrządzenie wartościowego śniadania wcale nie trwa długo, wystarczy dobra organizacja pracy.

Więcej przepisów na zdrowe śniadania zamieszczono w części X.

Jak już wspomniałam, do przeprowadzania wszelkich zmian konieczna jest motywacja. Przygotowałam coś, co powinno przekonać każdego porannego leniucha, że warto wstać parę minut wcześniej, aby przyrządzić pełnowartościowe śniadanie. Oto zestawienia, w których porównałam dwa rodzaje śniadań: niezdrowe – gotowe płatki, biały chleb z masłem i szynką oraz zdrowe – kaszę jaglaną z warzywami i nasionami, chleb pełnoziarnisty posmarowany pastą z soczewicy.

Informacje z tabeli 11 nie tylko uświadamiają, czym zaśmiecamy swój organizm. Są również odpowiedzią na pytanie: Dlaczego mamy ciągłe problemy ze zdrowiem? Medycyna jest bezradna wobec sztucznej, modyfikowanej żywności. Nasz organizm musi to wszystko trawić, trudno uwierzyć, że jest aż tak silny. Chemia zamiast żywności, niedobory składników odżywczych, stres, zaburzenia flory bakteryjnej – wszystko to wytrzymujemy. Jak długo?

TABELA 11. PORÓWNANIE DWÓCH RODZAJÓW ŚNIADAŃ – ICH SKŁADU I WPŁYWU NA NASZE ZDROWIE

TRADYCYJNE ŚNIADANIE	NOWE ŚNIADANIE
• **Przemysłowe płatki śniadaniowe** Skład: mąka pszenna pełnoziarnista, ryżowa, cukier, olej palmowy, skrobia kukurydziana, glukoza, syrop glukozowy, maltodekstryna, sól, cynamon, aromat, lecytyna sojowa, mono- i trójglicerydy, fosforan trójsodowy (regulator kwasowości), karmel amoniakalny i annato (barwniki), mieszanina tokoferoli, witaminy syntetyczne: C, B_1, B_2, B_3, B_5, B_6, B_9, sole mineralne: wapń, żelazo. W płatkach występują witaminy syntetyczne, których wchłanialność w przewodzie pokarmowym wynosi około 30%. Do płatków dodajemy podgrzane mleko. Niestety, w mleku przetworzonym jest mniej witamin niż w świeżym. Największe straty dotyczą witaminy B_1, B_{12}, C oraz folianów. **Wpływ na zdrowie**: Wiele z tych składników bardzo obciąża organizm człowieka. Takie śniadanie może przyczynić się do insulinooporności.	• **Kasza jaglana, soczewica czerwona, warzywa z dodatkiem kurkumy, pestki słonecznika i dyni** Kasza jaglana zawiera witaminy z grupy B. Warzywa to również źródło witamin i minerałów, a także wielu substancji działających prozdrowotnie. Soczewica to źródło witamin z grupy B i składników mineralnych oraz innych związków działających prozdrowotnie, np. fitoestrogenów. Warzywa z kurkumą mają działanie przeciwnowotworowe oraz przeciwwirusowe. Są doskonałym pożywieniem dla dobrych bakterii kwasu mlekowego. Nasiona zawierają cynk, mangan, żelazo i wiele innych minerałów. Witaminy i minerały pochodzenia naturalnego wchłaniają się niemal w 80%. **Wpływ na zdrowie**: Udowodnione działanie prozdrowotne. Takie śniadanie chroni przed insulinoopornością.
• **Biały chleb z masłem i szynką** Białe pieczywo ma niewielką wartość odżywczą. Szynka i masło mogą zawierać szkodliwe dodatki: E451, E452 – zaburzenia wchłaniania wapnia. Glutaminian sodu – reakcje alergiczne, kłopoty z koncentracją.	• **Chleb pełnoziarnisty z pastą z soczewicy** Pieczywo pełnoziarniste to źródło cennych witamin, minerałów oraz błonnika pokarmowego. Soczewica zawiera witaminy z grupy B oraz duże ilości makro- i mikroelementów: potasu, wapnia, magnezu, żelaza, fosforu.

TRADYCYJNE ŚNIADANIE	NOWE ŚNIADANIE
E627 – odpadki rybne, duże stężenie metali ciężkich. E270 – regulator kwasowości. Produkty z takim dodatkiem nie powinny być podawane małym dzieciom, ponieważ dzieci nie mają jeszcze rozwiniętych odpowiednich enzymów, które w wątrobie rozkładają te formy mleczanów. E250 – potencjalnie rakotwórczy, w połączeniu z innymi związkami chemicznymi w warunkach panujących w żołądku może tworzyć rakotwórcze nitrozoaminy. W wielu krajach dodawanie go do żywności jest zabronione. **Wpływ na zdrowie:** Wiele tych składników bardzo obciąża organizm człowieka.	**Wpływ na zdrowie:** Udowodnione działanie prozdrowotne.

Propozycje obiadów

a) Risotto z pełnowartościowego ryżu z czerwoną fasolą lub mięsem i warzywami: porem, cebulą, marchewką.

Mięso grillujemy na specjalnie do tego przeznaczonej patelni. Na koniec dodajemy drobno posiekany koperek lub natkę pietruszki. Osobno gotujemy fasolę i ryż. Po ugotowaniu wszystkie składniki mieszamy i doprawiamy. Do tego dania podajemy surówkę z białej kapusty lub czerwone buraczki.

b) Makaron pełnowartościowy glutenowy lub bezglutenowy, z brokułem i łososiem oraz zielona sałata z sosem winegret.

c) Leczo z dodatkiem mięsa lub roślin strączkowych.

Cukinię, cebulę, paprykę, pomidory i pieczarki dusimy tak długo, aż odparuje woda. Dodajemy ugotowany ryż naturalny, kaszę jaglaną lub ziemniaki z koperkiem.

d) Ryba pieczona bez tłuszczu, duszona lub grillowana. Do tego

Więcej przepisów znajduje się w części X.

ziemniaki i surówka z białej kapusty lub z kapusty kiszonej.

Między posiłkami można pozwolić sobie na podjadanie, ale tylko zdrowych przekąsek. Z poniższych propozycji wybieramy jedną porcję dziennie:

- owoce, około 300 g;
- soki warzywne świeże, 200 ml (jedna szklanka);
- suszone owoce: morele, śliwki, 2–4 sztuki;
- pestki dyni i słonecznika, około 10 g, lub 8–9 migdałów;
- mały kawałek ciasta z mąki pełnoziarnistej glutenowej lub bezglutenowej;
- mała lampka wina, nie częściej niż raz w tygodniu.

Mamy potrzebę podjadania między posiłkami z powodu nieustabilizowanego poziomu cukru. Przyczyny wahania poziomu cukru są różne: źle zbilansowana dieta, przerost w jelicie *Candida albicans* lub zaburzenia flory bakteryjnej. Jeżeli zdecydujemy się na zmianę jadłospisu, wyrówna się poziom cukru we krwi, narządy, zwłaszcza trzustka, zaczną prawidłowo funkcjonować, a flora bakteryjna się odbuduje – i to przyniesie ogólne korzyści. Głód będzie rzadziej i mniej odczuwalny, mniej energii zużyjemy na trawienie, zostanie jej więcej na codzienne czynności. Będzie nam też wystarczał krótszy sen. Zmniejszy się apetyt na kawę, mocną herbatę i alkohol. Same korzyści, więc czy nie warto przerobić swojego jadłospisu? Skreślić wszystko, co niezdrowe, a zamiast tego dopisać tylko wartościowe produkty. **Wszyscy członkowie rodziny muszą się zdrowo odżywiać!**

ZASADA NR 2 | Przestrzegaj stałych pór posiłków.

Oto moja propozycja:

- pierwsze śniadanie między godz. 7.00 a 9.00,
- drugie śniadanie około godz. 10.30,
- obiad około godz. 14.00,
- kolacja między godz. 17.00 a 18.00.

ZASADA NR 3 | Angażuj domowników do prac kuchennych.
W kuchni powinni pracować wszyscy. Aktywnie uczestniczyć w tworzeniu pysznych, zdrowych potraw. Zapoznać się z przepisami. Wiem dobrze, że dzieci mają swoje sposoby na wymiganie się od obowiązków: „Ale ja nie wiem, jak to się robi, mamo". Nie ulegajmy tym argumentom. Gotowanie dla całej rodziny to pełnoetatowe zajęcie. Przyda się każda para rąk.

ZASADA NR 4 | Gotuj na zapas, mroź półprodukty.
Prawdą jest, że mogę podsuwać różne mądre rady i pomysły, ale najważniejsze jest własne doświadczenie. Każdy powinien sam wypracować sobie metody pracy w kuchni, które będą najwygodniejsze dla niego i wszystkich członków rodziny. Bywają różne dni, czasem jesteśmy tak zapracowani, że na nic nie mamy czasu, nawet na gotowanie, więc jeśli tylko nadarzy się okazja, gotujmy na zapas. Możemy zamrozić na tydzień warzywa pokrojone w kostkę. Co prawda najlepsze są świeże, ale lepiej mrożone niż żadne.

ZASADA NR 5 | Jeśli w lodówce zawsze będzie stać gęsta zupa warzywna, to nigdy nie zaskoczy nas głód.

Bardzo wielu moim pacjentom spodobało się gotowanie według nowo poznanych zasad. Cieszyło ich odkrywanie smaków.

Wymyślali ciekawe przepisy. Wspaniale jest obserwować, jaką frajdę może sprawiać ludziom gotowanie potraw z naturalnych produktów, a jeszcze wspanialej – widzieć tego efekty zdrowotne. Mam jednak pewną przestrogę. Początkującym kucharzom „przekwalifikowanym" na prawidłowe odżywianie odradzam zaglądanie na fora internetowe i blogi z przepisami, które mogą się okazać jedynie „zdrowopodobne". Ponadto jeśli dania będą zbyt pracochłonne i trudne do przyrządzenia, może to zniechęcić gotującego. Na początek idźmy po linii najmniejszego oporu: włóżmy do garnka fasolę, ugotujmy ją, dodajmy oleju i trochę soli do smaku. Dorzućmy odrobinę ekologicznego boczku. Nie musimy od razu trzymać się sztywno wszystkich reguł. W tajniki zdrowej kuchni możemy wprowadzać się stopniowo.

Kiedy zaczynałam stosować zasady zdrowego żywienia, popełniłam podstawowy błąd: byłam zbyt ambitna. Przygotowywałam domownikom tylko zdrowe potrawy. Jako dietetyka bardziej interesowały mnie walory prozdrowotne niż smakowe. Za wszelką cenę starałam się zastąpić niezdrowe posiłki podobnymi, ale zdrowymi. Piekłam pasztety, robiłam kotlety i pulpety. Czasami byłam zmęczona i zniechęcona. Do tego miałam poczucie winy, że jestem stale w kuchni, zamiast poświęcić czas moim dziewczynkom.

ZASADA NR 6 | Nie należy gotować ani jeść w pośpiechu.

Pamiętajmy, że przygotowywanie posiłku należy celebrować. Ważne jest nie tylko, co jemy, lecz także jak jemy. W naszym organizmie i w życiu wszystko się łączy, każdy czyn rodzi konsekwencje. Ogromne znaczenie ma stres, którego należy unikać, problemy w pracy, problemy rodzinne, które generują negatywne emocje. Usiądźmy w domu, w gronie rodzinnym, przy stole zasłanym obrusem, zadbajmy o miłą atmosferę, zapalmy świecę, włączmy relaksującą muzykę. A w trakcie posiłków rozmawiajmy z domownikami o miłych rzeczach, nie kłóćmy się, bądźmy dla siebie życzliwi. Zapewniam, że taki sposób spożywania posiłków poprawi samopoczucie całej rodzinie.

Gotowanie to ważna czynność, długotrwała i przemyślana, więc trzeba za nią podziękować. To dowód uznania i szacunku dla kucharza. Dziękujmy za posiłek mamie, tacie, babci, a także przekażmy podziękowania kucharzowi w restauracji. Podziękujmy również sami sobie. Doceńmy swój trud, chęci i wkład pracy. Ta celebracja jest ważna. To sposób na ugruntowanie nowych zasad dietetycznych i nawyków traktowania posiłku jako najważniejszego momentu dnia.

2 | BIAŁKO

Jeśli chcemy, aby nasz organizm prawidłowo funkcjonował, musimy zapewnić mu równowagę – mam tu na myśli zbilansowaną dietę. W produktach, które spożywamy, znajdują się podstawowe składniki potrzebne do życia w zdrowiu: białka, tłuszcze i węglowodany oraz minerały i witaminy. Ważne jest, by dostarczać ich odpowiednio zrównoważoną ilość.

Zacznijmy od białka. Białko równa się życie. Jest składnikiem wszystkich żywych organizmów. Wchodzi w skład enzymów trawiennych, hormonów, przeciwciał. Gdzie można je znaleźć? W produktach pochodzenia zwierzęcego i roślinnego:

- Białko zwierzęce znajduje się w mięsie, jajkach, rybach oraz mleku. Zawiera komplet potrzebnych aminokwasów. Obecnie te produkty, zwłaszcza mięso, spożywamy zbyt często, co jest bardzo dużym obciążeniem dla naszych nerek.
- Źródła białka roślinnego to: suche rośliny strączkowe, orzechy, nasiona, glony, kasze, zboża. Nie zawierają one wprawdzie kompletu aminokwasów, czyli nie są pełnowartościowe, ale gdy się je połączy, tworzą razem pełnowartościowe białko.

Mięso to dobre źródło białka, lecz nie jedzmy go zbyt wiele!

Mięso powinno znaleźć się w naszej diecie, zwłaszcza to chude, czyli indyk lub kurczak ekologiczny. Powinniśmy też od czasu do czasu przyrządzić kaczkę, gęś, jagnięcinę i cielęcinę. Organizmowi musimy dostarczać wszelkich składników, ale w rozsądnych ilościach. Nadmiar mięsa w naszym jadłospisie może doprowadzić do podniesienia poziomu mocznika, kwasu moczowego, homocysteiny. W ten sposób narażamy się na schorzenia nerek lub inne choroby. Zbyt duża ilość białka zwierzęcego powoduje zakwaszenie organizmu.

Można odpowiednio przygotować produkty mięsne, na przykład zamarynować, aby łatwiej było je strawić.

Przepis na kwaśną marynatę znajduje się w części X.

Trawienie białek i tłuszczów z mięsa poprawiają warzywa zielone, szczególnie liściaste, oraz warzywa zawierające siarkę: kapusta, brokuły, cebula, czosnek. Dlatego warto do obiadu z mięsem podać pyszną sałatkę warzywną w kolorze zielonym.

Zdrowie ukryte w strączkach

Bardzo ważnym źródłem cennego białka są rośliny strączkowe. Białko w nich zawarte pomaga utrzymać prawidłowy poziom cukru w organizmie.

Rośliny strączkowe są niedoceniane. Rzadko zapraszamy je do kuchni, a szkoda. To musi się zmienić! Od dziś umieszczamy strączki na pierwszej karcie jadłospisu. Są skarbnicą zdrowia, zawierają potas, wapń, żelazo, magnez, cynk, witaminy z grupy B, A, E oraz błonnik bardzo przydatny w trawieniu. Powodują szybszy rozpad komórek tłuszczowych, więc są niezbędne do utrzymania prawidłowej wagi. Suche rośliny strączkowe, takie jak fasola, soczewica, groch, może nie wyglądają ładnie na talerzu, ale codziennie powinny na niego trafić ze względu na zawartość fitoestrogenów (odpowiadających za utrzymanie prawidłowego poziomu hormonów płciowych) czy fitosteryn (zmniejszających wchłanianie szkodliwych tłuszczów w jelicie cienkim). Odpowiednio przyrządzone są bardzo smaczne. Należy łączyć je z tłuszczem, na przykład ze smalcem gęsim czy masłem. Tak robili nasi przodkowie.

Rośliny strączkowe są sycące, ale trudno się je trawi. Na szczęście można temu zaradzić. Jak?

- Pomaga dokładne żucie. Jeśli mamy problemy ze wzdęciami czy z gazami, rośliny strączkowe należy dłużej gotować, by były bardziej miękkie. Po ugotowaniu zmiksujmy je dokładnie i dodawajmy do różnych potraw, na przykład do zupy.
- Spożywajmy dziennie nie więcej niż 1 szklankę ugotowanych nasion.
- Najlepiej trawione gatunki roślin strączkowych to: soczewica i groszek oraz fasola adzuki i mung.
- Ciecierzycę jedzmy tylko od czasu do czasu. Unikajmy soi.
- Najlepiej kupujmy świeże strączki w sklepach ze zdrową żywnością, bo w supermarketach zalegają na półkach miesiącami.
- Spożywajmy je z zielonymi warzywami oraz kaszami.

Przygotowanie roślin strączkowych:

- Wypłukać dokładnie nasiona pod bieżącą wodą.
- Zalać ziarna wrzątkiem, odstawić na 2 godziny, odlać wodę.
- Zalać je ponownie, tym razem zimną wodą z dodatkiem tymianku, kminku i moczyć około 12 godzin, zieloną soczewicę 6 godzin, czerwona soczewica nie wymaga moczenia.
- Wody z drugiego moczenia nie wylewać.

Gotowanie roślin strączkowych:

- Na dnie garnka ułożyć liście kombu lub wakame w proporcji: 1 część wodorostów na 6 części roślin strączkowych.
- Dodać przyprawy do smaku. Mogą to być: liść laurowy, ziele angielskie, czosnek, koper, kminek, mięta, oregano.
- Podczas gotowania powstaje piana. Należy ją usunąć.
- Przez 12 minut gotować strączki na mocnym ogniu bez przykrycia, a następnie 20 minut na małym ogniu pod uchyloną pokrywką.
- Pod koniec gotowania przyprawić solą morską: pół łyżeczki soli na 1 szklankę suchych roślin strączkowych.
- Nie należy gotować roślin strączkowych w szybkowarze, ponieważ muszą ulotnić się z nich substancje, które powodują problemy z trawieniem.

TABELA 12. SPOSÓB GOTOWANIA WYBRANYCH ROŚLIN STRĄCZKOWYCH

NASIONA (1 SZKL.)	NAMACZANIE	ILOŚĆ WODY DO GOTOWANIA	CZAS GOTOWANIA	ILOŚĆ PO UGOTOWANIU
Ciecierzyca	12 godz.	4 szkl.	1–1,5 godz.	3 szkl.
Fasola adzuki	12 godz.	2 szkl.	1–1,5 godz.	2 szkl.
Fasola biała	12 godz.	3 szkl.	1 godz.	3 szkl.
Fasola czarna	12 godz.	3 szkl.	1–1,5 godz.	3 szkl.
Fasola czerwona	12 godz.	3 szkl.	1–1,5 godz.	2 szkl.
Fasola mung	12 godz.	3 szkl.	1–1,5 godz.	2 szkl.
Fasola z czarnym	12 godz.	3 szkl.	1 godz.	3 szkl.
oczkiem	–	3 szkl.	30–45 min	2,5 szkl.
Groch łamany	–	3 szkl.	45 min	2 szkl.
Soczewica brązowa	–	3 szkl.	30 min	2,5 szkl.
Soczewica czerwona	6 godz.	3 szkl.	30 min	2 szkl.
Soczewica zielona	24 godz.	4 szkl.	3–4 godz.	2 szkl.
Soja				

Opracowanie własne na podstawie m.in.: Paul Pitchford, *Odżywianie dla zdrowia*, Galaktyka, Łódź 2008.

W kuchni roślin strączkowych można używać do różnych potraw.

TABELA 13. DZIAŁANIE NIEKTÓRYCH ROŚLIN STRĄCZKOWYCH I SPOSOBY ICH WYKORZYSTANIA W KUCHNI

DZIAŁANIE PROZDROWOTNE STRĄCZKÓW	RODZAJE POTRAW, W JAKICH MOGĄ SIĘ ZNALEŹĆ
Ciecierzyca: wzmacnia trzustkę, żołądek, serce.	zupy, sałatki, pasty, kotlety
Groch suchy, groszek zielony: poprawia pracę żołądka, harmonizuje trawienie.	zupy, sałatki, pasty, dodatek do obiadu
Fasola adzuki: odtruwa organizm, wzmacnia nerki i nadnercza.	zupy, sałatki, pasty, dodatek do obiadu, kotlety, wypieki
Fasola z czarnym oczkiem: poprawia pracę nerek, pozytywnie wpływa na rozrodczość.	zupy, sałatki, pasty, dodatek do obiadu
Fasola biała: poprawia stan skóry, odkwasza organizm, wzmacnia wątrobę.	zupy, sałatki, pasty, dodatek do obiadu
Fasola czerwona: działa przeciwdepresyjnie, przeciwnowotworowo, poprawia pamięć i logiczne myślenie, reguluje pracę nerek, zapobiega obrzękom twarzy i ciała.	zupy, sałatki, pasty, kotlety, dodatek do obiadu
Fasola mung: poprawia pracę wątroby, pęcherzyka żółciowego, wspomaga leczenie wysokiego ciśnienia krwi.	zupy, sałatki, pasty, dodatek do obiadu, gulasze, kotlety
Fasolka szparagowa: poprawia pracę nerek i trzustki, wspomaga układ krążenia, wzmacnia odporność. Uwaga, może powodować zaparcia!	zupy, sałatki, dodatek do obiadu
Soczewica: stymuluje pracę nadnerczy.	zupy, sałatki, pasty, dodatek do obiadu

Opracowanie własne na podstawie m.in.: Paul Pitchford, *Odżywianie dla zdrowia*, Galaktyka, Łódź 2008.

Rośliny morskie są cennym składnikiem diety

Dobroczynnymi roślinami, które należy na stałe wprowadzić do diety, są wodorosty – rośliny morskie. Zawierają 10–20 razy więcej minerałów niż rośliny lądowe. Mają cudowny wpływ na zdrowie:

- odtruwają organizm;
- likwidują obrzęki twarzy i ciała;
- usuwają skutki uboczne napromieniowania;
- są źródłem jodu, wapnia, żelaza;
- zawierają dużo cennego białka;
- pomagają zregenerować organizm obciążony długotrwałym stresem.

Organizm nieprzyzwyczajony do takiego składnika diety musi nauczyć się przyswajać glony, co zajmuje około tygodnia. Optymalna dawka glonów to 1 g na dobę. Przed przyrządzeniem należy namoczyć je w wodzie, będą lżej strawne.

> **Przygotowanie wodorostów nie jest trudne. Mogą być oryginalnym dodatkiem do wielu potraw.**

Ekologiczne hijiki i arame: Moczyć w ciepłej wodzie przez 15 minut, drobno posiekać. Dodać wraz z wodą z moczenia do gotowania zup, ryżu, kasz, suchych roślin strączkowych.

Ekologiczny kelp: Moczyć w ciepłej wodzie przez 30 minut, następnie pokroić. Dodać wraz z wodą z moczenia do gotowania kasz, ryżu, suchych roślin strączkowych oraz wszelkich dań warzywnych.

Ekologiczne kombu: Nie trzeba ich namaczać przed gotowaniem. Te glony nadają się jako dodatek do gotowania zup, kasz, ryżu, suchych roślin strączkowych oraz wszelkich dań warzywnych.

Ekologiczne nori: Moczyć przez 30 minut w ciepłej wodzie, następnie pokroić. Dodać wraz z wodą z moczenia do gotowania zup, ryżu, kasz, suchych roślin strączkowych.

Ekologiczne wakame: Moczyć przez 30 minut w ciepłej wodzie, następnie pokroić wzdłuż i odciąć twarde nerwy. Dodać wraz z wodą z moczenia do gotowania zup, ryżu, kasz. Można używać wakame jako dodatku do pasztetów strączkowo-warzywnych.

Glony zawierają polifenole (wykazujące działanie przeciwnowotworowe), kwas foliowy, wielonienasycone kwasy tłuszczowe, prawie wszystkie mikroelementy, węglowodany, aminokwasy i wiele witamin. Są wyjątkowo bogate w jod, a także w żelazo, wapń i fluor.

Mają dobroczynny wpływ na organizm: przede wszystkim odtruwają go i usuwają z niego metale ciężkie. Obecnie jest to potrzebne, ponieważ stale towarzyszą nam promieniujące urządzenia, takie jak telefony, tablety, laptopy. Dodatkowo jesteśmy narażeni na dużą ekspozycję spalin, co może się przyczynić do kumulacji w naszych organizmach metali ciężkich. Ponadto glony oczyszczają układ limfatyczny, zmniejszają stężenie złego cholesterolu, wspomagają odporność, działają przeciwzapalnie i przeciwnowotworowo oraz moczopędnie, więc wykorzystuje się je w leczeniu schorzeń dróg moczowych oraz obrzęków. Są też skutecznym środkiem w walce z nadwagą, bo regulują gospodarkę wodną i przemianę materii za pośrednictwem tarczycy, którą nasycają jodem. Jedzmy tylko glony ekologiczne. Inne mogą nam szkodzić.

Istnieje jedno przeciwwskazanie do spożywania glonów – autoimmunologiczna choroba Hashimoto, która niszczy tarczycę. W tym przypadku stosowanie glonów musi być kontrolowane przez dietetyka.

TABELA 14. CHARAKTERYSTYKA GLONÓW

HIJIKI	Czarne algi o ostrym smaku, bogate w wapń i żelazo. **Działanie:** Normalizują poziom cukru. Mogą zlikwidować guzki na tarczycy. Poprawiają pracę jelit i jakość krwi, rozpuszczają śluz, wspomagają funkcje hormonów.
ARAME	Czarne wodorosty o delikatnym, prawie słodkim smaku, najbogatsze źródło jodu. Zawierają żelazo i bardzo dużo wapnia. **Działanie:** Pomocne w łagodzeniu wysokiego ciśnienia, stosowane w leczeniu dolegliwości kobiecych i chorób jamy ustnej. Regularne spożywanie arame i hijiki wpływa na utrzymanie włosów w bardzo dobrym stanie, chroni również przed siwieniem.
KOMBU I KELP	Mają ciemnozieloną barwę i intensywny smak, zawierają bardzo dużo żelaza. **Działanie:** Wspomagają leczenie chorób płuc, układu krążenia i nadciśnienia, stymulują odporność organizmu. Wpływają pozytywnie na pracę nerek, leczą prostatę, anemię. Mogą likwidować guzki na tarczycy. Pomagają zmniejszyć masę ciała.
NORI	„Sałata morska" – glony najbardziej lekkostrawne, o barwie czerwonej lub zielonej. Zawierają najwięcej białka spośród wszystkich wodorostów oraz witaminę A, B_1, B_2. **Działanie:** Obniżają poziom cholesterolu i wysokie ciśnienie, wpływają na poprawę stanu skóry i włosów, rozpuszczają śluz w organizmie. Spośród wszystkich wodorostów najkorzystniej wpływają na trawienie, zwłaszcza potraw smażonych.
WAKAME	Algi o oliwkowej barwie, zawierają dużo wapnia i żelaza. Mają słony smak, można dzięki nim ograniczyć ilość używanej soli. **Działanie:** Rozpuszczają śluz w organizmie. Ich spożywanie jest zalecane przy osteoporozie. Wzmacniają, upiększają skórę i włosy.

Opracowanie własne na podstawie m.in.: Paul Pitchford, *Odżywianie dla zdrowia*, Galaktyka, Łódź 2008.

Glony nie są produktem często stosowanym w kuchni. Do ich smaku trzeba się przyzwyczaić i go docenić. Można je zjadać pod różnymi postaciami, na przykład zrobić mieszankę wakame z sezamem, która będzie oryginalnym wzbogaceniem smaku wielu potraw. Pozwoli też ograniczyć ilość używanej soli.

Przepis na wakame z sezamem podano w części X.

Pij mleko?

Mleko krowie to najpopularniejsze wśród konsumentów źródło pełnowartościowego białka. Dotyczą go znane wszystkim od pokoleń hasła: „Pij mleko!" lub „Mleko to samo zdrowie". Z tego powodu wszystkim się wydaje, że mogą, a nawet powinni pić mleko od krowy bez ograniczeń, czy to z kartonu, czy to z butelki, czy to z woreczka, w każdej postaci: płynu, kolorowego jogurtu, serka homogenizowanego itd. To nie tak!

Pamiętajmy, że często zdarzają się przypadki nietolerancji laktozy, a także alergie na białko mleka. Jeśli ich nie mamy, możemy spożywać produkty mleczne. Polecam **jogurt naturalny** bez dodatków smakowych, ponieważ zawiera żywe kultury bakterii *Lactobacillus delbrueckii ssp. bulgaricus* oraz *Streptococcus thermophilus* przeciwdziałające zaparciom. Najlepiej kupować jogurt ekologiczny lub przygotowywać go w domu w jogurtownicy.

Wartościowym źródłem białka jest twaróg – niedojrzewający ser pozyskiwany z maślanki. Jeżeli nie możemy przygotować go w domu, namawiam do zakupienia twarogu ekologicznego. W białym serze znajdują się bakterie kwasu mlekowego, które częściowo rozkładają białko i cukier mleczny, co ułatwia jego przyswajanie. W twarogu znajduje się dobrej jakości tłuszcz: 61% to tłuszcze nasycone, 21% – jednonienasycone, około 5% – wielonienasycone, głównie omega-3. Jest w nim sporo witamin z grupy B (B_1, B_2, B_6, B_{12}), witaminy A, D, E, K oraz foliany.

Twaróg ma działanie przeciwbakteryjne oraz immunomodulujące. Ważne jest jednak, by nie przekraczać ilości zalecanej do spożycia, czyli 50 g dziennie.

Ryby mają głos!

Ważnym źródłem białka i wartościowych składników odżywczych są ryby. Polecam śledzie, makrele, sardynki, łososia, tuńczyka, ponieważ zawierają witaminę D, kwasy omega-3, DHA, selen oraz jod. Ryby poprawiają gospodarkę wapniową, metabolizm kości oraz krzepliwość krwi, wzmacniają odporność i łagodzą objawy depresji. Należy je jeść 2–3 razy w tygodniu.

> Podobnie jak mięso, ryby również można marynować.

> Przepis na prostą marynatę do ryb podano w części X.

Co ukryte jest w jajku?

Źródłem pełnowartościowego białka są jajka, oczywiście te ekologiczne. Występuje w nich pewien bardzo ważny składnik – lecytyna, dzięki której cholesterol nie zalega w naczyniach krwionośnych. Lecytyna poprawia też funkcjonowanie mózgu. Niestety, smażenie jajek rozkłada ten cenny związek. Jajka zawierają prawie 75% wody, około 13% białka i dobrej jakości tłuszcz, w tym prawie 4% tłuszczów nienasyconych. Zawierają również spory zestaw witamin: A, D, E, K oraz B_2 i B_{12}.

Zamiast niezdrowych przekąsek – orzechy i nasiona

W diecie powinny znaleźć się nasiona i orzechy, ponieważ ich właściwości prozdrowotne są ogromne. Zawierają takie składniki, jak: białko, witamina E, minerały, węglowodany oraz dobrej jakości tłuszcze. Prażone orzechy i nasiona to smaczna przekąska.

TABELA 15. DZIAŁANIE NIEKTÓRYCH NASION I ORZECHÓW ORAZ ICH ZASTOSOWANIE

NASIONA I ORZECHY	ZASTOSOWANIE
Pestki dyni likwidują pasożyty, łagodzą skurcze mięśniowe, łagodzą objawy napięcia przedmiesiączkowego. Są stosowane w profilaktyce schorzeń prostaty.	mleko z pestek dyni, przekąska, olej z pestek dyni, dodatek do musli, zup, sałatek, wypieków
Kokos przyspiesza przemianę materii, ale niewskazany jest dla osób, które stosują dietę bogatą w tłuszcze nasycone.	mleko kokosowe, śmietana kokosowa, wypieki, olej kokosowy, desery
Migdały pomagają przy nudnościach, stresie. Korzystnie wpływają na układ sercowo-naczyniowy.	mleko migdałowe, przekąska, dodatek do musli, sałatek, wypieków
Orzechy włoskie i laskowe wzmacniają elastyczność naczyń krwionośnych, poprawiają pracę nadnerczy oraz mózgu, chronią serce i układ krążenia, odżywiają mózg i nerwy.	mleko orzechowe, wypieki, napoje, olej z orzechów, przekąska, dodatek do sałatek, zup, gulaszu
Sezam czarny zawiera bardzo dużo wapnia, lecytynę. Jego spożywanie jest wskazane przy niedoborach pokarmowych. Reguluje cykle menstruacyjne. Należy unikać pasty sezamowej tahini, bo to produkt przetworzony, pozbawiony błonnika.	przekąska, olej sezamowy, dodatek do sałatek, zup, gulaszu, wypieków
Siemię lniane jest najbogatszym źródłem NNKT, zawiera błonnik śluzowy i pęczniejący, który ma działanie ochronne dla jelit i żołądka.	wypieki, dodatek do sałatek, olej z siemienia lnianego
Pestki słonecznika likwidują zaparcia, korzystnie wpływają na cerę. Uwaga: bardzo szybko jełczeją!	mleko z pestek słonecznika, przekąska, olej słonecznikowy, dodatek do sałatek, zup, gulaszu, wypieków

Opracowanie własne na podstawie m.in.: Paul Pitchford, *Odżywianie dla zdrowia*, Galaktyka, Łódź 2008.

Uwaga na nasiona i orzechy zjełczałe, ponieważ uszkadzają śluzówkę żołądka i jelit, blokują wytwarzanie enzymów trzustkowych, są pozbawione witaminy E i wielonienasyconych kwasów tłuszczowych. Z tego powodu należy kupować orzechy niełuskane. Przed zjedzeniem zarówno nasiona, jak i orzechy należy krótko uprażyć.

Do przyprawiania sałatek, surówek czy kanapek zamiast czystej soli proponuję używać gomasio, które jest mieszanką sezamu i soli.

Przepis na przygotowanie gomasio znajduje się w części X.

3 | WĘGLOWODANY I BŁONNIK

Węglowodany to przede wszystkim najlepsze źródło energii. Powszechnie są kojarzone z przybieraniem na wadze oraz dietami odchudzającymi, z których zazwyczaj się je wyklucza. To stereotypy. Zbilansowana dieta powinna zawierać węglowodany. Wszystko zależy od tego, pod jaką postacią występują. Węglowodany złożone, które znajdują się w produktach przygotowanych z nieoczyszczonych mąk, oraz kasze i ryż naturalny powinny na stałe znaleźć się w naszym jadłospisie. Żywność ta zawiera błonnik pokarmowy, czyli włókno roślinne. Błonnik jest niezbędny do utrzymania prawidłowego stanu zdrowia. Oczyszcza jelita ze wszystkiego, co niepotrzebnie w nich zalega. Daje uczucie sytości. Jest pożywką dla bakterii kwasu mlekowego.

Niestety, obecnie często jemy ziarna oczyszczone, tzn. pozbawione łuski i zarodka, w których znajdują się najcenniejsze dla zdrowia składniki odżywcze. Pisałam o tym przy okazji omawiania nietolerancji glutenu.

Nasz organizm nigdy nie przystosuje się do tolerowania węglowodanów prostych, bez witamin z grupy B oraz błonnika. Węglowodany pozbawione tego wsparcia znajdują się często w produktach przemysłowych.

Węglowodany proste (z oczyszczonego ziarna) występujące w żywności są odpowiedzialne za zmianę struktury białek. Zdarza się, że twardnienie kolagenu tym spowodowane widoczne jest na skórze w postaci brązowych plam.

Karą za jedzenie zbyt wielu cukierków, batoników, ciasteczek, pączków, tortów, czekoladek i produktów z mąki oczyszczonej jest powstawanie związków szkodliwych dla organizmu. Z pewnością warto zrezygnować z węglowodanów prostych na rzecz tych złożonych. Jeśli będziemy używać coraz mniej cukru, to wkrótce batonik, który kiedyś był naszą ulubioną przekąską, będzie tak niesmaczny, że ledwie przełkniemy jeden kęs. Przede wszystkim okaże się... obrzydliwie słodki.

Na pewno po tych informacjach nikt nie ma wątpliwości, że cukier prosty szkodzi. Niestety, jest ukryty w wielu produktach.

TABELA 16. PRZYKŁADY PRODUKTÓW SPOŻYWCZYCH ZAWIERAJĄCYCH WĘGLOWODANY PROSTE W POSTACI CUKRU

RODZAJ PRODUKTU	ILOŚĆ PRODUKTU	EKWIWALENT CUKRU STOŁOWEGO
Substancje słodzące		
Miód	1 łyżeczka	1½ łyżeczki
Cukier	1 łyżeczka	1 łyżeczka
Napoje		
Oranżada	330 ml (mała puszka)	12 łyżeczek
Cola	330 ml (mała puszka)	10 łyżeczek
Tonik	330 ml (mała puszka)	8½ łyżeczki
Słodycze		
Milky Way	1 batonik (60 g)	9 łyżeczek
Twarde cukierki	4 sztuki	3½ łyżeczki
Guma balonowa	1 listek	2 łyżeczki

RODZAJ PRODUKTU	ILOŚĆ PRODUKTU	EKWIWALENT CUKRU STOŁOWEGO
Przetwory mleczne		
Jogurt beztłuszczowy:		
owocowy	1 szklanka	11 łyżeczek
naturalny	1 szklanka	4 łyżeczki
Wyroby piekarnicze		
Ciasteczka owsiane	2 sztuki	½ łyżeczki
Krakersy grahamowe	2 sztuki	1 łyżeczka
Twinkies	1 batonik	8½ łyżeczki
Ciasta drożdżowe	1 kawałek	4 łyżeczki
Owoce z puszki		
Gruszki w gęstym syropie	½ szklanki	5 łyżeczek
Gruszki w lekkim syropie	½ szklanki	3½ łyżeczki
Gruszki w wodzie	½ szklanki	1½ łyżeczki

Źródło: Sa'eed Bawa, *Nadmierna konsumpcja żywności, szczególnie wysoce przetworzonej, a powstawanie chorób cywilizacyjnych*, Uniwersyteckie Centrum Badań nad Środowiskiem Przyrodniczym, wykład z 31.05.2007.

Zboża i kasze w wyścigu po zdrowie

Wspaniałym, zdrowym źródłem węglowodanów i białka są zboża oraz kasze bogate w składniki odżywcze. Zawierają mnóstwo witamin, między innymi z grupy B, oraz minerały: żelazo, potas, wapń, mangan, cynk.

Kasze i zboża muszą zostać odpowiednio przygotowane. Jakie czynności należy wykonać?

- Płukać kasze i zboże na sicie pod bieżącą wodą tak długo, aż woda będzie czysta.
- Kasze i zboże można moczyć przez 8–12 godzin w wodzie z dodatkiem paru kropel cytryny. To sprawi, że produkt będzie łatwiej trawiony, poza tym częściowo zostanie zneutralizowany kwas fitynowy, który w zbyt dużej ilości nie jest wskazany w diecie małych dzieci.
- Dodać sól: ¼ łyżeczki na 1 szklankę kaszy lub zboża.

TABELA 17. WŁAŚCIWOŚCI PROZDROWOTNE ZBÓŻ I INNYCH ROŚLIN ORAZ SPOSOBY ICH WYKORZYSTANIA W KUCHNI

ROŚLINA	ZASTOSOWANIE
Jęczmień: sok z młodego jęczmienia ma właściwości antyoksydacyjne, ale jest niewskazany dla osób, które mają problem z trawieniem glutenu.	kasza jęczmienna: dodatek do drugiego dania, kotlety, zupy
Gryka: zawiera rutynę wzmacniającą naczynia krwionośne, ma działanie przeciwzapalne, spowalnia utlenianie się witaminy C. W diecie powinna się znaleźć gryka ekologiczna, która przed zbiorem nie jest narażona na stosowanie środków ochrony roślin. Nie zawiera glutenu.	kasza gryczana: dodatek do drugiego dania, kotlety; mąka: wypieki, mleko gryczane
Kukurydza: świeże kolby oprócz składników odżywczych znajdujących się w ziarnie mają cechy warzywa zawierającego enzymy. Kaszy kukurydzianej oraz mąki z ziarna należy używać sporadycznie, ponieważ pod wpływem długiego magazynowania tłuszcze w nich zawarte utleniają się, co nie jest korzystne dla zdrowia. Nie zawiera glutenu.	kolby: przekąska; mąka kukurydziana: zupy, wypieki
Owies: wspomaga pracę układu nerwowego, wiąże cholesterol z przewodu pokarmowego. Niewskazany w diecie bezglutenowej.	wypieki, mleko owsiane, kotlety
Proso: zawiera krzemionkę, która ma wpływ na lepsze wchłanianie składników odżywczych z pokarmów, oraz lecytynę, dzięki której lepiej funkcjonuje nasz mózg, odkwasza organizm. Nie zawiera glutenu.	kasza jaglana: dodatek do drugiego dania, kotlety, zupy, mleko z kaszy jaglanej, desery

Komosa ryżowa (quinoa) oraz **amarantus**: zawierają więcej wapnia i białka niż mleko krowie oraz magnez i krzem. Należą do pokarmów o bardzo dużej wartości odżywczej. Nie zawierają glutenu.	dodatek do drugiego dania, kotlety, zupy, wypieki, mleko roślinne
Ryż: działa korzystnie na układ nerwowy, pomaga zwalczyć depresję. Istnieje coraz więcej doniesień o tym, że może zawierać arsen pochodzący z nawozów stosowanych w trakcie jego uprawy, dlatego należy kupować ryż ekologiczny. Nie zawiera glutenu.	dodatek do drugiego dania, kotlety, zupy, wypieki, mleko ryżowe
Żyto: wzmacnia wątrobę, poprawia pracę pęcherzyka żółciowego, oczyszcza i odbudowuje naczynia krwionośne. Wzmacnia zęby, ponieważ zawiera naturalny fluor. Zawiera gluten.	wypieki
Pszenica: wycisza układ nerwowy, stymuluje pracę nerek. Zawiera gluten.	dodatek do drugiego dania, kotlety, wypieki
Orkisz: prymitywna odmiana pszenicy, która zawiera o wiele więcej składników odżywczych niż pszenica. Zawiera gluten.	wypieki

Opracowanie własne na podstawie m.in.: Paul Pitchford, *Odżywianie dla zdrowia*, Galaktyka, Łódź 2008.

Kasze i zboża zawierają kwas fitynowy. Różne są opinie na temat tego związku. Był okres, kiedy uważano go za szkodliwy. Natomiast inne doniesienia naukowe mówią, że mimo wszystko kwas fitynowy ma właściwości prozdrowotne, np. chroni przed nowotworem jelita grubego.

Kasze i zboża mają różnorodne zastosowanie w kuchni. Przeważnie używane są do wypieków. Rzadziej gotujemy je jako dodatek do drugiego dania, bo wymaga to więcej trudu niż na przykład podanie ryżu. Czasami używamy produktów do gotowania w woreczku. Takiego rozwiązania nie polecam. W trakcie gotowania mogą uwalniać się z torebek plastikowych szkodliwe związki chemiczne.

Tak przyrządzona kasza jest raczej parowana niż gotowana. Ma doskonały smak. Nie trzeba jej co chwilę mieszać, aby się nie przypaliła.

Są sposoby na to, aby kaszę ugotować szybko:

- Trzeba zagotować w garnku odpowiednią ilość wody w stosunku do ilości produktu.
- Wsypać do niej kaszę i całość zagotować.
- Gdy woda zacznie bulgotać, przelać zawartość garnka do naczynia żaroodpornego i przykryć pokrywką.
- Naczynie włożyć do piekarnika nagrzanego do 180 stopni i zapiekać kaszę około 30 minut.

TABELA 18. WSKAZÓWKI DOTYCZĄCE GOTOWANIA NIEKTÓRYCH RODZAJÓW ZIAREN

RODZAJ ZIARNA	OBJĘTOŚĆ PŁYNU NA 1 SZKLANKĘ ZIARNA	CZAS GOTOWANIA TRADYCYJNYM SPOSOBEM
Ryż naturalny	2½–3 szkl.	60 min, pierwszych 10 min na dużym ogniu
Dziki ryż	3 szkl.	60 min, pierwszych 10 min na dużym ogniu
Kasza kukurydziana	3 szkl.	35 min
Komosa ryżowa (biała, czerwona, czarna)	1 i 1/3 szkl.	15 min
Kasza jaglana	2½ szkl.	30 min
Kasza gryczana	2½ szkl.	30 min

Opracowanie własne na podstawie: Paul Pitchford, *Odżywianie dla zdrowia*, Galaktyka, Łódź 2008.

4 TŁUSZCZE – NIEMODNE, ALE NIEZBĘDNE!

Często wręcz unikamy tłuszczu, ponieważ kojarzy nam się z nadwagą. Nic dziwnego, skoro w rozmaitych dietach odchudzających tłuszcz jest niepożądany, a wręcz zabrania się go jeść. Modne są teraz tzw. produkty light, czyli pozbawione tłuszczów. Tymczasem dobrej jakości tłuszcze są niezbędne do zachowania zdrowia.

Tłuszcze pełnią w organizmie człowieka bardzo ważną funkcję: są źródłem energii, utrzymują odpowiednią temperaturę ciała, chronią narządy wewnętrzne przed uszkodzeniem, wpływają na produkcję hormonów. Mężczyźni bez dobrej jakości tłuszczów tracą potencję. Tłuszcz nadaje potrawom smak. Dzięki niemu czujemy się najedzeni. Tłuszcz pozwala lepiej przyswajać witaminy, zwłaszcza A, D, E, K.

Tłuszcze dzielimy na dwie grupy: cholesterol oraz kwasy tłuszczowe.

Kwasy tłuszczowe to:

- tłuszcze jednonienasycone,
- tłuszcze wielonienasycone: omega-3 i omega-6.

W naturalnym pożywieniu występuje mieszanina tych kwasów. Przemysł spożywczy ich nie polubił. Gotowe produkty przemysłowe zawierają kwasy tłuszczowe w formie trans, które są bardzo szkodliwe dla naszego zdrowia. Pozyskuje się je dzięki uwodornieniu olejów roślinnych. Do tego procesu w przemyśle wykorzystuje się katalizatory, takie jak: nikiel, żelazo, pallad, chrom, miedź. Mogą one w śladowych ilościach pozostawać w produkcie końcowym.

Kwasy tłuszczowe w formie trans

Kwasy tłuszczowe w formie trans są szkodliwe dla mózgu i układu nerwowego. Molekuły kwasu tłuszczowego w formie trans obniżają zdolność neuronów do komunikacji, co może znacznie pogorszyć wydajność umysłową i przyczynić się do powstawania takich chorób, jak stwardnienie rozsiane, choroba Parkinsona czy choroba Alzheimera. Oprócz tego, jak wykazały badania, są odpowiedzialne za występowanie chorób układu sercowo-naczyniowego, chorób nowotworowych, cukrzycy typu 2 i schorzeń o podłożu zapalnym.

Na co dzień należy unikać produktów, które są źródłem szkodliwych kwasów tłuszczowych w formie trans. Należą do nich:

- margaryny twarde (zawierają 25–30% kwasów tłuszczowych w formie trans);
- margaryny miękkie (mają o wiele mniej kwasów w formie trans, około 1%, ale i tak należy ich unikać);
- frytki;
- fast food;
- popcorn;
- zupy i sosy instant, ciasta, ciasteczka, biszkopty kupowane w sklepie, pizza;
- produkty czekoladowe;
- lody.

Można zauważyć, że wymienione produkty stanowią spis ulubionych potraw naszych dzieci. Trudno więc się dziwić, że często nasze pociechy mają problemy z nauką, koncentracją, są nadpobudliwe lub miewają depresję. Pamiętajmy również, że mózg dzieci rozwija się bardzo intensywnie i potrzebuje tłuszczów najlepszej jakości. Dlatego w ich diecie niewskazane są tłuszcze w formie trans oraz oleje rafinowane.

Oleje roślinne rafinowane – niebezpieczne dla zdrowia człowieka

W procesie produkcji olejów rafinowanych używa się toksycznych związków, które mogą znajdować się w produkcie finalnym.

Przetworzenie chemiczne pozbawia tłuszcze wartości odżywczych, a zwłaszcza cennych witamin: A, D, E i K.

Jestem przekonana, że każdy konsument, który pozna proces rafinacji olejów, zniechęci się do stosowania ich w kuchni. Zdecydowanie odradzam kupowanie olejów rafinowanych w plastikowych pojemnikach o dużej pojemności. Mają tylko jeden atut – niską cenę, ale to niestety zdrowia nie przysporzy.

Rafinacja przebiega w dwóch etapach:

- Etap I: tłoczenie nasion na zimno lub ekstrakcja rozpuszczalnikami, na przykład benzyną, albo łączenie tłoczenia z ekstrakcją w celu zwiększenia i przyspieszenia produkcji.
- Etap II: rafinacja chemiczna, czyli wypłukiwanie rozpuszczalników oraz, przy okazji, wszystkich wartościowych składników odżywczych. Na koniec dodawanie syntetycznych witamin.

Pamiętajmy, że nasi przodkowie w ogóle nie mieli do czynienia z tego rodzaju produktami.

Oleje roślinne nierafinowane

Najpopularniejszy olej roślinny to oliwa z oliwek. Oliwy jest obecnie na rynku bardzo dużo. Na półkach sklepowych stoi mnóstwo kolorowych butelek z oliwą różnych rodzajów oraz słoiki z oliwkami. Jak wybierać?

Dobrej jakości oliwa pochodzi z upraw prowadzonych przez rodziny plantatorów, a nie z plantacji przemysłowych. Natomiast **proces produkcji powinien odbywać się wyłącznie metodami tradycyjnymi.** Najlepiej, aby **tłoczenie, koniecznie na zimno, rozpoczynało się najwyżej po 8 godzinach od zebrania oliwek.** Dobrze by było, aby oliwki, z których tłoczona jest oliwa, pochodziły z jednej odmiany. Jej nazwa powinna znajdować się na opakowaniu, na przykład: oliwa Birdy produkowana jest z odmiany Arbequina. Najsmaczniejsze są oliwki pochodzące z wczesnego zbioru.

Warto kupić chociaż jedną butelkę oliwy z upraw ekologicznych pozyskaną metodą tradycyjną, mimo że jest droższa od zwykłej, aby poczuć jej smak i zapach, zobaczyć, jaki ma kolor. Proponuję wydać trochę więcej na oliwę wartościową i używać jej w sposób przemyślany, wtedy na dłużej nam wystarczy. Najlepiej dodawać ją tylko do sosów sałatkowych. Wówczas jedna duża butelka powinna wystarczyć mniej więcej na trzy miesiące.

Dobra oliwa na etykiecie ma następujące informacje:

- opis metody tłoczenia: tłoczona na zimno (*cold pressed*),
- kraj pochodzenia,
- skład oraz nazwę odmiany oliwek,
- kto i gdzie ją rozlewał,
- adres i nazwę dystrybutora lub importera oraz producenta.

Bardzo ważny jest sposób przechowywania olejów roślinnych. Ma to wpływ na nasze zdrowie. Dodatek zjełczałego oleju pogarsza strawność pokarmów. Jest w nim mniej witamin A, D, E, K i niezbędnych nienasyconych kwasów tłuszczowych (NNKT). Utlenione (zjełczałe) tłuszcze NNKT mogą być rakotwórcze.

Oleje roślinne najlepiej przechowywać w ciemnym pomieszczeniu, w ciemnej butelce lub w lodówce, byleby pamiętać, że w niskiej temperaturze tężeją. Trudno wylać je z butelki. Ja zaraz po zakupie przelewam olej do płaskiego glinianego naczynia, a po wyjęciu z lodówki wybieram go łyżką. Nie należy kupować oleju, który stał na nasłonecznionych półkach sklepowych.

Zdrowe tłuszcze proszone na talerz!

Słowo „cholesterol" kojarzy się negatywnie. Tymczasem **cholesterol to potrzebny rodzaj tłuszczu pochodzenia zwierzęcego**. Wytwarza go też organizm człowieka. Od lat straszy się nas szkodliwością cholesterolu. Wymyślono nawet margaryny, które obniżają stężenie szkodliwego cholesterolu w surowicy krwi. Przynajmniej tak twierdzą w spotach reklamowych zdrowo wyglądający ludzie w średnim wieku. W realnym życiu sprawy mają się inaczej! Chcąc obniżyć stężenie cholesterolu w surowicy krwi, należy zmienić cały system żywienia.

Blaszki miażdżycowe uszkadzające naczynia krwionośne i odpowiedzialne za choroby niedokrwienne serca powstają z winy cholesterolu, ale tylko utlenionego. Oczywiście, zaszkodzi nam też spożywanie zbyt dużej ilości cholesterolu zawartego w wędlinach, żółtym serze, wieprzowinie itd.

Na pewno masło jest lepszym tłuszczem od margaryny i większości olejów rafinowanych. Zwłaszcza ekologiczne, które przyspiesza gojenie się żołądkowo-jelitowych stanów zapalnych. Do obróbki cieplnej najlepiej nadaje się masło garni, przygotowane ze świeżego niepasteryzowanego mleka, w sposób, w jaki robili to nasi przodkowie. Jest pysznym dodatkiem do wielu potraw. Można je gotować i dusić. Masło garni ma wysoki punkt dymienia, co znaczy, że można również na nim smażyć.

Są też inne źródła zdrowego cholesterolu, na przykład smalec gęsi oraz tłuszcz, który znajduje się w mięsie ekologicznym. Smalec gęsi najlepiej pozyskać z upieczonej w domu ekologicznej gęsi.

Co jeszcze warto wiedzieć na temat cholesterolu? Oto kilka ważnych faktów. Cholesterol stanowi substrat do produkcji: kortykosteroidów, witaminy D_3 i jej metabolitów oraz kwasów żółciowych. Produkty zawierające ten składnik wpływają na produkcję hormonów płciowych, jego brak ogranicza wytwarzanie estrogenów i progesteronu. Często się zdarza, że panie, które chcą szybko schudnąć, usuwają z diety tłuszcze. Po czasie zanika menstruacja oraz pojawiają się zaburzenia hormonalne.

Nie unikajmy cholesterolu. Zwracajmy jednak uwagę, z jakiego źródła pochodzi, aby służył zdrowiu, a nie szkodził.

Dodawajmy do potraw odpowiedni tłuszcz w odpowiedniej ilości. Dieta niskotłuszczowa powoduje wzrost gniewu i wrogości. Stąd wzięło się powiedzenie „człowiek głodny – człowiek zły". Organizm negatywnie odczuwa radykalną zmianę sposobu żywienia i zmniejszenie ilości tłuszczów. Tak dzieje się w przypadku eliminacji z diety na przykład nabiału, który zawiera dość sporo tłuszczów. Wtedy koniecznie trzeba zadbać o dostarczenie organizmowi dobrej jakości tłuszczów z innych źródeł. Często bywa tak, że pacjenci, którzy ograniczyli ilość tłuszczu w diecie, dostarczanego wcześniej z produktów mlecznych, zwłaszcza z sera żółtego oraz wędlin, odczuwają nienasycony głód. W takich przypadkach zalecam zwiększenie w codziennym żywieniu ilości tłuszczów ze zdrowych produktów, na przykład ekologicznego masła garni, ekologicznego smalcu gęsiego, mleka migdałowego, nasion, orzechów, roślin zielonych, tłustych ryb. Nagłe wyeliminowanie tłuszczów prowadzi do niekontrolowanego objadania się, więc wszelkie zmiany przeprowadzajmy stopniowo i z rozwagą.

Wielonienasycone kwasy tłuszczowe

Wielonienasycone kwasy tłuszczowe to również składnik niezbędny dla zdrowia. Niestety, szybko rozkładają się w organizmie. W przeciwieństwie do tłuszczów nasyconych nie można nagromadzić ich zapasów, dlatego należy szczególnie dbać o dostarczenie tych kwasów w odpowiedniej ilości, prawidłowo się odżywiając.

Wielonienasycone kwasy tłuszczowe dzielimy na omega-6 i omega-3.

TŁUSZCZE OMEGA-6 |

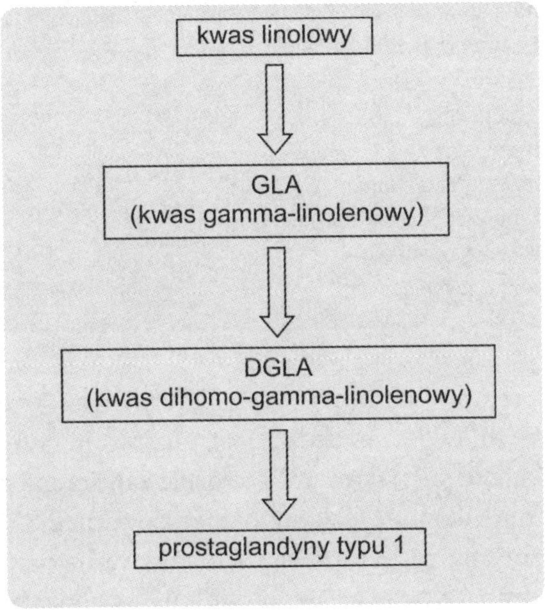

RYCINA 11. PROCES PRZEKSZTAŁCANIA KWASÓW OMEGA-6

Źródło: Patrick Holford, *Smak zdrowia. Zasady prawidłowego odżywiania*, Świat Książki, Warszawa 1999.

W organizmie tłuszcze z rodziny omega-6 przekształcane są w GLA, potem w DGLA, a następnie w prostaglandyny typu 1.

Prostaglandyny typu 1 to czynne biologicznie substancje podobne do hormonów. W organizmie pełnią wiele funkcji:

- wpływają na prawidłowy skład krwi,
- zapobiegają zakrzepom,
- obniżają ciśnienie krwi,
- łagodzą stany zapalne w organizmie,
- zmniejszają wrażliwość na ból,
- regulują wydzielanie insuliny.

Do objawów niedoboru tłuszczów z rodziny omega-6 należą:

- wysokie ciśnienie krwi,
- zespół napięcia przedmiesiączkowego,
- sucha skóra,
- suche spojówki,
- zapalenie stawów,
- problemy z utratą wagi,
- zaburzenia gospodarki cukrowej,
- stwardnienie rozsiane,
- zaburzenia psychiczne.

Aby proces powstawania prostaglandyn typu 1 mógł przebiegać prawidłowo, niezbędny jest enzym delta-6-desaturaza. Produkcja tego enzymu może zostać zaburzona z powodu nadużywania alkoholu, palenia papierosów, niedoborów: cynku, witaminy B6 i C, spożywania olejów rafinowanych oraz tłuszczów trans. Starzejąc się, produkujemy coraz mniej tego enzymu. Dlatego namawiam do codziennej suplementacji GLA (kwasem gamma-linolenowym), zwłaszcza po 40 roku życia. Najlepszym źródłem GLA jest olej z wiesiołka dwuletniego lub olej z ogórecznika. Idealna ilość kwasu GLA wynosi 150 mg dziennie – to jedna kapsułka jednego z tych olejów. Nie należy go podawać niemowlętom do 12 miesiąca życia oraz pacjentom z padaczką przyjmującym leki przeciwpadaczkowe.

Pacjenci, którym zaleciłam olej z wiesiołka i ogórecznika, od razu reagowali zmniejszeniem stanów zapalnych, szczególnie tych występujących na skórze. Badania naukowe dowodzą, że suplementacja tymi olejami jest pomocna w leczeniu: alergii, przewlekłych infekcji, zaburzeń wzrostu, suchej, łuskowatej skóry, przy problemach z gojeniem się ran oraz stłuszczeniu wątroby.

Naturalne pokarmy, które zawierają omega-6, to: orzechy włoskie, nasiona konopi, pestki dyni i słonecznika oraz sezam, a także oleje z nich tłoczone.

W POSZUKIWANIU SKARBU – TŁUSZCZÓW OMEGA-3 | Obecnie dostarczamy organizmowi zbyt mało kwasów tłuszczowych z rodziny omega-3 w stosunku do omega-6. Nadużywamy na przykład olejów roślinnych, które zawierają omega-6. Natomiast zupełnie pomijamy źródła kwasów tłuszczowych omega-3: jemy za mało ryb. Ryby drapieżne, takie jak: makrela, śledź, tuńczyk, łosoś, zawierają kwas EPA (kwas eikozapentaenowy) i DHA (kwas dokozaheksaenowy). Dostarczając je bezpośrednio, pomijamy etapy przekształceń kwasu linolenowego w EPA oraz DHA i przyspieszamy produkcję prostaglandyn typu 3.

Prostaglandyny typu 3 pełnią następujące funkcje:

- pozytywnie wpływają na pracę mózgu,
- usprawniają pracę narządu wzroku,
- poprawiają koordynację ruchową,
- kontrolują poziom cholesterolu we krwi,
- działają przeciwzapalnie,
- wzmacniają odporność.

Warto często jeść ryby!

Do objawów niedoboru tłuszczów z rodziny omega-3 należą:

- sucha skóra,
- stany zapalne,
- zatrzymanie wody,
- mrowienia nóg i rąk,
- podwyższone stężenie trójglicerydów we krwi,
- podatność na infekcje,
- problemy z utratą wagi,
- pogorszenie pamięci,
- upośledzenie wzroku.

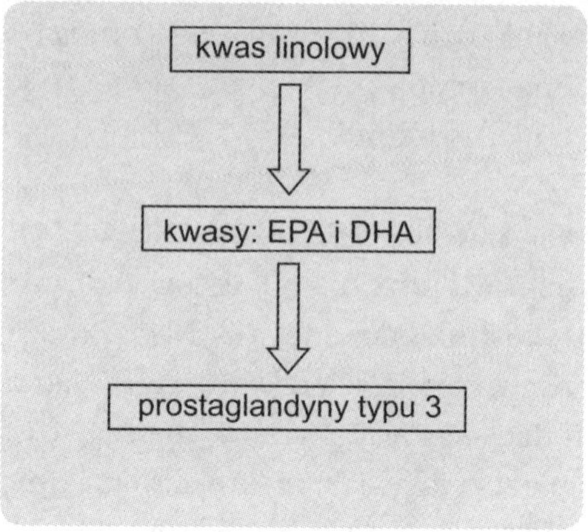

RYCINA 12. PROCES PRZEKSZTAŁCANIA KWASÓW OMEGA-3
Źródło: Patrick Holford, *Smak zdrowia. Zasady prawidłowego odżywiania*, Świat Książki, Warszawa 1999.

TABELA 19. ZAWARTOŚĆ KWASÓW TŁUSZCZOWYCH OMEGA-3 W WYBRANYCH PRODUKTACH

PRODUKT	W g/100 g PRODUKTU
Makrela	2,5
Śledź	1,7
Tuńczyk	1,5
Łosoś	1,4
Sardynki	1,0
Siemię lniane	7,5
Olej lniany	2,5
Konopie	2,3
Orzechy włoskie	2,3

Opracowanie własne na podstawie: Hanna Kunachowicz, Irena Nadolna, Beata Przygoda, Krystyna Iwanow, *Tabele składu i wartości odżywczej żywności*, PZWL, Warszawa 2005.

Suplementy zawierające kwasy tłuszczowe omega-3 należy przyjmować w trakcie posiłków łącznie z antyoksydantami, np. z witaminą E, w ilości 100–400 mg na dobę.

Istnieje kilka przeciwwskazań do przyjmowania takich suplementów:

- ostre i podostre zapalenie trzustki,
- marskość wątroby,
- ostre i przewlekłe zapalenie pęcherzyka żółciowego,
- zaburzenia krzepnięcia krwi.

Niedobory kwasów tłuszczowych dobrej jakości mogą powodować negatywne objawy.

TABELA 20. TŁUSZCZE W DIECIE CZŁOWIEKA

TŁUSZCZE	KWASY TŁUSZCZOWE	ŹRÓDŁO POKARMOWE	DZIAŁANIE
Nasycone (SFA)		masło, mięso, jajka, kokosy, twaróg	Nie szkodzą, jeżeli dostarczamy organizmowi również kwasów wielonienasyconych. W przeciwnym wypadku powodują gromadzenie się cholesterolu.
Jednonienasycone (MUFA)		oliwa z oliwek, orzechy, awokado, oliwki, nasiona	Nie powodują gromadzenia się cholesterolu w organizmie. Pomocne w zmniejszaniu masy ciała.
Wielonienasycone (PUFA)	kwas linolowy (LA) omega-6 kwas gamma--linolenowy (GLA)	spirulina, orzechy, nasiona, zboża, rośliny strączkowe, olej z wiesiołka, olej z ogórecznika, olej z pestek czarnej porzeczki	Działają przeciwzapalnie, m.in. likwidują torbiele w piersiach, odnawiają komórki wątroby, regulują wydzielanie insuliny, dobrze wpływają na rozrodczość, poprawiają odporność. Pomocniczo działają przy stresie, depresji, ADHD i zmniejszaniu masy ciała.

TŁUSZCZE	KWASY TŁUSZCZOWE	ŹRÓDŁO POKARMOWE	DZIAŁANIE
	kwas arachidowy (AA) omega-6	mięso, jajka, nabiał	Wskazane w diecie w niewielkich ilościach – dobrze wpływają na skórę, regenerację blizn itp. Skutki nadmiaru: astma, łuszczyca, guzy nowotworowe, reumatoidalne zapalenie stawów.
	kwas alfa-linolenowy (ALA) omega-3 EPA oraz DHA	tłuste ryby: łosoś, tuńczyk, węgorz oraz siemię lniane, dynia, orzechy włoskie, produkty sojowe i warzywa ciemnozielone	Działają przeciwzapalnie, przeciwzakrzepowo, obniżają ciśnienie krwi, poprawiają elastyczność naczyń krwionośnych, zapobiegają zakrzepom i żylakom, obniżają poziom cholesterolu, regenerują skórę, wzmacniają układ odpornościowy.

Opracowanie własne na podstawie: Paul Pitchford, *Odżywianie dla zdrowia*, Galaktyka, Łódź 2008.

Tłuszcze poddawane obróbce cieplnej

Aby zachować dobrą jakość tłuszczów, przygotowując posiłki, starajmy się ich nie poddawać żadnym obróbkom termicznym. Tłuszcze mają największą wartość odżywczą dla naszego zdrowia, gdy dodajemy je do potraw pod koniec gotowania lub spożywamy na surowo.

SMAŻENIE | Potwierdza się fakt, że przygotowywanie żywności w wysokich temperaturach, czyli smażenie czy pieczenie, nie jest zdrowe. Niestety, lubimy smak przyrządzanych w ten sposób potraw z powodu związków powstających w tzw. reakcji Maillarda. Jesteśmy uzależnieni od przypalonych cukrów. Zbyt dużą cenę za ten nałóg płacą nasza wątroba, jelita, trzustka. Zdrowsze jest duszenie i gotowanie na parze oraz pieczenie w piekarniku w temperaturze około 90°C. Jeśli mamy ochotę coś usmażyć, róbmy to tylko w weekend. Na wszelki wypadek pijmy wtedy herbatkę z dziurawca, mięty i melisy. W ten sposób ułatwimy wątrobie trawienie przetworzonych tłuszczów.

Proponuję przez pięć dni w tygodniu potrawy dusić lub piec w piekarniku w niskiej temperaturze.

Do smażenia należy używać tłuszczów, które mają wysoki punkt dymienia (najlepiej powyżej 200°C) oraz małą zawartość wielonienasyconych kwasów tłuszczowych. Co prawda oleje i oliwy rafinowane mają wyższy punkt dymienia niż ich odpowiedniki tłoczone na zimno, ale nie są korzystne dla zdrowia, więc ich unikajmy.

TABELA 21. RODZAJ OBRÓBKI TERMICZNEJ I TEMPERATURA, JAKA WYSTĘPUJE W TRAKCIE TEGO PROCESU

RODZAJ OBRÓBKI TERMICZNEJ	STOPNIE CELSJUSZA
Gotowanie	170–250
Smażenie	180–220
Pieczenie	250–350
Opiekanie	500
Grillowanie	500–1200
Wrzenie, gotowanie	100
Smażenie bez tłuszczu	90
Gotowanie na parze	90

TABELA 22. WYKAZ TŁUSZCZÓW I ICH TEMPERATURY DYMIENIA

TŁUSZCZ	RODZAJ	TEMPERATURA DYMIENIA (W °C)
Oliwa z oliwek	z pierwszego tłoczenia rafinowana	160 225
Olej rzepakowy	tłoczony na zimno rafinowany	110 205
Olej słonecznikowy	tłoczony na zimno rafinowany	110 225
Masło	zwykłe klarowane	150 235
Smalec		185
Olej kokosowy	nierafinowany	160
Olej lniany	tłoczony na zimno	110
Olej ryżowy	tłoczony na zimno rafinowany	215 250
Olej sojowy	tłoczony na zimno rafinowany	160 230

5 | WARZYW NIGDY ZA WIELE!

Warzywa to ważny składnik w diecie z wielu powodów. Przede wszystkim dlatego, że zawierają witaminy, minerały, błonnik oraz wodę. W zasadzie warzywa to jedyny pokarm, który można jeść do woli! Jedynie ziemniaki są „zdradliwe", nie jedzmy ich zbyt wiele, bo mają wyjątkowo dużo skrobi. Urozmaicajmy posiłki. Zamiast ziemniaków polecam kasze. Powinniśmy bardziej je cenić.

Naukowcy coraz więcej uwagi poświęcają zaletom warzyw i substancjom w nich zawartych. Okazuje się, że mają one wręcz cudowne właściwości: zatrzymują proces starzenia się, chronią przed powstawaniem komórek nowotworowych lub blokują ich rozwój.

Warzywa obniżają ciśnienie krwi dzięki dużej zawartości potasu. Mają działanie przeciwmiażdżycowe, więc chronią serce i cały układ krążenia. Za tym idą pośrednie korzyści: zdrowe naczynia krwionośne odpowiadające za transport składników odżywczych do każdej komórki. Wzmacnianie ich jest niemal gwarancją długowieczności. Ponadto w warzywach są substancje zapewniające równowagę hormonalną oraz odporność.

Przygotowanie warzyw często wymaga czasu, więc chętnie zastępujemy je suplementami, które mają uzupełnić niedobory pokarmowe. Przemysł, aby rzekomo ułatwić nam życie, właściwości warzyw zamknął w kapsułkach, saszetkach, butelkach, gwarantując ten sam skutek, a nawet lepszy. To tylko obiecanki.

Świeże warzywa powinny być nieodłącznym elementem prawie każdego posiłku w ilości co najmniej pół kilograma dziennie (nie dotyczy to ziemniaków). Wyjątkowo istotna funkcja warzyw to detoksykacja organizmu, zwłaszcza że jesteśmy narażeni na bardzo duże stężenie metali ciężkich w środowisku, w pokarmach i w wodzie. Prawdą jest, że warzywa zawierają środki ochrony roślin i kumulują metale ciężkie. Jednak to nie mięso, ryby, mleko czy tłuszcze poprawiają pracę wątroby, tylko warzywa i zioła, więc i tak warto je jeść.

TABELA 23. PRODUKTY, W TYM WARZYWA I OWOCE, WSPOMAGAJĄCE DETOKSYKACJĘ WĄTROBY

FAZA I DETOKSYKACJI – produkty zawierające karotenoidy, wit. C i E, selen oraz aktywne fitozwiązki	FAZA II DETOKSYKACJI – produkty zawierające związki siarki
brokuły brązowy ryż marchew jajka czosnek szpinak pomidory kiełki zbóż melony papaje	brokuły kapusta jajka orzechy brazylijskie czosnek szparagi cebula arbuzy papaje awokado grzyby

Źródło: Sa'eed Bawa i in., *Dietoterapia 1*, SGGW, Warszawa 2009.

Warzywa zawierające siarkę pomagają likwidować pasożyty jelitowe, z którymi codziennie mamy do czynienia: włosogłówkę, lamblię, owsiki, tasiemca. Dodatkowo wzmacniają odporność. Należą do tej grupy: czosnek, cebula, rośliny kapustne, fasole, kalafior, brukselka, rzepa. Codziennie powinniśmy zjadać warzywa zielone, czyli: brokuły, sałatę, seler naciowy, kapustę, natkę pietruszki, szczypiorek, jarmuż, zielony groszek, ogórki, szczaw, koperek, szparagi, pory, szpinak. Glony z kolei zawierają chlorofil, którego budowa jest bardzo podobna do hemoglobiny. Chlorofil działa na organizm wręcz kompleksowo:

- wspomaga detoksykację organizmu;
- powstrzymuje zbytnie namnażanie się patologicznych bakterii i grzybów w układzie pokarmowym;
- likwiduje nieprzyjemny zapach ciała;
- dezaktywuje wiele karcynogenów (substancji, które są odpowiedzialne za powstawanie komórek nowotworowych);
- zapobiega próchnicy;
- przeciwdziała stanom zapalnym dziąseł, błony śluzowej jelit i żołądka, ponieważ zawiera witaminę A;
- odnawia krew i tkanki.

Glony, szczególnie spirulina i chlorella, bardzo dobrze uzupełniają niedobory związane ze złym wchłanianiem i trawieniem.

Warzywa to skarbnica zdrowia zawarta w pożywieniu. Skrywa wiele jeszcze niezbadanych dobrodziejstw. Kto by przypuszczał, że wrzody żołądka i dwunastnicy można wyleczyć nawet w cztery dni sokiem ze świeżej kapusty? Wystarczy wypijać pół szklanki świeżego soku z kapusty dwa razy dziennie między posiłkami. Pełna kuracja powinna trwać dwa tygodnie.

Warzywa należy przechowywać tak, aby traciły jak najmniej składników odżywczych i właściwości leczniczych. Najlepszym miejscem jest lodówka. Warzywa obrane i pokrojone, w małych

TABELA 24. WYBRANE WARZYWA I ICH WPŁYW NA STAN ZDROWIA ORAZ PROPOZYCJE ZASTOSOWANIA ICH W POSIŁKACH

WARZYWA	ZASTOSOWANIE
Bakłażany zawierają związki przeciwbakteryjne, są bogatym źródłem potasu, wapnia, magnezu. Leczą obrzęki. Spowalniają proces starzenia się mózgu.	dodatek do drugiego dania, zapiekanki, pasty
Bataty zawierają beta-karoten. Mają działanie przeciwzapalne.	zupy, zapiekanki, desery
Biała rzodkiew poprawia funkcję wątroby, wspomaga trawienie tłuszczów.	surówki
Brokuły działają przeciwnowotworowo, przeciwwirusowo i przeciwbakteryjnie. Zawierają luteinę, która chroni oczy, oraz wapń i magnez, które wpływają na wzmocnienie kości.	zupy, dodatek do drugiego dania, sałatki
Brukselka zawiera beta-karoten. Ma działanie przeciwzapalne.	zupy, dodatek do drugiego dania, surówki
Buraki stymulują powstawanie czerwonych krwinek (erytrocytów), co poprawia dotlenienie organizmu oraz powstawanie białych krwinek (leukocytów). Wspomagają pracę wątroby i nerek. Zawierają betainę, która poprawia trawienie i zapobiega miażdżycy, oraz betaninę, która działa przeciwnowotworowo. Wzmacniają serce, odkwaszają, łagodzą dolegliwości przekwitania.	zupy, dodatek do drugiego dania, sałatki, surówki, soki, wypieki
Cebula ma silne działanie przeciwwirusowe, przeciwbakteryjne, szczególnie w stosunku do *Helicobacter pylori*, porównywalne do antybiotyku. Rozrzedza krew, obniża stężenie cholesterolu, reguluje poziom cukru we krwi.	zupy, gulasze, pasty, sałatki, surówki, kanapki, pasztety, zapiekanki
Cykoria wspomaga trawienie, pobudzając wydzielanie soków żołądkowych. Wspomaga leczenie bezsenności, zapobiega powstawaniu zmarszczek, wzmacnia włosy i paznokcie, łagodzi podrażnienia skóry. Zwiększa wydzielanie mleka u matek karmiących.	sałatki, surówki, dodatek do drugiego dania, zapiekanki

WARZYWA	ZASTOSOWANIE
Dynia ma działanie odkwaszające, przeciwpasożytnicze (zwłaszcza pestki), zwiększa płodność i sprawność seksualną.	zupy, dodatek do drugiego dania, sałatki, gulasze, zapiekanki, wypieki
Fenkuł (koper włoski) likwiduje obrzęki, poprawia pracę wątroby i nerek. Ma silne działanie przeciwnowotworowe. Wzmacnia naczynia włosowate.	zupy, dodatek do drugiego dania, sałatki, zapiekanki
Grzyby shiitake to naturalne źródło interferonu. Ma silne działanie przeciwwirusowe, przeciwnowotworowe, przeciwbakteryjne. Tłumi patogenną florę w organizmie. Obniża poziom cukru we krwi.	zupy, kotlety, dodatek do drugiego dania
Jarmuż ma silne działanie przeciwnowotworowe.	zupy, dodatek do drugiego dania, soki
Kabaczek zawiera beta-karoten. Odkwasza organizm i pozytywnie wpływa na proces trawienia.	zupy, dodatek do drugiego dania, gulasze, wypieki
Kalafior ma działanie przeciwnowotworowe, wspomaga leczenie reumatyzmu, schorzeń nerek i pęcherza moczowego oraz nadciśnienia i zaparć. Zapobiega procesom starzenia się skóry.	zupy, pasty, dodatek do drugiego dania, gulasze, sałatki, zapiekanki
Kalarepa działa przeciwnowotworowo, obniża ciśnienie krwi i poziom złego cholesterolu, wspomaga pracę nerek i oczyszcza organizm z toksyn, przyspiesza wydzielanie żółci, reguluje pracę układu pokarmowego, poprawia trawienie.	zupy, dodatek do drugiego dania, gulasze, przekąski, sałatki
Karczoch działa leczniczo na pęcherzyk żółciowy, wątrobę oraz układ pokarmowy. Pomaga trawić tłuszcze.	zupy, dodatek do drugiego dania
Kapusta chroni przed rakiem prostaty, jelita grubego i płuc. Zawiera witaminę U, która leczy wrzody żołądka, regeneruje jelita. Kiszona kapusta zawiera pożyteczne bakterie kwasu mlekowego.	zupy, dodatek do drugiego dania, surówki, soki

WARZYWA	ZASTOSOWANIE
Marchew to najlepsze źródło beta-karotenu. Ma działanie przeciwpasożytnicze, obniża poziom cholesterolu we krwi, poprawia trawienie, poprawia stan skóry i błon śluzowych.	zupy, dodatek do drugiego dania, surówki, soki, przekąski, wypieki
Ogórki mają działanie przeciwdepresyjne. Orzeźwiają, ponieważ zawierają dużo wody. Regulują poziom cukru we krwi.	zupy, dodatek do drugiego dania, sałatki, przekąski, kanapki, soki
Papryka jest bardzo bogata w składniki odżywcze, głównie w witaminę C.	zupy, dodatek do drugiego dania, przeciery, gulasze, przekąski, kanapki, sałatki, surówki
Pasternak likwiduje obrzęki. Ma działanie uspokajające. Chroni śluzówkę jelit.	zupy, kotlety, sałatki, surówki, gulasze
Pieczarki mają działanie przeciwnowotworowe, obniżają poziom tłuszczu we krwi, pomagają w produkcji białych krwinek (leukocytów), wzmacniają odporność.	zupy, sosy, dodatek do drugiego dania, sałatki, zapiekanki
Pietruszka likwiduje obrzęki. Jest stosowana (natka i korzeń) w leczeniu zapalenia pęcherza moczowego. Usuwa toksyny z organizmu.	zupy, gulasze, potrawy mięsne, pasty, sałatki
Pomidory zawierają likopen, który ma silne działanie przeciwnowotworowe.	zupy, sosy, gulasze, pasty, przekąski, kanapki, sałatki, napoje (koktajle), soki
Por ma działanie zasadotwórcze. Poprawia pracę wątroby, podnosi stężenie HDL (dobrej frakcji cholesterolu), stabilizuje poziom cukru we krwi.	zupy, dodatek do drugiego dania, pasty, sałatki, surówki
Rabarbar działa przeciwbakteryjnie.	kompoty, wypieki
Rukiew wodna zawiera więcej wapnia niż mleko. Chroni przed chorobami oczu, ponieważ zawiera luteinę.	zupy, sałatki, kanapki, koktajle
Rukola wzmacnia odporność, korzystnie wpływa na układ pokarmowy.	sałatki, kanapki, pasty

WARZYWA	ZASTOSOWANIE
Czarna rzepa ma działanie żółciopędne, przeciwbakteryjne, poprawia krążenie.	zupy, pasty, gulasze, zapiekanki, sałatki, surówki
Biała rzodkiew poprawia funkcjonowanie wątroby, zawiera enzymy trawienne (tylko surowa). Ma działanie przeciwgrzybicze.	surówki, dodatek do drugiego dania
Rzodkiewka czerwona działa przeciwbakteryjnie i przeciwwirusowo. Rozrzedza śluz, usuwa z organizmu toksyny.	surówki, sałatki, kanapki, przekąski
Sałata likwiduje obrzęki i przyspiesza gojenie się ran. Jest źródłem luteiny, która zapobiega zwyrodnieniu plamki żółtej oka. Koi nerwy, poprawia trawienie i odkwasza organizm.	zupy, sałatki, kanapki, napoje
Seler odtruwa, wzmaga produkcję żółci, ale jednocześnie zapobiega jej zastojowi w pęcherzyku żółciowym. Działa moczopędnie.	zupy, dodatek do drugiego dania, surówki, soki
Seler naciowy odkwasza organizm, obniża ciśnienie tętnicze krwi.	zupy, gulasze, surówki
Szparagi mają działanie przeciwmiażdżycowe. Stymulują układ rozrodczy.	zupy, dodatek do drugiego dania, przekąski, sałatki
Szpinak zawiera 13 różnych bioflawonoidów, co ma ogromne znaczenie w profilaktyce przeciwnowotworowej. Zawiera również luteinę, która chroni przed chorobami oczu.	zupy, dodatek do drugiego dania, gulasze, sałatki, napoje, zapiekanki
Topinambur zawiera dużo żelaza oraz inulinę, która wspomaga rozwój pożytecznych bakterii w układzie pokarmowym.	zupy, dodatek do drugiego dania, zapiekanki
Ziemniaki wzmacniają ścianki żołądka i jelit, obniżają ciśnienie krwi, wspomagają trawienie.	zupy, dodatek do drugiego dania, sałatki, kotlety, kluski, zapiekanki, wypieki

Opracowanie własne na podstawie m.in.: Paul Pitchford, *Odżywianie dla zdrowia*, Galaktyka, Łódź 2008.

porcjach, oraz potrawy przygotowywane z warzywami można zamrażać. Soki, zwłaszcza te z roślin zielonych, wygodnie jest mrozić w woreczkach do lodu.

Ważny jest też sposób gotowania i przyrządzania warzyw:

- Warzywa gotujemy w małej ilości wody.
- Chlorofil z zielonych roślin rozpuszcza się, kiedy w pokarmie jest dodatek tłuszczów, dlatego kilka jego kropel należy dodawać do soków.
- Rośliny zielone powinny być gotowane bez przykrycia.
- **Tylko gotowanie buraków zaczynamy od włożenia ich do zimnej wody, inne warzywa wkładamy do wrzącej wody.**
- Warzywa korzeniowe przed podaniem ich małym dzieciom należy sparzyć wrzątkiem, a następnie rozdrobnić. Warzywa korzeniowe w diecie dziecka są jak najbardziej wskazane, ale ponieważ kumulują metale ciężkie w rdzeniu, zalecane są te ze źródeł ekologicznych.
- Kalafior przed gotowaniem dobrze jest wypłukać w wodzie z octem, a następnie umyć pod bieżącą wodą.
- Z sałaty należy usunąć głąb i nerwy, ponieważ w nich znajdują się szkodliwe azotany.

Warzywa są polem do popisu dla kucharza, który może wykazać się pomysłowością. Wykorzystujmy w sałatkach i surówkach walory smakowe i wizualne warzyw, bawmy się ich kolorami, konsystencją i kształtem. Urozmaicajmy ich smak orzechami, nasionami, sosami robionymi samodzielnie w domu. Nigdy nie używajmy tych z torebek. Proponuję, aby zapas takiego sosu mieć zawsze w lodówce.

Mój ulubiony sos do sałatek to winegret (zobacz przepis w części X).

Wygląd i smak potraw można urozmaicić dzięki różnorodnemu krojeniu warzyw:

- KOSTKA – gulasze, zupy, kuchnia chińska, sałatki;
- TALARKI – sałatki, do dekoracji, pieczarki – smażenie, duszenie;
- SŁUPKI GRUBE – kuchnia azjatycka, gotowanie, smażenie;
- ZAPAŁKI – zupy, do dekoracji, kuchnia francuska.

Czy dzieci nie lubią warzyw?

Tak, dzieci nie lubią warzyw, jeśli rodzice nie starają się ich zachęcić do tego, by je zjeść. Znam przypadki, że rodzice ulegają swoim dzieciom i podając im rosół, wyjmują z niego marchewkę. Natomiast chętnie kupują im słodkie soczki przemysłowe i chrupki kukurydziane. W dodatku sami nie jedzą warzyw. Dziecko będzie lubiło warzywa, jeśli będą je chętnie jeść również rodzice. My ustalamy zasady, więc nie ulegajmy „warzywnym niejadkom”!

6 | TO, CO OWOCOWE, NIE ZAWSZE JEST ZDROWE

Owoce, podobnie jak warzywa, zawierają witaminy, minerały oraz błonnik, wodę i wiele substancji, które korzystnie wpływają na zdrowie. Wydawać by się mogło, że mogą konkurować z warzywami. Mają jednak słaby punkt. Jest nim fruktoza, która stanowi obciążenie dla wątroby oraz podnosi poziom trójglicerydów. Owoców nie można zatem jeść bez ograniczeń. Wskazana ich ilość to około 300 g dziennie.

Soki owocowe pijmy raczej w okresie letnim, ponieważ wychładzają i osłabiają organizm. Owoce można dodawać do soków warzywnych. Będą wspaniałym dopełnieniem smaku i wartości odżywczych. Aby organizm mógł jak najefektywniej wykorzystać wszystkie wartościowe składniki zawarte w owocach, najlepiej jeść je pół godziny przed posiłkami lub między posiłkami. Owoce nie powinny być spożywane w niektórych zestawieniach, zwłaszcza w połączeniu z produktami białkowymi. Najlepsze efekty lecznicze uzyskamy, jedząc je osobno, w całości, razem ze skórką i z gniazdem nasiennym. Jeśli mamy ogromną ochotę na sałatkę owocową, użyjmy owoców kwaśnych i dodajmy do nich orzechy oraz nasiona. Od czasu do czasu można sprawić przyjemność sobie, a także rodzinie, i upiec ciasto kruche z owocami. Nie przejadajmy się! Jeden mały kawałek ciasta wystarczy, aby nacieszyć się smakiem.

Owoce mają wiele wspaniałych właściwości i dobroczynny wpływ na zdrowie.

Lubimy smak słodki. Proponuję podawać do herbatki powidła z suszonych owoców, jak to mają w zwyczaju Anglicy. W ten zdrowy sposób możemy zaspokoić swój apetyt na słodycze. Powidła przyrządzone samodzielnie będą wspaniałą niespodzianką dla domowników. Są pysznym i zdrowym dodatkiem do deserów. Pamiętajmy, aby używać wyłącznie ekologicznych suszonych owoców!

Przepis na przygotowanie powideł z suszonych owoców znajduje się w części X.

TABELA 25. WYBRANE OWOCE I ICH WPŁYW NA STAN ZDROWIA

Agrest działa żółciopędnie, poprawia perystaltykę jelit, usuwa kwas moczowy, zapobiega nowotworom, poprawia metabolizm.
Ananasy zawierają enzym bromelainę, która rozkłada białko, ułatwiając jego trawienie, wspomaga gojenie się ran, także tych oparzeniowych i pooperacyjnych, obniża ciśnienie krwi i zapobiega powstawaniu zakrzepów. Nie powinny ich jeść osoby z wrzodami żołądka i stanami zapalnymi na skórze.
Awokado zawiera zdrowe jednonienasycone kwasy tłuszczowe, zaspokaja głód, poprawia metabolizm, rozrzedza krew. Aby pokrojone owoce nie brązowiały, skrapiamy je sokiem z cytryny lub pozostawiamy pestkę.
Banany zawierają sporo potasu, który zapobiega nadciśnieniu tętniczemu. Są też bogate w tryptofan, który poprawia nastrój. Niestety, są zbierane niedojrzałe, co nie jest korzystne dla zdrowia.
Brzoskwinie pomagają w usuwaniu toksyn z organizmu, obniżają wysokie ciśnienie krwi, poprawiają napięcie tkanek.
Cytryny mają działanie odkażające, niszczą bakterie gnilne, korzystnie wpływają na wątrobę, rozrzedzają krew, pobudzają wytwarzanie kwasu solnego.

Czereśnie zawierają kwas galusowy, który blokuje rozwój komórek nowotworowych. Mają też silne działanie przeciwzapalne.

Dzika róża zawiera m.in. witaminę C, P, K, E, B_1, B_2, prowitaminę A, wapń, beta-karoten, flawonoidy, pektyny (rozpuszczalny błonnik), olejki eteryczne i sole mineralne. Wzmacnia odporność organizmu, dlatego warto pić herbatkę z dzikiej róży.

Figi mają działanie odkwaszające, wzmacniają naczynia krwionośne, łagodzą stres.

Granaty mają działanie przeciwpasożytnicze, wzmacniają dziąsła, poprawiają stan skóry.

Grejpfruty to źródło witaminy C. Przyspieszają przemianę materii, wzmacniają odporność organizmu. **Wyciąg z pestek grejpfruta** ma działanie przeciwwirusowe i przeciwpasożytnicze.

Gruszki rzadko alergizują, regulują trawienie, poprawiają odporność.

Jabłka mają silne dzianie przeciwnowotworowe, obniżają stężenie cholesterolu we krwi, regulują pracę układu pokarmowego. Niestety, często alergizują.

Jagody wzmacniają odporność, leczą oczy, obniżają poziom złego cholesterolu, uelastyczniają naczynia krwionośne.

Jeżyny, maliny mają działanie przeciwnowotworowe, są stosowane jako środek napotny przy przeziębieniach od 7 miesiąca życia. Leczą nadmierne oddawanie moczu, zwłaszcza nocą. Wspomagają wzrok.

Morele zawierają dużo miedzi i kobaltu, dlatego są polecane w leczeniu anemii. Ponadto wspomagają wzrok, pobudzają apetyt. Nie powinny ich jeść osoby, które mają luźne stolce.

Morwy zawierają kilka związków, które wpływają na regulację poziomu cukru we krwi.

Papaje zawierają bromelainę, która poprawia trawienie białek, ma działanie przeciwnowotworowe.

Pigwy wspomagają układ pokarmowy, wzmacniają apetyt, podnoszą odporność organizmu.

Pomarańcze zawierają bioflawonoidy i witaminę C. Niestety, mają silne właściwości alergizujące. Podobnie jak banany, są zbierane niedojrzałe, co także nie służy zdrowiu.

Porzeczki czarne mają działanie przeciwnowotworowe, pobudzają apetyt, pomagają w chorobach oczu, obniżają poziom cholesterolu, stabilizują ciśnienie. Wywar z liści działa moczopędnie.

Poziomki działają przeciwgorączkowo, przeciwbiegunkowo, przeciwzapalnie, przeciwkrwotocznie, moczopędnie. Podnoszą odporność organizmu.

Rokitnik zawiera: witaminę C, E, K, B_1, B_2, B_6, beta-karoten, flawonoidy, nienasycone kwasy tłuszczowe, pektyny, minerały. Wzmacnia ścianki naczyń krwionośnych.

Śliwki mają działanie przeciwnowotworowe, przeciwmiażdżycowe, odkwaszające. Poprawiają perystaltykę jelit.
Niestety, nie są wskazane dla osób, które mają wrzody żołądka lub stany zapalne jelit.

Truskawki mają właściwości bakteriobójcze (w stanach zapalnych jamy ustnej). Wzmacniają odporność.

Winogrona mają właściwości przeciwnowotworowe, odkwaszające. Mogą zapobiegać chorobom serca.

Wiśnie działają przeciwbakteryjnie i przeciwnowotworowo. Zapobiegają infekcjom głównie dróg moczowych, wspomagają wydzielanie soków żołądkowych, obniżają gorączkę.

Opracowanie własne na podstawie m.in.: Paul Pitchford, *Odżywianie dla zdrowia*, Galaktyka, Łódź 2008.

Nie ulega wątpliwości, że owoce to zdrowy pokarm, jednak trzeba pamiętać, że często poddawane są rozmaitym opryskom. Szukajmy owoców, które są uprawiane ekologicznie, zwłaszcza jeśli podajemy je dzieciom. Najbardziej alergizują owoce południowe. Sezon cytrusowy trwa od listopada do kwietnia. W tym czasie można kupić, oczywiście z odpowiednich źródeł, pomarańcze ekologiczne, które są lepiej tolerowane przez niektórych alergików. Szukając ekologicznych pomarańczy, trzeba zwrócić uwagę na kraj ich pochodzenia. Im krótszą drogę mają do pokonania, tym lepiej. Do Polski sprowadzane są głównie z Hiszpanii, Włoch i Grecji. Włochy, zwłaszcza okolice Sycylii, słyną z bardzo smacznych czerwonych odmian pomarańczy: Moro, Tarocco i Sanguinello.

Jeden z moich pacjentów miał silną alergię na pomarańcze. Jak się okazało, tylko na te sztucznie dojrzewające, przywożone do Polski. Podczas pobytu w Izraelu jadł pomarańcze prosto z drzewa i nie miał żadnych śladów alergii.

Cieszmy się smakiem owoców. Nie przekraczajmy proponowanej przez lekarzy dziennej porcji. Wykorzystajmy fakt, że jako jedyna grupa zdrowych produktów mają słodki smak, więc zaspokoją nasz apetyt na słodycze.

7 | PRZYPRAWY I ZIOŁA – SZCZYPTA SMAKU, GARŚĆ SKŁADNIKÓW ODŻYWCZYCH

Przyprawy i zioła to wspaniały dodatek do potraw. Powinniśmy się w nich rozsmakować. Zazwyczaj niezdrowa dieta oparta na półproduktach jest uboga w przyprawy i zioła. Po co komu wyszukane przyprawy do kupnego hamburgera czy pizzy na telefon lub do kurczaka z frytkami? Potrawy komponowane z naturalnych produktów są zdecydowanie bardziej urozmaicone. Dają kucharzowi pole do popisu. Wynika to z potrzeby i chęci poszukiwania nowych smaków. Produkty przygotowane przemysłowo uzależniają nas od intensywnej słodyczy, soli, glutaminianu sodu. Ich moc jest tak silna, że inne doznania smakowe nie wytrzymują konkurencji. Stosując dietę opartą na zdrowych składnikach, oczyszczamy swoje kubki smakowe i odkrywamy smaki, których dotąd nie czuliśmy.

Stosowanie w kuchni różnorodnych przypraw i ziół dostarczy nam też innych korzyści. Te dodatki do potraw zawierają olejki eteryczne, flawonoidy, sterole, witaminy i minerały, a więc podnoszą nie tylko walory smakowe, lecz także odżywcze. Mamy mnóstwo przypraw do wyboru. Kupujmy te ze sprawdzonych źródeł.

TABELA 26. WYBRANE PRZYPRAWY I ICH WPŁYW NA STAN ZDROWIA ORAZ PROPOZYCJE ZASTOSOWANIA W KUCHNI

RODZAJ PRZYPRAWY	ZASTOSOWANIE
Anyż ma działanie wykrztuśne, łagodzi nieżyt dróg oddechowych, łagodzi wzdęcia, wspomaga produkcję i wydzielanie żółci, wspomaga wydzielanie mleka u karmiących matek.	warzywa (czerwona kapusta, marchew, szpinak, buraki), dziczyzna, sosy mięsne, ciasta, desery
Bazylia ma działanie rozkurczowe, poprawia pracę żołądka.	potrawy z jajek (omlety, pasty), twaróg, rośliny strączkowe, pomidory, dobrze komponuje się z cebulą i czosnkiem
Chili przyspiesza trawienie, pobudza wydzielanie śliny, rozrzedza krew, ma silne działanie przeciwbólowe i przeciwwirusowe, opóźnia proces starzenia.	rośliny strączkowe, mięso (drób, wołowina), kukurydza, kalafior
Chrzan ma działanie przeciwbakteryjne, zapobiega infekcjom, zwłaszcza dróg moczowych, wspomaga wydzielanie soków żołądkowych.	sosy, gulasze warzywne i mięsne, dania z jajkiem, twaróg
Cynamon ma działanie przeciwgrzybicze, uspokajające, wspomagające przy przeziębieniach, w stanach ogólnego osłabienia.	ciasta, desery, jagnięcina
Czarnuszka ma działanie żółciopędne, moczopędne, przeciwnowotworowe.	pieczywo, gulasze
Cząber ma działanie przeciwpasożytnicze, wspomagające trawienie, pobudzające łaknienie.	rośliny strączkowe, potrawy z ziemniaków, mięsne, ryby (dodać kilka minut przed zakończeniem gotowania, ponieważ długo gotowany powoduje gorzknienie potraw)

RODZAJ PRZYPRAWY	ZASTOSOWANIE
Czosnek ma działanie przeciwwirusowe, bakteriobójcze, przeciwgrzybicze, przeciwpasożytnicze, wspomagające trawienie, dobrą pracę serca, ukrwienie, pobudza trawienie, reguluje florę bakteryjną jelit, obniża ciśnienie, poprawia funkcjonowanie wątroby i trzustki, działa żółciopędnie.	zupy, gulasze, pasty, sałatki
Estragon ma działanie detoksykacyjne, poprawia apetyt, perystaltykę jelit, działa przeciwzapalnie, moczopędnie, rozkurczowo, wzmaga apetyt, ułatwia trawienie.	ryby, mięso, potrawy z jajek, marchewka, pomidory, cukinia, pory
Gałka muszkatołowa łagodzi zaburzenia oskrzelowe, bezsenność. Spożywana w większych ilościach może powodować senność, halucynacje, euforię (mija po 24 godz.).	potrawy z jajek, sera, ryb, potrawy mleczne, sosy, rośliny strączkowe, ciasta
Gorczyca pobudza wydzielanie śliny, wspomaga trawienie.	marynaty, wędliny
Goździk ma działanie przeciwbakteryjne, przeciwnowotworowe, uspokajające, pobudza wydzielanie śliny, wspomaga trawienie.	kompoty, marynaty, czerwona kapusta
Imbir ma działanie odkażające, wspomaga trawienie, zwiększa wydzielanie śliny, odśluzowuje, łagodzi mdłości (szczególnie wskazany w chorobie lokomocyjnej), uspokaja, obniża ciśnienie krwi, uśmierza ból głowy, łagodzi bóle menstruacyjne.	dania mięsne i warzywne, pasztety, zupy, napoje

RODZAJ PRZYPRAWY	ZASTOSOWANIE
Jałowiec działa żółciopędnie. Zbyt duże dawki mogą powodować uszkodzenie nerek, nadmierne wydzielanie moczu. Niewskazany jest przy ostrych stanach zapalnych przewodu pokarmowego, chorobie wrzodowej, ciężkich chorobach nerek i wątroby oraz w czasie ciąży.	mięso, dziczyzna, kiszona kapusta
Kardamon ma działanie uspokajające, wzmacnia ściany żołądka, poprawia trawienie białka, zapobiega rozmnażaniu się wirusów.	sałatki, sosy, wypieki, potrawy z ryb, dynia, marchew, jabłka, desery
Kminek wspomaga produkcję i wydzielanie żółci.	mięso, kapusta, twaróg, pieczywo i inne wypieki, zupy, gulasze, ziemniaki, grzyby
Koperek ma działanie przeciwbakteryjne, a herbatka z koperku – właściwości usypiające, relaksacyjne, ułatwia trawienie, zapobiega wzdęciom.	sałatki, ziemniaki, zupy, potrawy z jajek, ryby
Kolendra zapobiega rozwojowi patologicznej flory bakteryjnej w przewodzie pokarmowym, reguluje trawienie.	mięso, pasztety
Kurkuma ma działanie przeciwnowotworowe, wspomaga produkcję i wydzielanie żółci, działa bakteriobójczo.	zupy, rośliny strączkowe, potrawy z dodatkiem cebuli, ryż, gulasze
Liść laurowy ma działanie bakteriobójcze, pobudza apetyt, ułatwia trawienie. Zbyt duże spożycie może spowodować halucynacje.	zupy, marynaty, mięso, ryby, grzyby (dodaje się go na początku gotowania)
Lubczyk wspomaga leczenie dróg moczowych.	zupy, sosy, masło ziołowe, mięso, sałatki
Majeranek wspomaga trawienie, zwiększa wydzielanie soków żołądkowych.	zupy, mięso i podroby, rośliny strączkowe, warzywa, ziemniaki

RODZAJ PRZYPRAWY	ZASTOSOWANIE
Mięta ma działanie przeciwnowotworowe, wspomaga produkcję i wydzielanie żółci, łagodzi bezsenność, migreny, nerwobóle.	pomidory, twaróg, ryby, baranina, napoje
Oregano ma działanie moczopędne, przeciwzapalne, pomaga w leczeniu zapalenia oskrzeli, zaburzeń trawienia.	mięso, ryby, ziemniaki, zupy, pizza, zapiekanki, potrawy z makaronu, rośliny strączkowe, pomidory, sałatki
Pietruszka (natka) wzmacnia nadnercza oraz nerki, pobudza apetyt.	zupy, sosy, ryby, mięso, warzywa, sery, jajka
Pieprz pobudza wydzielanie śliny, sprzyja trawieniu, ma delikatne działanie moczopędne. Niewskazany dla osób ze skłonnościami do podrażnień układu pokarmowego.	wszystkie potrawy (mielony dodaje się do potraw pod koniec gotowania, ziarnisty na początku gotowania)
Rozmaryn ma działanie przeciwnowotworowe, przeciwreumatyczne, działa moczopędnie i napotnie, wspomaga wydzielanie żółci oraz pracę nerek.	ryby, grzyby, zupy z dużą ilością czosnku, makarony, mięso (baranina, jagnięcina, królik, dziczyzna)
Szafran ma działanie przeciwnowotworowe, poprawia stan zdrowia oczu. Stosuje się tylko niewielkie ilości, nadużywanie często powoduje zatrucia (5–10 g), wymioty, krwawe biegunki, krwiomocz, zapaść krążeniową.	zupy, sosy, ryby, drób, ryż, wypieki
Szałwia ma działanie przeciwnowotworowe, reguluje perystaltykę jelit. Zbyt duża ilość może wywołać działania niepożądane. Niewskazana dla kobiet w ciąży.	rośliny strączkowe, mięso, gulasze warzywne
Szczypiorek zapobiega tworzeniu się skrzepów, obniża stężenie cholesterolu, wzmacnia odporność, zwiększa ilość białych krwinek.	zupy, mięso, gulasze, pasty, sałatki, surówki, zapiekanki, potrawy z jajek, twaróg

RODZAJ PRZYPRAWY	ZASTOSOWANIE
Tymianek ma działanie przeciwnowotworowe, bakteriobójcze i grzybobójcze oraz właściwości antybiotyczne.	rośliny strączkowe, dziczyzna
Ziele angielskie zawiera olejki eteryczne, pobudza wydzielanie śliny.	zupy, gulasze warzywne i mięsne, sałatki rybne (dodaje się na początku gotowania)

Opracowanie własne na podstawie m.in.: Paul Pitchford, *Odżywianie dla zdrowia*, Galaktyka, Łódź 2008.

TABELA 27. INNE PRODUKTY PRZYDATNE W KUCHNI ORAZ ICH ZASTOSOWANIE

RODZAJ PRODUKTU	ZASTOSOWANIE
Bez czarny ma działanie przeciwgorączkowe, napotne.	herbatka na przeziębienie: 1 szklanka wrzątku, 1 łyżeczka miodu, 2 łyżki suszonego bzu czarnego, 1 plasterek cytryny. Zalać kwiatostan bzu wrzątkiem. Odczekać 10 minut. Dodać miód i cytrynę.
Karob obniża poziom cholesterolu we krwi. Nie zawiera kofeiny.	zamiennik kakao
Kuzu łagodzi dolegliwości układu pokarmowego oraz bóle głowy, działa przeciwdepresyjne. Pomaga leczyć wszelkiego rodzaju uzależnienia: od nikotyny, kawy, alkoholu.	zagęszczacz, np. do sosów, zup
Miso to pasta z naturalnej sfermentowanej soi. Najlepiej, aby było bezglutenowe (z ryżu) i ekologiczne.	dodatek do zupy na talerzu
Ocet jabłkowy produkowany ze sfermentowanego soku z jabłek ma właściwości odkwaszające, pomaga w odchudzaniu, ponieważ poprawia metabolizm. Nie należy go używać w przypadku alergii na salicylany oraz kandydozy (drożdżycy).	do sosów sałatkowych

Opracowanie własne na podstawie m.in.: Paul Pitchford, *Odżywianie dla zdrowia*, Galaktyka, Łódź 2008.

Przyprawy mają walory nie tylko smakowe, ale przede wszystkim prozdrowotne. Świat przypraw i ziół jest bardzo bogaty. Ważne, by umiejętnie je zestawiać i odpowiednio dozować. Na szczęście gotowe przepisy podpowiadają nam, jakie przyprawy lub zioła dodać i w jakich ilościach. Kierujmy się przede wszystkim własnymi upodobaniami.

8 | KOFEINA

Kofeina powszechnie kojarzona jest z kawą, choć znajduje się również w innych produktach, na przykład w herbacie i ziarnie kakaowca. Kofeina wchłania się z przewodu pokarmowego mniej więcej po 30 minutach. Wtedy najsilniej odczuwamy jej oddziaływanie. Spożycie kofeiny w ilości poniżej 100 mg/d nie powinno być szkodliwe dla zdrowia, chyba że mamy uczulenie na kawę, bo i takie przypadki się zdarzają. Jej zawartość w 1 filiżance palonej kawy (159 ml) wynosi 85 mg.

Kawa nie służy tym, którzy chorują na wrzody żołądka. Często ma też ogólnie negatywny wpływ na organizm. Wielu moich pacjentów skarżących się na bóle żołądka niewiadomego pochodzenia po odstawieniu kawy zapominało o problemie.

Zdaję sobie sprawę, że z kawy trudno zrezygnować. Sama bardzo ją lubię. Ma oryginalny smak i niezwykły aromat. Jeśli nie potrafimy mu się oprzeć, ograniczmy negatywne działanie kawy. Przede wszystkim polecam kupować ją w ziarnach, które można samodzielnie zemleć. To da nam gwarancję, że pijemy napój bez różnych podejrzanych dodatków, jakie znajdują się w gotowych kawach mielonych, a tym bardziej w rozpuszczalnych. Odradzam kawy bezkofeinowe, ponieważ mogą zawierać różne dodatki chemiczne: barwniki, stabilizatory, emulgatory, zagęszczacze.

Kawa ma wiele odmian. Polecam kawę zieloną, która zawiera tyle kofeiny, co palona, ale jest łagodniejsza w smaku. Ten rodzaj ziarna ma prozdrowotne właściwości, działa przeciwwirusowo, przeciwgrzybiczo, a nawet przeciwnowotworowo. Kawa zielona zyskała uznanie dzięki badaniom, jakie przeprowadził doktor Joe Vinson. Wykazały one, że codzienne picie zielonej kawy może zmniejszyć o 15–30% tkankę tłuszczową w organizmie.

Parzenie kawy

Kawę przygotowuje się na różne sposoby. To napój znany na całym świecie i niemal w każdym jego zakątku zaparza się go inaczej. Dla niektórych to rytuał, dla niektórych przyjemność i zabawa w eksperymentowanie, dla innych po prostu konieczność.

Kawa ma jakieś tajemnicze właściwości, jej picie czyni chwilę bardziej przyjemną. Kojarzy się z miłymi rozmowami, przerwą na relaks w długiej podróży, zastrzykiem energii o poranku.

Najlepszą kawę piłam w parku miejskim w Odessie. Przygotowywał ją dla przechodniów starszy pan. Ziarna wypalał w piecu glinianym, a następnie mełł je w młynku z żarnami i zaparzał w samowarze. Do dziś pamiętam ten smak.

A oto propozycja parzenia kawy:

- Do garnuszka wlewamy ½ litra wody, dodajemy trochę cynamonu i kardamonu oraz szczyptę soli i gotujemy przez kilka minut.
- Wsypujemy 2 łyżki drobno zmielonej kawy i gotujemy jeszcze przez 3 minuty. Na koniec można dodać trochę miodu.

Parzenie herbaty

Pijmy również herbatę. Delektujmy się jej smakiem, podobnie jak smakiem kawy. Dobrym zamiennikiem zielonej kawy jest zielona lub biała herbata, tym bardziej że również ma pozytywne właściwości: bakteriobójcze i przeciwnowotworowe, poprawia stan skóry. Herbata zielona zawiera mniej kofeiny niż biała.

Kupujmy tylko herbatę liściastą (najmniej polecam herbatę czarną). Oto sposób jej parzenia:

- Przed wsypaniem liści herbaty do dzbanka na chwilę zalewamy go wrzątkiem, aby się rozgrzał.
- Wsypujemy nie więcej niż 1 łyżeczkę liści herbaty na osobę (białej herbaty – 2 łyżeczki).
- Herbatę zalewamy wodą o odpowiedniej temperaturze (zob. tabela poniżej).
- Dzbanek przykrywamy pokrywką.

Woda, którą zaparzamy herbatę, powinna być zagotowana tylko raz. Herbata parzona krótko – pobudza, parzona dłużej – relaksuje.

TABELA 28. KAŻDY RODZAJ HERBATY WYMAGA INNEJ TEMPERATURY I CZASU PARZENIA

RODZAJ HERBATY	TEMPERATURA PARZENIA	CZAS PARZENIA
Czerwona	95°C	3–7 minut
Biała	75–85°C	5–9 minut
Zielona	70–80°C	1–3 minuty
Żółta	80°C	1–3 minuty

(Po 3 minutach od zagotowania woda osiąga 90°C, po kolejnych 12–14 minutach jej temperatura spada do 75°C).

9 UWAŻAJMY, ABY NIE PRZESOLIĆ!

Na temat soli krążą różne opinie. Jest nadużywana, więc ogłoszono ją „białą trucizną". Czy słusznie? Ten składnik jest niezbędny do prawidłowego funkcjonowania organizmu, ale trzeba go odpowiednio zbilansować. Ważna jest ilość, jakość i źródło pochodzenia soli.

Spożywamy jej zbyt dużo, ponieważ sporo dodaje się do przetworzonej żywności. Nadużywanie soli niszczy strukturę nerek oraz osłabia nadnercza, ale gdy dostarczamy jej za mało, to też niedobrze. Czasami mamy ochotę na słone potrawy. Dzieje się tak, gdy odczuwamy spadek energii, gdy organizm jest zakwaszony lub gdy trawienie jest spowolnione. Wtedy chętnie sięgamy po słone wędliny i żółty ser, ale te produkty nie służą naszemu zdrowiu.

Dobrą sól morską można rozpoznać po charakterystycznych cechach:

- Barwa pełnowartościowej soli morskiej nie jest biała, ale lekko przybrudzona.
- W składzie podanym na opakowaniu powinna znajdować się tylko jedna pozycja: *Maris Sal*, *Dead Sea salt* lub w języku polskim: sól z Morza Martwego – 100%.
- Kraj pochodzenia oryginalnej soli morskiej to np. Izrael czy Jordania, czyli obszar Morza Martwego.
- Producenci prawdziwej soli morskiej: Lima i Celtic (z Bretanii), Muramato i Si (z Meksyku), Maldon (z Anglii).

Zazwyczaj używamy zwykłej soli oczyszczonej, z dodatkiem jodu, który szybko z niej wyparowuje. Proponuję natomiast dodawać do potraw sól kamienną oraz morską. Warto wiedzieć, że profil mineralny pełnej soli morskiej jest zbliżony do profilu mineralnego organizmu człowieka.

Sól morską dobrze jest mieszać z solą kamienną. Ona również ma sporo wartości. Używali jej nasi przodkowie. Wiele razy przekonywałam się, że wiedzieli, co dobre. Sól kamienna jest doskonałym źródłem łatwo przyswajalnych kompleksów żelaza, wapnia, magnezu. Z tego powodu warto używać obu rodzajów soli. Jedna ma więcej jodu, druga – więcej składników odżywczych.

10 | WODA – ŹRÓDŁO ZDROWIA

Woda to podstawowy składnik, jakiego stale powinniśmy sobie dostarczać. Jej zbyt mała ilość w organizmie powoduje obciążenie toksynami, zaparcia, skłonność do przejadania się, suchość skóry oraz uszkodzenie nerek.

Ciało człowieka to w 75% woda. Podstawowym składnikiem wody jest tlen, który stanowi aż 90% jej ciężaru. Tlen uczestniczy w metabolizmie kolagenu. W ten sposób pośrednio odpowiada za spowalnianie procesu starzenia się skóry. Człowiek pozbawiony odpowiedniej ilości tlenu czuje się zmęczony, przytłumiony, ma depresyjny nastrój. Jego brak odczuwają zwłaszcza osoby, które cierpią na anemię. Powinny one pić dużo wody dobrej jakości. Również mózg i serce potrzebują dużo tlenu, natomiast wątroba wykorzystuje go do regeneracji. Tlen niszczy bakterie, wirusy, pasożyty i drożdże.

Dorosły człowiek potrzebuje około 30 ml wody na 1 kg masy ciała.

Niestety, chociaż wiele się mówi o tym, jak bardzo woda jest nam potrzebna, wciąż pijemy jej za mało. A ważna jest nie tylko ilość wody dostarczanej organizmowi, lecz także jej jakość. Nie zapominajmy o wodach źródlanych z podziemnych warstw wodonośnych. Powinny one być pozbawione zanieczyszczeń i szkodliwych mikroorganizmów pochodzących ze środowiska zewnętrznego. Obecnie najczęściej woda przelewana jest do plastikowych butelek. Nie wiadomo, czy przechowywanie jej w syntetycznym opakowaniu nie powoduje, że jest szkodliwa dla zdrowia. Wciąż trwają dyskusje naukowców na ten temat. Na pewno butelka z wodą pozostawiona w nagrzanym samochodzie będzie źródłem szkodliwych związków, które wydzielają się z niej pod wpływem wysokiej temperatury.

11 DESERY POPRAWIAJĄ SAMOPOCZUCIE

Deser, który zaspokoi ochotę na słodycz, może być bardzo prosty, na przykład składać się tylko z jednego rodzaju owocu. Podglądnijmy Francuzów, którzy po posiłku w restauracji proszą o świeżą gruszkę lub jabłko. Dostają je na talerzyku z nożykiem i mogą sobie owoc samodzielnie obrać.

Postanowiłam kilka zdań poświęcić deserom, ponieważ są ważnym elementem diety, a obecnie zupełnie zatraciły funkcję, jaką powinny pełnić. Deser kojarzy się z dużą ilością cukru zawartego w słodkich ciastach, batonach czy lodach. Takie smakołyki jedzone po obfitym obiedzie, składającym się z ziemniaków, smażonego kotleta schabowego i odrobiny surówki, są skutecznym dopełnieniem „bomby kalorycznej". Po tak sycącym posiłku organizm dodatkowo będzie domagał się kawy.

Wątpię, abyśmy byli w stanie odmówić sobie słodkiego smaku, więc desery w diecie powinny się znaleźć. Należy tylko przestrzegać pewnych reguł. Przygotowując taką przekąskę, należy unikać sody oczyszczonej i słodzików. Dbajmy o to, aby składniki użyte do wypieku, takie jak pełnoziarnista mąka czy tłuszcze, były świeże i dobrej jakości. Wynika z tego, że najlepiej przygotowywać desery samodzielnie, zamiast kupować je w sklepie.

12 | ZAPROŚMY DO KUCHNI ZDROWE PRODUKTY!

Nadszedł czas na zmiany! Mam nadzieję, że lektura tej książki zachęci wszystkich czytelników do prowadzenia zdrowego trybu życia. Powinno zależeć nam na tym, aby naturalne produkty zadomowiły się w naszej kuchni, ponieważ samopoczucie nasze i naszych bliskich jest najważniejsze! Przygotujmy sobie wygodne stanowisko pracy. Odpowiednio wyposażona kuchnia ułatwi i uprzyjemni nam gotowanie.

Udzieliłam już wielu rad, co jeść, a teraz doradzę, jak jedzenie przyrządzać:

- Zacznijmy od gruntownego posprzątania kuchni. Niech znajdą się w niej tylko produkty poprawiające zdrowie. Należy wyrzucić: wszelkiego rodzaju mieszanki przypraw, produkty zawierające konserwanty, czyli: barwniki, stabilizatory, emulgatory (wszystko, co zawiera E), oczyszczone mąki, biały cukier, produkty rafinowane, takie jak skrobia kukurydziana czy biały ryż.
- Podczas gotowania tylko na tej czynności się skupmy i nie róbmy nic innego. Gotowanie może być chwilą relaksu, przy miłej muzyce, zapalonej świecy, tak aby nie kojarzyło się z mozolną harówką. Wprawdzie samodzielne gotowanie wymaga nieco więcej czasu, na którego brak stale narzekamy, ale warto poświęcić go trochę na kulinarne dogadzanie sobie i naszym bliskim – będą się cieszyć ze smacznego posiłku.
- Czas spędzany w kuchni upłynie szybciej i milej, gdy będziemy sprzątać w trakcie gotowania, aby blat był zawsze gotowy do wykonania następnej czynności, a zlew nie wypełniał się naczyniami. Bałagan w trakcie gotowania wprowadzi do kuchni chaos. Poza tym perspektywa długiego i mozolnego sprzątania po posiłku odbiera radość ze spożywania pysznych potraw.

- Zaopatrzmy się w przybory kuchenne, które się nam podobają, i o nie dbajmy, aby mogły długo nam służyć.
- Gąbki i ściereczki do mycia i wycierania naczyń powinny być zawsze czyste.
- Lodówka wymaga systematycznego sprzątania i przeglądania produktów. Róbmy to raz w tygodniu. Lodówkę najlepiej myć roztworem octu i wody w stosunku 1:1. Koniecznie pozbywajmy się wszystkiego, co ma pleśń. Pamiętajmy, aby zielone warzywa, takie jak sałata, roszpunka, brokuły, zjeść w ciągu trzech dni od zakupu.

Oto kilka moich wskazówek dotyczących sprzętów kuchennych:

- Najlepsze są garnki ceramiczne, szklane, gliniane, bez zawartości ołowiu, żeliwne z grubym dnem. Metale, np. nikiel czy aluminium, które znajdują się w naczyniach ze stali nierdzewnej, niszczą florę bakteryjną. Po ugotowaniu potrawy w garnkach nierdzewnych proponuję przełożyć ją do naczynia ceramicznego i w nim przechowywać potrawę w lodówce.
- Radzę unikać naczyń, które zawierają powłoki nieprzywierające. Dobrze by było zrezygnować z metalowych czajników, a używać szklanych.
- Pozbądźmy się z kuchni przedmiotów uszkodzonych. Poobijane garnki, uszkodzone pokrywki, tępe noże, niesprawny sprzęt kuchenny utrudniają pracę.
- Nie należy przechowywać żywności w plastikowych pojemnikach oraz owiniętych w folię aluminiową. Badania naukowe wykazały, że folia aluminiowa może powodować nowotwór piersi. Produkty wkładajmy do szklanych naczyń do przechowywania żywności albo pakujmy w papier.
- Do gotowania na parze najlepsze są naczynia bambusowe.

- Deski do krojenia powinny być z drewna.
- Do mieszania potraw polecam tylko drewniane łyżki.
- Nie używajmy kuchenek mikrofalowych do podgrzewania żywności.

Zdarzało się, że przeglądałam lodówki i szafki kuchenne moich pacjentów. Czego tam nie było! Znajdowałam stare dżemy z hodowlą pleśni, przeterminowane jogurty, zwiędnięte, zgniłe warzywa, zjełczałe masło. Nie tylko widok, lecz także zapach był nieprzyjemny.

Kuchnia często jest centralnym punktem w domu, miejscem, które przyciąga cudownym zapachem pysznego jedzenia. Dzieciom kojarzy się z obecnością krzątającej się mamy, która przyrządza ich ulubione potrawy. Bywa miejscem spotkań towarzyskich. Wolimy siedzieć z kawą przy kuchennym stole zamiast w pokoju na sofie, bo jest jakoś milej i przytulniej. Dlatego dbajmy o kuchnię, aby zawsze panowała w niej wspaniała rodzinna atmosfera.

VII. BADANIA – DROGA DO TRAFNEJ DIAGNOZY

Kiedy czujemy się źle i zauważamy niepokojące symptomy, koniecznie trzeba ustalić, co jest powodem pogorszenia stanu zdrowia. Po wnikliwej analizie objawów i wstępnym ustaleniu przyczyn dolegliwości można wykonać konkretne badania. W obecnych czasach nauka dysponuje wieloma narzędziami diagnostycznymi, które mogą pomóc w ukierunkowaniu terapii. W procesie zdrowienia najważniejsze jest doświadczenie terapeuty, który powinien dobrać najskuteczniejszą metodę leczenia. Niezliczone blogi, fora i dyskusje w Internecie na temat leczenia różnego rodzaju dolegliwości świadczą o tym, że desperacko szukamy pomocy i wsparcia. Najwyraźniej nie znajdujemy ich w gabinecie lekarskim. Zadajemy sobie pytanie: Czy lekarzom brakuje wiedzy medycznej, czy dobrej woli do tego, aby pomóc? Myślę, że nie w tym tkwi problem. Brakuje czasu na profilaktykę i brakuje czasu na leczenie. Bardzo mało uwagi poświęcamy naszemu zdrowiu. Przychodzimy do lekarza dopiero wtedy, gdy nasz stan jest tak ciężki, że nie pozwala już normalnie funkcjonować. Wtedy trudno jest pomóc.

Omówienie najczęściej występujących problemów zdrowotnych, opisanie objawów i wskazanie badań, które należy wykonać, pomogą wstępnie zdiagnozować chorobę. Z doświadczenia wiem, że coraz trudniej uzyskać skierowanie na badania laboratoryjne. Wszystkie badania, które zostały opracowane w tym poradniku, można wykonać w każdym laboratorium. Wystarczy znać ich nazwę. Większość opisanych przeze mnie badań jest refundowana przez Narodowy Fundusz Zdrowia. W praktyce płaci się za nie z puli pieniędzy, jaką dostaje lekarz rodzinny na pacjenta. Jest to bardzo niekorzystne finansowo dla lekarza. Z tej puli musi on opłacić podatki, ubezpieczenia zdrowotne swoje i pracowników, wynajem lokalu, wynagrodzenie i całą obsługę gabinetu lekarskiego. Według mnie każdy obywatel Polski, który jest zainteresowany sprawami własnego zdrowia i profilaktyką, powinien otrzymać możliwość dofinansowania podstawowych badań z osobnego pakietu świadczeń.

Profilaktyka kosztuje mniej niż leczenie przewlekle chorego pacjenta. Mówiłam na ten temat w 2015 roku na posiedzeniu Komisji Zdrowia w Senacie. Wyliczyłam na przykład, ile kosztuje wykonanie badania, które diagnozuje stan zapalny macicy, a ile kosztuje nieudany zabieg *in vitro*, kiedy zapłodnione jajeczko nie może zagnieździć się w chorej macicy. Moja prelekcja wzbudziła zainteresowanie, ale nie przyniosła żadnego odzewu ze strony Ministerstwa Zdrowia.

Każdy, kto interesuje się stanem swojego zdrowia, powinien wykonać podstawowe badania bez względu na ich koszt. Rozszerzone badania, łącznie z panelem alergicznym (np. mieszanym), kosztują około 300 zł. Proponuję wykonać je tylko raz w roku. Koszt podstawowych badań to około 150 zł, więc wykonanie ich dwa razy w roku nie będzie ogromnym obciążeniem finansowym. Na pewno mniejszym niż późniejsze leczenie. Pacjenci przed wizytą w moim gabinecie dietetyka wydawali średnio 300 zł miesięcznie na leczenie. Koszty wynikały z licznych wizyt w gabinetach lekarskich oraz z kupowania lekarstw.

Obecnie każdy z nas może zlecić wykonanie badań w laboratorium. W innych krajach europejskich nie jest to możliwe. Badania musi zlecić lekarz. Taki problem mają na przykład moi pacjenci mieszkający w Anglii czy Irlandii. Trudno postawić diagnozę lub sprawdzić postępy w leczeniu, ponieważ tamtejsi lekarze nie godzą się na zlecenie odpowiednich badań.

Opracowałam podstawowy zestaw badań oraz wstępne zalecenia oparte na zmianie nawyków żywieniowych. Jeżeli choroba nie wynika z wad wrodzonych, to zazwyczaj w początkowych stadiach można ją zatrzymać i wyleczyć, stosując odpowiednią dietę. Gdy zmiana nawyków żywieniowych nie pomaga, należy wprowadzić zalecenia, które działają intensywniej, regenerując zarazem układ pokarmowy, odpornościowy i nerwowy. Proponuję zastosować mój autorski program „Sześć kroków wyjścia z alergii” (zobacz: część VIII). Jednocześnie trzeba prowadzić leczenie farmakologiczne pod kontrolą lekarza specjalisty.

1 | „BĘDĘ SIĘ REGULARNIE BADAĆ!”. POSTANOWIENIA A SMUTNA RZECZYWISTOŚĆ

Zazwyczaj nie badamy się, bo nie mamy na to czasu. Zawsze znajdzie się coś pilniejszego do zrobienia. Musimy się zmobilizować, zwłaszcza gdy niedawno przeżyliśmy duży stres lub żyjemy w przewlekłym stresie.

Jedna z moich pacjentek, z zawodu kosmetyczka, pracowała od godziny 10.00 do 19.00. Nie dbała o regularne posiłki. Nie robiła sobie przerwy nawet na wypicie kawy. Zaczęła odczuwać przykre tego konsekwencje. Traciła na wadze, jej włosy zmatowiały, stały się cienkie i wypadały garściami. Do tego doszły palpitacje serca, stany lękowe, bezsenność, rozchwianie emocjonalne. Miesiączkowała nieregularnie. Ginekolog przepisał jej leki hormonalne, a psychiatra przeciwdepresyjne. Pacjentka czuła się coraz bardziej osłabiona. Problemy zdrowotne uniemożliwiały prowadzenie firmy i groziło jej bankructwo. Trafiła do mojego gabinetu. Dałam jej wykaz badań, jakie powinna zrobić w laboratorium. Co się okazało? Problemy wynikały z zaburzonej pracy tarczycy. Wyniki badań były następujące: TSH wynosiło 6, a anty-TPO około 500. Świadczyły o silnym stanie zapalnym tarczycy. Skierowałam pacjentkę do endokrynologa. Badanie USG wykazało guzki na tarczycy. Lekarz zapisał hormony tarczycowe, a ja wprowadziłam odpowiednie zalecenia żywieniowe. Samopoczucie pacjentki zaczęło się stopniowo poprawiać. Leki obniżyły jej poziom TSH. Kobieta zmieniła nawyki żywieniowe. Te ciężkie doświadczenia były motorem zmian nie tylko w sposobie odżywiania. Mniej pracy, więcej odpoczynku, regularne posiłki, spokój i pozytywne myślenie – wszystko to spowodowało, że moja pacjentka stała się inną kobietą: szczęśliwą, uśmiechniętą i pełną energii.

Niestety, obecnie coraz więcej osób cierpi na zaburzenia związane z czynnością tarczycy. Prawdopodobnie jest to związane z przewlekłym stresem i przepracowaniem.

Pogorszenie samopoczucia i nagłe osłabienie są sygnałem do wykonania wszystkich podstawowych badań. Nie zrzucajmy winy na przesilenie wiosenne lub zimowe, na brak słońca czy spadek ciśnienia. Nie bierzmy na poważnie ogólnego przekonania, że lepiej się nie badać i nie szukać choroby, bo jeszcze coś się znajdzie. Polecam inne motto: „Lepiej zapobiegać, niż leczyć".

Olej w samochodzie sprawdzamy na bieżąco. Wymieniamy klocki hamulcowe, aby w przyszłości uniknąć wypadku. Jeśli tego nie zrobimy, możemy rozbić samochód i wydać o wiele więcej pieniędzy na jego naprawę. Jest też oczywiste, że klocki nie naprawią się same. Te same zasady dotyczą naszego organizmu.

2 | PODSTAWOWE BADANIA

Proponuję wykonywać badania profilaktycznie dwa razy w roku, nawet jeśli nie ma żadnych niepokojących objawów. Obecnie wszystkie laboratoria analityczne w opisie badań podają zakres referencyjny, więc można samodzielnie stwierdzić, czy wyniki są w normie. Jeżeli nie ma odchyleń w parametrach ani żadnych niepokojących objawów, możemy być spokojni o swoje zdrowie. Następne badania dopiero za rok. Jeśli natomiast są odchylenia, trzeba szukać przyczyn tych nieprawidłowości!

Dobrze jest wybrać laboratorium, z którym współpracuje nasz lekarz rodzinny. Gdy w badaniach pojawią się odchylenia od normy i konieczne będzie monitorowanie postępów w leczeniu (przypominam: przede wszystkim poprzez zmianę nawyków żywieniowych), wtedy lekarz rodzinny powinien zlecić badania kontrolne, a za badania zlecone przez lekarza nie płacimy. Ponadto laboratoria analityczne wykonują badania, stosując różne odczynniki, więc wyniki tych samych badań z różnych laboratoriów mogą się różnić.

Podstawowe badania:

- morfologia krwi z rozmazem
- enzymy wątrobowe (ALAT, ASPAT)
- enzymy trzustkowe (lipaza, amylaza)
- TSH, T_3, T_4, anty-TPO, anty-TG
- ogólne badanie moczu.

Przed wykonaniem badania:

- Należy upewnić się, czy o to badanie nam chodzi. Rodzajów badań jest bardzo dużo, mają skomplikowane nazwy, dlatego nietrudno o pomyłkę. Ten poradnik będzie pomocny w doborze odpowiedniego badania.
- Należy wybrać odpowiednie laboratorium analityczne, w którym będzie można to badanie wykonać.

Badania zaczynamy od morfologii krwi

Morfologia krwi obwodowej z wzorem odsetkowym, płytkami krwi nie jest drogim badaniem. Warto je wykonywać, ponieważ z niego możemy dużo wywnioskować na temat naszego stanu zdrowia. Dlaczego?

Krew płynąca w naczyniach krwionośnych (tętnicach i żyłach) przenosi substancje energetyczne, metabolity, hormony i gazy (tlen i dwutlenek węgla). To, co płynie we krwi, ma wpływ na nawodnienie organizmu i jego odporność. To tylko niektóre funkcje krwi. Bardzo ważne jest, aby jej parametry były prawidłowe.

Komórki krwi dzielimy na: krwinki czerwone – erytrocyty (RBC), krwinki białe – leukocyty (WBC), płytki krwi (PLT) – trombocyty, fragmenty komórek znajdujących się w szpiku kostnym.

Oto podstawowe parametry, które określa badanie krwi:

- Erytrocyty żyją około 120 dni i rozpadają się w śledzionie. Z ich rozpadu uwalnia się hemoglobina (HGB). Rolą hemoglobiny jest udział w transporcie gazów oddechowych. Jeden gram hemoglobiny przenosi 1,34 ml tlenu. Hematokryt (HCT) to stosunek objętości krwinek czerwonych do objętości osocza.

> Obniżenie stężenia hemoglobiny i erytrocytów świadczy między innymi o anemii.

Przy podejrzeniu anemii, gdy obniżony jest między innymi poziom hemoglobiny, dobrze jest sprawdzić stężenie żelaza, ferrytyny (zapasu żelaza) oraz kwasu foliowego i witaminy B_{12} w surowicy krwi. Proponuję jeszcze wykonać badanie kału na krew utajoną. Te badania powinien zlecić lekarz rodzinny.

- Zmniejszenie liczby leukocytów świadczy o ogólnym osłabieniu organizmu; takie odchylenie od normy może wystąpić między innymi podczas stresu lub po przebytej infekcji.
- Wzrost liczby eozynofili (EO) lub limfocytów (LYMPH) może sygnalizować choroby alergiczne lub pasożytnicze.

Z podstawowego badania krwi można odczytać dużo więcej, mówi ono bardzo wiele o kondycji organizmu.

3 LECZENIE ANEMII

Anemia to najczęściej spotykana choroba krwi, której przyczyną jest między innymi niedobór żelaza.

Zdarzają się sytuacje, że z wyleczeniem anemii trudno sobie poradzić. W takim przypadku lekarz informuje pacjenta, że to „taka uroda" organizmu. Anemia zawsze oznacza, że w organizmie dzieje się coś złego.

Skutki anemii mogą być bardzo poważne. Brak żelaza utrudnia transport tlenu z płuc do tkanek oraz produkcję energii (m.in. w mitochondriach), powodując niedotlenienie i osłabienie organizmu. Anemia zaburza metabolizm, syntezę DNA oraz funkcjonowanie neuroprzekaźników w mózgu, co jest przyczyną problemów z pamięcią.

Kilka najczęstszych przyczyn anemii

- Niedobór składników pokarmowych, które są niezbędne do budowania krwi. Takimi składnikami są na przykład: żelazo, kwas foliowy, witamina B_{12}, witamina C, miedź.
- Problem z przyswajaniem składników pokarmowych spowodowany na przykład uszkodzeniem jelita przez nietolerowany pokarm, najczęściej gluten i mleko. Za uszkodzenie jelit odpowiedzialne są również pasożyty (*Giardia lamblia*, glista ludzka) oraz grzyby (*Candida albicans*). Przyczyną problemów z przyswajaniem żelaza może być też niedobór kwasu solnego w żołądku. Niedobór kwasu solnego trudno zdiagnozować samodzielnie. To zadanie dla lekarza lub dietetyka.
- Obfite miesiączki spowodowane między innymi zaburzeniami hormonalnymi oraz krwawienie z przewodu pokarmowego.

Można zdiagnozować krwawienie z przewodu pokarmowego, wykonując badanie kału na krew utajoną.

Kobietom zalecam wizytę u ginekologa i poddanie się badaniom specjalistycznym na obecność mięśniaków.

Anemii nie należy ignorować, ponieważ może doprowadzić do poważnych problemów zdrowotnych lub być sygnałem ostrzegającym o utajonych chorobach.

Do mojego gabinetu przyszła 30-letnia pacjentka chora na anemię spowodowaną niedoborami żelaza. Zaleciłam jej wizytę u ginekologa. Okazało się, że ma mięśniaki, które powodowały obfite krwawienia menstruacyjne. Życie pacjentki było zagrożone. Mięśniaki w każdym momencie mogły pęknąć. Przyczyną ich powstawania okazały się zaburzenia hormonalne spowodowane między innymi upośledzoną funkcją tarczycy.

Pacjentom cierpiącym na anemię czasami podaje się jedynie syntetyczne suplementy żelaza. Pomagają, ale nie na długo. Po ich odstawianiu poziom hemoglobiny znowu spada poniżej normy, czyli anemia wraca.

Uzupełnianie niedoborów żelaza

Należy wprowadzić do diety produkty zawierające żelazo. Do tych produktów zaliczamy:

- jajka, amarantus, tłuste ryby, rośliny strączkowe (soczewicę, fasolę, groch);
- zakwas z buraków, buraki pieczone w piekarniku;
- orzechy, migdały, sezam;
- ekologiczne suszone owoce (bez siarczynów), głównie morele; zielone warzywa;
- inne produkty: kelp, imbir (jako dodatek do zup i herbatek ziołowych);
- przyprawy: anyż, kminek, miętę, natkę pietruszki, tymianek, cynamon;

- wołowinę (jeżeli nie ma uczulenia na białko mleka krowiego).

Miałam problemy z anemią w szóstym miesiącu ciąży z moją drugą córką. Byłam wówczas wegetarianką na diecie bezglutenowej i bezmlecznej. Dodatkowo wprowadziłam dietę bezcukrową. Piłam sok z liści pokrzywy (około 1 łyżki dziennie). Już po miesiącu pozbyłam się anemii, a mój poziom żelaza we krwi został nawet przekroczony. Odstawiłam pokrzywowy sok i poziom żelaza się unormował.

Sok z pokrzywy oraz z natki pietruszki to dobre naturalne źródło żelaza, kwasu foliowego i witaminy C. Pokrzywa nie jest zalecana pacjentom alergicznym.

Do leczenia anemii świetnie nadają się wszystkie rośliny zielone, ponieważ zawierają chlorofil, który poprawia wchłanianie żelaza. Chlorofil jest nazywany „krwią roślin" i ma budowę bardzo zbliżoną do krwi człowieka.

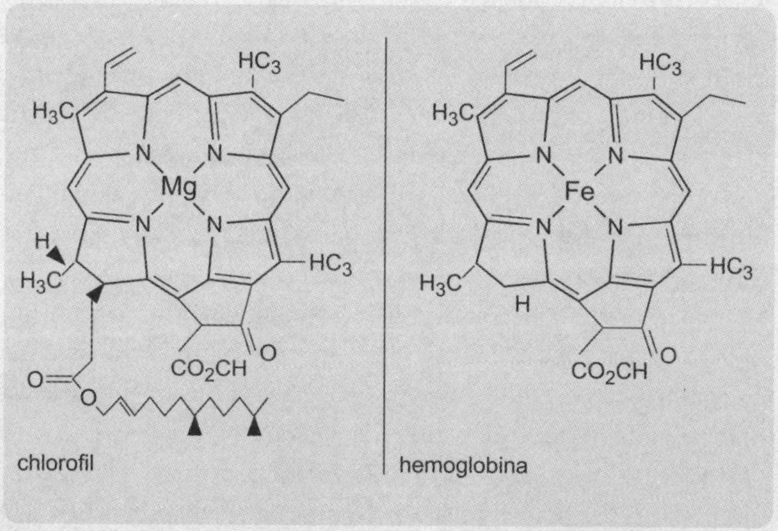

RYCINA 13. PORÓWNANIE BUDOWY CHLOROFILU I HEMOGLOBINY

Źródło: http://www.andromedanaturalna.pl/news/33/85/Chlorofil-zielona-krew-roslin.

Jakie produkty zaburzają wchłanianie żelaza?

W przypadku wystąpienia anemii należy unikać produktów, które utrudniają wchłanianie składników odżywczych, między innymi żelaza. Są to: herbata, kawa, alkohol, różnego rodzaju otręby, szpinak, czekolada, rabarbar, szczaw, nabiał.

Jeżeli konieczne jest uzupełnianie żelaza, należy w tym czasie znacznie ograniczyć spożywanie produktów mlecznych. Wybierać trzeba produkty zakwaszane, takie jak twaróg lub kefir. Wchłanianie żelaza może również zaburzyć witamina E podawana w formie suplementu.

W trakcie leczenia anemii niezbędne jest odstawienie leków branych na własną rękę (np. przeciwbólowych, przeciwzapalnych), ponieważ mają one negatywny wpływ na śluzówkę żołądka. Uszkodzona śluzówka może nie wytwarzać dostatecznej ilości kwasu solnego potrzebnego do wchłaniania żelaza.

Czy stosować suplementy?

Pacjenci często zadają mi to pytanie. Można wspomagać organizm suplementem żelaza w postaci chelatu, aby przyspieszyć nasycenie organizmu żelazem. Stosowanie chelatu nie powinno trwać dłużej niż jeden miesiąc. Te preparaty zazwyczaj nie powodują uporczywych zaparć, a ponadto zabezpieczają przed kumulacją wolnego żelaza w organizmie, co może niszczyć wątrobę, przyczyniać się do uszkodzenia lipidów i DNA oraz wzmagać procesy powstawania komórek nowotworowych (dotyczy to zwłaszcza kobiet w okresie menopauzy). Stosowanie wszystkich suplementów powinno być uzasadnione, poparte wynikami badań i kontrolowane przez lekarza.

Proces nasycenia organizmu żelazem zależy od tego, jakie czynniki zaburzały jego wchłanianie. Jeśli powodem jest zniszczenie jelit nietolerowanymi pokarmami, przyjdzie nam z pomocą program „Sześć kroków wyjścia z alergii" (zobacz:

część VIII), który wyeliminuje problem bez potrzeby suplementacji preparatami żelaza. U jednej z pacjentek udało mi się tym sposobem podnieść poziom hemoglobiny z 6 do 11 g/dl w ciągu dwóch miesięcy!

Przyczyną występowania anemii może być również niedobór witaminy B_{12}, B_6, kwasu foliowego. W takim wypadku zalecam pacjentom wykonanie badania poziomu witaminy B_{12} oraz kwasu foliowego. Istnieje też badanie stężenia witaminy B_6 w surowicy krwi, ale rzadko proponuję je pacjentom, ponieważ jest bardzo drogie. W razie niedoboru jakiejkolwiek witaminy z grupy B dobrze by było wprowadzić suplement zawierający komplet tych witamin, tzw. B kompleks w postaci chelatów.

Jeżeli stosowanie tych zaleceń nie pomoże, należy uznać, że prawdopodobnie przyczyną wystąpienia anemii są inne nieprawidłowości, na przykład schorzenia nerek lub zaburzenia pracy jelit. W przypadku problemów jelitowych proponuję wykonanie badania na obecność pasożytów, szczególnie zakażenia lamblią oraz owsikami.

Jak zdiagnozować obecność pasożytów w organizmie?

Zdarzają się przypadki, kiedy wykrycie pasożytów w organizmie nie jest proste.

Przykładem na to były trudne do zdiagnozowania dolegliwości 16-miesięcznego dziecka: anemia, zmiany skórne, nadpobudliwość, ciągły płacz. Wszystkie badania pod kątem występowania pasożytów wykluczyły ich obecność. Przyczynę dolegliwości wykryto w Centrum Zdrowia Dziecka w Warszawie. Okazało się, że malec zakażony jest lambliozą. Lamblia osadziła się w drogach żółciowych. Po prawidłowym zdiagnozowaniu można było podjąć odpowiednie leczenie. Obecnie dziecko jest zdrowe.

Zakażenie pierwotniakiem *Giardia lamblia* często przebiega bezobjawowo. Jedynie występowanie anemii może świadczyć o zakażeniu. Jeżeli jakieś objawy wystąpią, są to zazwyczaj nudności, gwałtowne, wodniste, sfermentowane stolce, wzdęcia i bóle brzucha.

Diagnostyka obecności pasożytów jest trudna. Dla pewności najlepiej zastosować dwie metody:

- Metodę mikroskopową, która identyfikuje pasożyty w kale. Próbkę kału pobiera się trzykrotnie w odstępie czterech dni. Próbka jest oceniana przez laboranta pod mikroskopem.
- Metodę enzymatyczną, dzięki której wykrywa się obecność antygenów pierwotniaka *Giardia lamblia* w kale. Można wykonać to badanie w dwóch klasach: IgG i IgM – są to przeciwciała (białka) występujące we krwi, wytwarzają się przez kontakt z pasożytem.

Jeżeli w organizmie wykryto pasożyty, należy je zlikwidować. W tym wypadku niezbędne jest leczenie farmakologiczne. Zdarza się, że moim pacjentom zalecam specjalną mieszankę roślinną, która skutecznie usuwa pasożyty, ale pod pewnymi warunkami. Układ odpornościowy musi być wzmocniony stosowaniem zaleceń programu „Sześć kroków wyjścia z alergii” (zobacz: część VIII), a poziom zakażenia lamblią niski.

Leczenie lambliozy jest bardzo trudne, a preparaty są toksyczne. Najważniejszą rolę w procesie leczenia odgrywa zdrowy układ odpornościowy, który w przyszłości poradzi sobie w razie potrzeby z ponownym zakażeniem lambliozą.

Kontrola postępów w leczeniu anemii

Aby upewnić się, czy wybrany przez nas sposób leczenia anemii odnosi skutek, proponuję obserwację postępu leczenia. W tym celu zalecam co miesiąc uzupełniać tabelę objawów. (Zobacz na końcu książki: **Tabela VI.** DZIENNICZEK POSTĘPÓW LECZENIA ANEMII).

4 BADANIE STANU WĄTROBY I TRZUSTKI

Wątroba i trzustka to organy odpowiadające między innymi za trawienie. Dodatkowo wątroba oczyszcza nasz organizm z toksyn, których w środowisku jest niemało. Gdy pacjent skarży się na zmęczenie, ból w górnej części brzucha, wzdęcia oraz problemy z trawieniem, natychmiast zalecam mu wykonanie badań wątroby i trzustki. Nic nie da stosowanie reklamowanych w telewizji preparatów na „poprawę trawienia" oraz „regenerację wątroby", jeśli nie zmienimy nawyków żywieniowych. Najskuteczniejszym lekarstwem na chorą trzustkę i wątrobę jest odpowiednia dieta!

Odwiedził mnie w gabinecie pewien pacjent, chociaż nic go nie bolało i nie miał dolegliwości, które wskazywałyby na problemy z wątrobą. Jednak jego podkrążone oczy, brązowe łokcie i opuchlizna były niepokojące. Przypadkowe badanie ALAT oraz ASPAT wykazały, że pacjent cierpi na bardzo poważne zaburzenia czynności wątroby, które mogły doprowadzić do jej uszkodzenia. Na szczęście schorzenie zostało szybko wykryte i odpowiednia dieta cofnęła wszystkie zmiany.

Jakie badania należy wykonać, aby ocenić pracę wątroby i trzustki?

Polecam tzw. **profil wątrobowo-trzustkowy**. W skład profilu wchodzą następujące parametry:

- aminotransferaza alaninowa (ALAT),
- (aminotransferaza asparaginianowa (ASPAT),
- gamma-glutamylotransferaza (GGT),
- fosfataza alkaliczna,
- bilirubina,
- albuminy,

- amylaza, lipaza,
- badanie kału na resztki pokarmowe.

Pełny obraz stanu wątroby otrzymamy, wykonując dodatkowo badanie pod kątem zakażenia wirusem HCV, który wywołuje wirusowe zapalenie wątroby (WZW) typu C. Badanie takie wykonuje się co parę lat.

Ważne jest również badanie kału, ponieważ dzięki niemu można określić efektywność procesów trawiennych. Obecność w próbce kału kropli tłuszczu, włókien mięśniowych oraz ziaren skrobi świadczy o problemach z trawieniem. Warto wówczas przyjmować enzymy trawienne, oczywiście po konsultacji ze specjalistą.

Najczęściej do zdiagnozowania problemów wątrobowo-trzustkowych wystarczy badanie poziomów: ALAT i ASPAT oraz lipazy i amylazy. Dopiero gdy te parametry są podwyższone, zalecam sprawdzenie pozostałych parametrów z profilu wątrobowo-trzustkowego.

Jeśli choć jeden z wyników badań będzie przekraczał normę, należy natychmiast podjąć leczenie. Nie wolno czekać. Przede wszystkim trzeba odstawić alkohol oraz leki, których branie nie jest konieczne, np. przeciwbólowe i przeciwzapalne.

Osłabienie wątroby i trzustki może być spowodowane niezdrową dietą: tłustą i słodką, spożywaniem dużej ilości produktów smażonych i grillowanych. To należy zmienić! Nie smażyć, nie grillować, odstawić słodycze oraz ograniczyć tłuszcze. Nie są to duże wyrzeczenia, tym bardziej że tych zaleceń nie musimy stosować do końca życia, a tylko do momentu, aż poprawią się wyniki badań. Oczywiście to, że nasza wątroba i trzustka zregenerują się po jakimś czasie, nie oznacza, że możemy bezkarnie obciążać te narządy ciężkimi, niezdrowymi potrawami. We wszystkim trzeba zachować umiar.

Leczniczo w schorzeniach trzustki i wątroby działa dieta lekkostrawna. Na czym ona polega? To dobre pytanie, ponieważ wiele mówi się, słyszy i czyta o diecie lekkostrawnej, ale nikt tego określenia dokładnie nie zdefiniował. Ja odpowiadam tak: w trakcie leczenia wątroby i trzustki swój organizm należy traktować w taki sposób jak organizm dziesięciomiesięcznego dziecka. Wykreślamy z jadłospisu tłustą golonkę, wędliny, słodycze, torty, mięso smażone (takie jak schabowy w panierce). O kawie i alkoholu już nie wspomnę. Zamiast tego jemy delikatne potrawy: duszone warzywa, duszone mięso, lekkie zupy, zmiksowane kasze, tłuszcze głównie pochodzenia roślinnego. Zasada jest prosta: im bardziej ułatwimy wątrobie i trzustce proces trawienia, tym szybciej się zregenerują. Nawet jeśli są w bardzo złym stanie.

Niestety, czasami dieta lekkostrawna nie poprawi funkcji trzustki i wątroby, ponieważ przyczyną problemów zdrowotnych są choroby autoimmunologiczne toczące się w tych narządach.

Oto przykład pacjenta z autoimmunologiczną chorobą trzustki o podłożu alergicznym: 25-letni mężczyzna po czterokrotnie przebytym ostrym stanie zapalnym trzustki leczony był antybiotykami, a następnie sterydami, które jeszcze bardziej uszkodziły chory narząd. Doprowadziło to do poważnej nietolerancji pokarmowej. Chory obecnie może jeść zaledwie kilka produktów. Wykryłam u niego celiakię, czyli wrodzoną nietolerancję glutenu. To była przyczyna złego funkcjonowania trzustki. Niestety, brak dokładnej diagnostyki oraz zbyt pochopna decyzja o podaniu sterydów tak zaburzyły pracę trzustki, że do całkowitego wyleczenia jeszcze długa droga.

Przyczyny osłabienia czynności trzustki i wątroby mogą być różne, a należą do nich między innymi:

- występowanie pasożytów, głównie lamblii;
- patologiczna kumulacja żelaza i miedzi w wątrobie;
- nietolerancja fruktozy;
- długotrwałe przyjmowanie dużej ilości leków;
- nadużywanie alkoholu.

W razie jakichkolwiek problemów z wątrobą i trzustką oraz wynikających z tego przykrych dolegliwości nic nie zdziałamy bez radykalnych zmian w jadłospisie i sposobie przygotowania potraw. Niech nie zwiodą nas kolorowe reklamy, w których aktorzy łykają jakąś pigułkę i dalej mogą się objadać pysznym, choć niezdrowym jedzeniem. Jedynie dzięki odpowiedniej diecie dolegliwości mogą minąć bezpowrotnie!

5 | MIAŻDŻYCA I CHOLESTEROL

Miażdżyca to choroba naczyniowa, która powoduje zgrubienie ścian tętnic. Stają się one mniej elastyczne. Chore naczynia mogą być przyczyną zawału serca, udaru i niedokrwienia kończyn dolnych. Są to poważne schorzenia, które zagrażają życiu. Naczyniom najbardziej szkodzi cukier oraz tzw. stres oksydacyjny, czyli brak równowagi w organizmie pomiędzy wolnymi rodnikami (utleniaczami) a antyoksydantami (przeciwutleniaczami). Ten niekorzystny bilans oznacza, że w diecie brakuje warzyw, owoców, nasion, przypraw, orzechów, ziół. Powinniśmy ograniczyć spożycie mięsa, cukru, alkoholu oraz zrezygnować z palenia papierosów. Na pogorszenie stanu naczyń wpływają również pokarmy, których organizm nie toleruje.

Miażdżyca przez dłuższy czas nie daje żadnych niepokojących objawów. Zaczynają występować, gdy tętnice są już zwężone

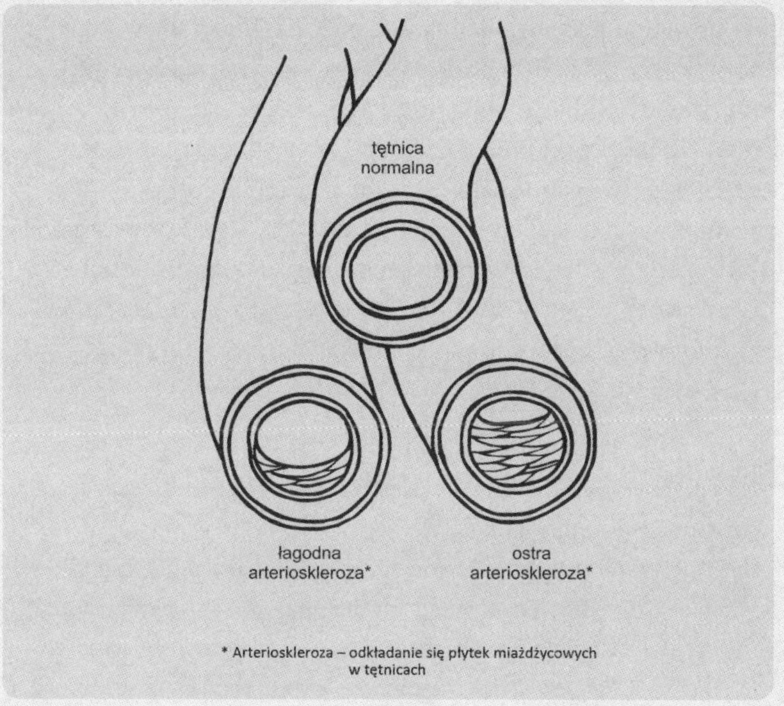

RYCINA 14. NACZYNIA KRWIONOŚNE Z PŁYTKAMI MIAŻDŻYCOWYMI

co najmniej o połowę, ale nawet wtedy nie są one zbyt wyraźne i mocno odczuwalne: organizm szybciej się męczy, słabnie koncentracja, pojawiają się problemy z pamięcią i zapamiętywaniem. Rzadko występują objawy zewnętrzne. Czasami złogi cholesterolowe odkładają się w skórze i są widoczne jako żółte zgrubienia w okolicach powiek albo pod piersiami.

Miażdżycę diagnozuje się dzięki grupie badań zwanej **profilem lipidowym**, do której należą takie parametry, jak: cholesterol całkowity, frakcje HDL i LDL, trójglicerydy, homocysteina. Czytając wyniki badania, należy zwrócić szczególną uwagę na tzw. cholesterol całkowity oraz poziom HDL (dobrego cholesterolu).

Jaki powinien być poziom naszego cholesterolu całkowitego?
Dla każdego z nas prawidłowy poziom cholesterolu oznacza inną wartość. Aby tę liczbę określić, należy poziom HDL (dobrego cholesterolu) pomnożyć razy cztery. Dobry cholesterol odpowiada za usuwanie cholesterolu z tkanek obwodowych oraz ze ścian naczyń, zapobiegając miażdżycy. Wynik równania stanowi górną wartość bezpiecznego dla nas poziomu cholesterolu całkowitego. Jeżeli jest zbyt wysoki, należy zmienić nawyki żywieniowe. Zalecam też dużo więcej ruchu, najlepiej na świeżym powietrzu.

Oto przykład na to, że ilość cholesterolu jest sprawą indywidualną. Wynik badania stężenia cholesterolu u pacjenta w wieku 30 lat wyniósł 160 mg/dl w surowicy krwi, czyli był w normie, natomiast HDL stanowił 30 mg/dl. Po obliczeniach okazało się, że górna wartość cholesterolu całkowitego nie powinna u tego pacjenta przekraczać 120 mg/dl. W innym wypadku pacjentowi groziła miażdżyca.

Przy zagrożeniu miażdżycą należy odstawić alkohol (dopuszczalny jest jeden kieliszek wytrawnego wina w tygodniu) oraz papierosy, a także leki kupowane bez recepty, których zażywanie nie jest konieczne.

Polecam spożywanie produktów zawierających antyoksydanty, które chronią naczynia krwionośne i zmniejszają stres oksydacyjny.

Aby skutecznie obniżyć stężenie cholesterolu, należy wykluczyć z diety niektóre pokarmy, zwłaszcza takie jak: wieprzowina, jagnięcina, wołowina, smalec wieprzowy, wędliny, masło, śmietana, pełnotłuste mleko, tłuste sery żółte, olej kokosowy, masło kakaowe, olej palmowy oraz wszelkie produkty zawierające mieszanki tłuszczów piekarniczych i cukierniczych: ciastka, wafelki, żywność typu fast food. Olej kokosowy uważany jest za zdrowy

TABELA 29. NATURALNE ANTYOKSYDANTY ROŚLINNE

SUBSTANCJA CZYNNA	NIEKTÓRE ŹRÓDŁA
Aurapten, diosmina, hesperydyna	owoce cytrusowe ekologiczne
Daidzeina	soja niemodyfikowana genetycznie
Kwas elagowy	herbata zielona, maliny, truskawki, czarne jagody, winogrona, wiśnie, granaty, orzechy laskowe
Genisteina	soja niemodyfikowana genetycznie
Karnozol	listki rozmarynu
Kurkumina	kurkuma, przyprawa curry
Kwercetyna	cebula, szalotka, czosnek, kabaczki, brokuły, truskawki, ciemne winogrona, miłorząb dwuklapowy (*Ginkgo biloba*)
Likopen	pomidory, arbuzy, czerwone grejpfruty, owoce dzikiej róży
Neoksantyna	szpinak
Kwas protokatechowy	orzechy, owoce, warzywa
Resweratrol	ciemne winogrona, czarne porzeczki, czarne jagody, grejpfruty ekologiczne
Sulforafan	brokuły, brukselka
Sylimaryna	karczochy

Opracowanie własne na podstawie: Stefan Ball, *Antyoksydanty w medycynie i zdrowiu człowieka*, Medyk, Warszawa 2001.

i nie ma wpływu na tworzenie się płytek miażdżycowych, ale ta opinia nie jest jednoznaczna, więc warto poczekać na dalsze doniesienia naukowe i nie korzystać z niego w kuchni zbyt często.

Aby poprawić stan naczyń krwionośnych, polecam jedzenie ryb, suchych roślin strączkowych, warzyw oraz nasion. Dobrze by było przeprowadzić raz w tygodniu jednodniowy post warzywny. Na stan naczyń pozytywnie wpływają pokarmy zawierające przeciwutleniacze, błonnik rozpuszczalny, niezbędne nienasycone kwasy tłuszczowe (NNKT) z grupy omega-3 i omega-6.

Zjawisko powstawania miażdżycy powszechnie kojarzone jest ze spożywaniem tłuszczu. Tłuszcz w organizmie jest niezbędny. Zapotrzebowanie na niego często zależy od indywidualnych potrzeb naszego organizmu. Ważne jest jego źródło. W odpowiednim ułożeniu jadłospisu pomocny będzie rozdział o kuchni naturalnej, który zawiera więcej informacji na temat tłuszczów. Warto wiedzieć, które rodzaje tłuszczów są zdrowe, a które szkodliwe.

Należy wprowadzić do diety przeciwutleniacze roślinne, które łagodzą negatywny wpływ tłuszczów na organizm.

TABELA 30. INDEKS WŁASNOŚCI PRZECIWUTLENIAJĄCYCH WYBRANYCH WYCIĄGÓW ROŚLINNYCH

WYCIĄG ROŚLINNY O WŁASNOŚCIACH PRZECIWUTLENIAJĄCYCH	INDEKS WŁASNOŚCI PRZECIWUTLENIAJĄCYCH (OSŁANIAJĄCE DZIAŁANIE NA TŁUSZCZ KURCZAKA)
Rozmaryn	12,6
Szałwia	8,4
Tymianek	5,7
Lebiodka (oregano)	3,4
Imbir	2,4
Goździki	2,3
Kurkuma	1,8
Liście laurowe	1,5
Pieprz cayenne	1,2

Źródło: Stefan Ball, *Antyoksydanty w medycynie i zdrowiu człowieka*, Medyk, Warszawa 2001.

Jeśli mamy podwyższony poziom cholesterolu, zwracajmy uwagę na tzw. niski indeks glikemiczny pokarmów. Żywność o niskim indeksie glikemicznym nie podnosi znacząco poziomu glukozy. Wykaz takich produktów przedstawię w podrozdziale o cukrzycy i insulinooporności.

Ważnym dopełnieniem diety regulującej cholesterol są ćwiczenia fizyczne, które przy okazji poprawią wydolność serca. Proponuję ćwiczyć co najmniej pięć godzin tygodniowo. Jednak rodzaj oraz intensywność ćwiczeń należy dobierać indywidualnie. Przyda się pomoc doświadczonego fizjoterapeuty. On dobierze zestaw ćwiczeń i pokaże, jak prawidłowo je wykonywać. Źle dobrane ćwiczenia fizyczne mogą bardziej zaszkodzić, niż pomóc.

Jeżeli zmiana nawyków żywieniowych nie przynosi oczekiwanych efektów, możemy mieć do czynienia z autoagresją.

6 | ZDROWE SERCE

Kondycję naszego serca zobrazują badania z **profilu sercowego**, do którego należą: kinaza kreatynowa (CK), ALAT, ASPAT i potas, a także badanie poziomu izoenzymu sercowego kinazy kreatynowej (CK-MB), które ujawnia stopień uszkodzenia mięśnia sercowego. Zdarza się, że pacjenci skarżą się na pogorszenie pracy serca (np. po ciężkiej grypie), dlatego warto wykonać badanie raz w roku. Jeśli wyniki będą nieprawidłowe, należy zastosować zalecenia dotyczące miażdżycy. Wyniki badania serca trzeba zawsze konsultować z lekarzem rodzinnym.

7 | SCHORZENIA NEREK

Każdej doby przez nerki przepływa około 1400 litrów krwi, która jest oczyszczana za pomocą prawie miliona małych filtrów, zwanych nefronami. Każdy nefron składa się z kłębuszka nerkowego, który filtruje krew. Kiedy nefrony są uszkodzone, w organizmie może się nagromadzić zbyt dużo wody oraz szkodliwych produktów przemiany materii.

Nerki produkują aktywną formę witaminy D, niezbędną do wchłaniania wapnia.

Niestety, stopniowo zwiększa się liczba osób cierpiących na przewlekłe uszkodzenie nerek. Często chorzy zbyt późno zaczynają się leczyć. W wielu wypadkach schorzenia nerek są tak poważne, że konieczna jest dializa.

Objawy osłabionej funkcji nerek

Wczesnym objawem schorzenia nerek jest nadciśnienie tętnicze. Często pacjentom zbyt pochopnie przepisuje się leki na nadciśnienie, nie sprawdzając, czy ma ono związek z chorobą nerek. Warto więc wykonać USG nerek oraz zbadać podstawowe ich parametry, zanim przepisze się pacjentowi leki na nadciśnienie.

Leki na nadciśnienie brała moja 63-letnia pacjentka chora na astmę. Mimo zażywania tych leków ciśnienia nie udało się ustabilizować. Dobór odpowiednich farmaceutyków był trudny. Po wykonaniu badań okazało się, że pacjentka ma celiakię, wysoki poziom nietolerancji roztoczy oraz podniesiony poziom kwasu moczowego. Pacjentka miała drugie stadium uszkodzenia nerek. Opracowałam dla niej zalecenia dietetyczne poprawiające ich funkcję, które obejmowały wyeliminowanie glutenu, znaczne ograniczenie soli i białka zwierzęcego oraz spożywanie większej ilości warzyw. Stosowanie diety spowodowało ustabilizowanie ciśnienia oraz poprawę stanu nerek pacjentki.

Inne objawy, które mogą świadczyć o zaburzonej pracy nerek, to: nieprzyjemny zapach z ust, obrzęki, wielomocz, niewydolność serca, łuszczyca, anemia, zaburzenia krzepnięcia krwi, osteodystrofia nerkowa (bóle kości), zwiększone ryzyko złamań. Objawów jest sporo, oczywiście nie występują one jednocześnie.

Metody badania nerek

Warto wykonać raz w roku badania z tzw. **profilu nerkowego**, które obejmują: sód, potas, mocznik, kwas moczowy i kreatyninę – badania te wykonuje się z krwi. Aby otrzymać pełny obraz stanu nerek, dobrze jest wykonać dodatkowo USG nerek, moczowodów i pęcherza oraz ogólne badanie moczu z mikroskopową oceną osadu.

Ogólne badanie moczu określa jego barwę i przejrzystość oraz wartość pH. Odczyn moczu powinien być kwaśny (pH 5–6). Kwaśne środowisko zapobiega rozwojowi bakterii.

Niepokojący objaw to wykrycie w moczu:

- białek, co świadczy o zaburzonej funkcji nerek;
- bilirubiny, co może świadczyć o osłabionej funkcji wątroby;
- azotynów, co może świadczyć o infekcji bakteryjnej;
- erytrocytów i leukocytów, które świadczą o osłabionej funkcji nerek oraz o stanach zapalnych;
- ciał ketonowych, co może świadczyć o cukrzycy.

Jeżeli w moczu znajdują się te związki, należy poprosić lekarza o dokładną interpretację wykonanych badań.

Stan nerek można również sprawdzić, obliczając tzw. szacunkowy współczynnik filtracji kłębuszkowej (eGFR): jest to ilość osocza przefiltrowana w jednostce czasu przez kłębuszki nerkowe do tak zwanego moczu pierwotnego. Raz w roku warto policzyć te wielkości samodzielnie, ponieważ w ten sposób skrócimy czas oczekiwania na diagnozę oraz odpowiednie leczenie. Na obliczenie eGFR istnieje wiele wzorów, ja podaję najprostszy:

eGFR [ml/min] = (140 – wiek [lata]) × masa ciała [kg] : 72 × stężenie kreatyniny w surowicy krwi (mg/dl)

Wartość obliczonego eGFR należy pomnożyć razy 0,85 (dotyczy kobiet).

Samodzielna diagnoza na podstawie wzoru na eGFR nie jest trudna. Sposób zastosowania wzoru ilustruje poniższy przykład:

Kobieta w wieku 46 lat, ważąca 64 kg, kreatynina: 0,81 mg/dl.
eGFR = (140 – 46) × 64 kg : 72 × 0,81 = 94 × 64 : 58,32 = 103,15
Ponieważ przykład dotyczy kobiety, wynik 103,15 mnożymy razy 0,85, czyli 103,15 × 0,85 = 88, co oznacza, że pacjentka jest w II (G2) stadium uszkodzenia nerek.

Poniższa tabela ilustruje sposób interpretacji wyników obliczeń eGFR (klasyfikacja PChN). Ukazuje stadia przewlekłej choroby nerek na podstawie szacunkowego współczynnika filtracji kłębuszkowej.

TABELA 31. STADIA PRZEWLEKŁEJ CHOROBY NEREK NA PODSTAWIE SZACUNKOWEGO WSPÓŁCZYNNIKA FILTRACJI KŁĘBUSZKOWEJ

STADIUM CHOROBY	eGFR (ml/min/1,73 m^2)	OPIS
G1	> 100	prawidłowa funkcja nerek
Stadium I G1	90	uszkodzenie nerek z prawidłowym lub podwyższonym eGFR
Stadium II G2	60–89	uszkodzenie nerek z łagodnym obniżeniem eGFR
Stadium II G3 a	45–59	uszkodzenie nerek z umiarkowanym obniżeniem eGFR (jawna wyrównana niewydolność nerek) – wymagana jest konsultacja z dietetykiem klinicznym
Stadium III G3 b	30–44	uszkodzenie nerek z umiarkowanym obniżeniem eGFR (jawna wyrównana niewydolność nerek) – wymagana jest konsultacja z dietetykiem klinicznym
Stadium IV	15–29	uszkodzenie nerek z ciężkim obniżeniem eGFR (jawna niewyrównana niewydolność nerek) – stadium przeddializacyjne
Stadium V	poniżej 15	niewydolność nerek – dializa

Źródło: według KDIGO, 2012.

Po trzech miesiącach od wprowadzenia zaleceń dietetycznych ponownie wykonujemy badanie poziomu kreatyniny w surowicy krwi. Wynik eGFR powyżej 100 daje pewność, że nerki są zdrowe i funkcjonują prawidłowo. Przyznaję, że w swojej pracy nigdy nie spotkałam się z tak dobrym wynikiem u któregokolwiek z pacjentów. To dowód na to, że nikt, kto odwiedził mój gabinet, nie miał zdrowych nerek.

Zalecenia ogólne dotyczące poprawy wydolności nerek

W wypadku stadium od I do III choroby nerek proponuję wprowadzić ogólne zasady poprawiające ich funkcjonowanie: obniżyć zawartość soli w pożywieniu, unikać żywności przetworzonej chemicznie, nie przekraczać normy spożycia białka oraz pić odpowiednią ilość płynów. Niekiedy stadium III oznacza konieczność wprowadzenia zaleceń specjalnych oraz porady dietetyka. Jeśli choroba nerek osiągnie IV etap, nie należy leczyć się samodzielnie. Konieczna jest wizyta u doświadczonego dietetyka!

Do regularnych badań namawiam zwłaszcza kobiety po 50 roku życia, ponieważ są w grupie podwyższonego ryzyka zachorowań na nerki. Poziom kreatyniny w górnej granicy może świadczyć o mocno upośledzonej funkcji nerek.

Dieta zalecana w chorobach nerek to przede wszystkim dbanie o równowagę kwasowo-zasadową, czyli unikanie produktów zakwaszających organizm.

TABELA 32. ZESTAWIENIE PRODUKTÓW ZASADOTWÓRCZYCH I ZAKWASZAJĄCYCH ORGANIZM

PRODUKTY ZASADOTWÓRCZE	PRODUKTY ZAKWASZAJĄCE
1. **Warzywa**: wszystkie warzywa, soki warzywne świeże, przygotowywane samodzielnie. 2. **Owoce**: wszystkie dojrzałe owoce, a także owoce suszone bez dodatku siarki (oprócz śliwek świeżych i suszonych). 3. **Wodorosty morskie.** 4. **Nabiał**: jogurt naturalny bezsmakowy, kefir naturalny bezsmakowy. 5. **Sezam.** 6. **Migdały.** 7. **Niegazowana woda mineralna.** 8. **Zioła**: natka pietruszki, szczypiorek, majeranek, tymianek, oregano, koper, kminek, papryka, pieprz, czosnek.	• **Ograniczyć**: mięso, ryby, jajka (średnio do 100 g dziennie). • **Całkowicie wykluczyć**: wędliny, rosoły, podroby; cukier, słodycze, sztuczne słodziki; przetworzone produkty zbożowe (np. płatki śniadaniowe); mąkę oczyszczoną, ryż oczyszczony, koncentraty mąk bezglutenowych; kawę, herbatę, czekoladę, alkohol; napoje zawierające kwas węglowy (czyli wszystko, co gazowane); sery: żółty, topiony, pleśniowy. • **Stosować** produkty słabo zakwaszające, które należy jadać, aby nie doprowadzić do zasadowicy. **SŁABO ZAKWASZAJĄ**: rośliny strączkowe, orkisz i pełnoziarniste produkty zbożowe, kasza gryczana, ryż brązowy, orzechy.
ŻYWNOŚĆ OBOJĘTNA: masło garni, oleje tłoczone na zimno. Produkty mleczne odkwaszają organizm, ale często są alergenami, więc mogą uszkadzać nerki. Kompleksy immunologiczne składające się z białka mleka i przeciwciał przeciwko mleku często uszkadzają strukturę kłębuszków nerkowych. Z produktów mlecznych polecam więc tylko kefir, bo jest zakwaszony. Natomiast twaróg może już zawierać za dużo białka zwierzęcego. To samo dotyczy glutenu.	

CHORE NERKI – MNIEJ SOLI | Wartość referencyjna spożycia soli (NaCl) na dobę wynosi 6 g na osobę dziennie, a u dzieci dużo mniej. Każdy produkt spożywczy powinien mieć oznakowanie, ile zawiera soli. Jeśli zaczniemy zwracać uwagę na ilość soli w pożywieniu, to okaże się, że spożywamy jej zbyt dużo. To jedna z przyczyn chorób nerek. Należy wyeliminować z diety wszystkie produkty z dodatkiem soli kuchennej, takie jak: marynaty, przetwory mięsne, konserwy, produkty wędzone, żółte sery, kiszonki, koncentraty spożywcze z dodatkiem glutaminianu sodu.

MNIEJ BIAŁKA ZWIERZĘCEGO | Produkty zawierające białko zwierzęce to między innymi mięso, ryby i jajka. Nie należy przekraczać dziennej ilości ich spożywania, czyli około 100 g. Najbardziej niepożądanymi produktami zawierającymi białko zwierzęce są żółte sery, zwłaszcza parmezan, ponieważ dodatkowo zawierają duże ilości soli.

Obserwujmy postęp leczenia nerek, oceniając swoje samopoczucie w skali od 0 do 10, gdzie 10 będzie oznaczało stan najgorszy. (Zobacz na końcu książki: **Tabela VII.** DZIENNICZEK POSTĘPÓW LECZENIA SCHORZEŃ NEREK).

Jeśli omówione metody leczenia nie przyniosą pozytywnych efektów, przyczyną choroby nerek może być alergia. Proponuję w takiej sytuacji wprowadzić program „Sześć kroków wyjścia z alergii" (zobacz: część VIII) co najmniej na trzy miesiące.

8 | MOCNE KOŚCI

Główna choroba związana z zaburzeniami metabolizmu tkanki kostnej to **osteoporoza. Polega na niszczeniu mikrostruktury przestrzennej tkanki kostnej**. Kości stają się kruche i łatwo się łamią. Na tę dolegliwość cierpią głównie kobiety. Pierwszym objawem osteoporozy jest ból pleców, ponieważ dotyczy ona przede wszystkim kości kręgosłupa.

Badania, jakie należy wykonać, aby sprawdzić stan kości

Oto badania krwi i moczu, jakie należy wykonać, chcąc sprawdzić stan kości, oraz nieprawidłowe wyniki tych badań:

- fosfataza alkaliczna – poziom podniesiony,
- witamina D – poziom obniżony,

- fosforany – poziom obniżony,
- wapń – zazwyczaj w dolnej granicy normy,
- parathormon (PTH) – poziom podniesiony,
- dobowa zbiórka moczu (DZM) – poziom wapnia i fosforu oraz poziom wydalania podniesiony.

Jak poprawić wchłanialność wapnia?

O stanie kości decyduje wiele czynników, między innymi gospodarka wapniowo-fosforanowa, której wydolność zależy od pracy tarczycy, gruczołów przytarczycznych, nerek oraz wątroby. Dzięki pracy nerek oraz wątroby wytwarzana i wchłaniana jest witamina D_3, która ułatwia przyswajanie wapnia. Aby wzmocnić kości, należy najpierw poprawić stan nerek.

Wchłanialność wapnia zaburzana jest również przez nadużywanie alkoholu (powyżej 20 g na dobę) oraz picie zbyt dużej ilości kawy (powyżej 500 ml na dobę).

Kości należy wzmacniać, dostarczając organizmowi odpowiednią ilość wapnia z naturalnych produktów:
wody mineralnej, która zawiera powyżej 300 mg Ca/l, oraz zielonych warzyw, orzechów, nasion, glonów, suchych roślin strączkowych. Trzeba też ograniczyć ilość soli w pożywieniu (poniżej 6 g/dobę).

Lepsza kondycja fizyczna to również lepsza kondycja kości, więc co najmniej trzy razy w tygodniu należy zapewnić sobie więcej ruchu.

W aptekach można kupić suplementy wapnia. Wybierajmy te zawierające cytrynian wapnia. Nie polecam preparatów z węglanem wapnia. Suplementów wapnia nie powinny przyjmować osoby, których żołądek wytwarza zbyt mało soków żołądkowych, na przykład z powodu podeszłego wieku.

Dostępne są również suplementy witaminy D. Można przyjmować ją przez 4–6 tygodni. Należy sprawdzić poziom witaminy D przed suplementacją oraz po okresie suplementacji.

Obserwujmy postęp leczenia osteoporozy, wypełniając systematycznie dzienniczek objawów i oceniając ich intensywność w skali 0–10. (Zobacz na końcu książki: **Tabela VIII.** DZIENNICZEK POSTĘPÓW LECZENIA CHORÓB KOŚCI).

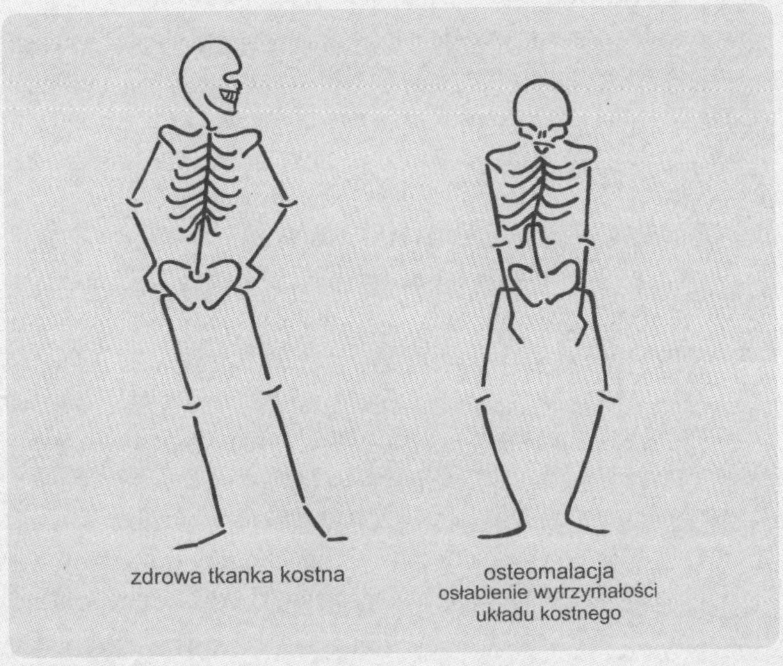

RYCINA 15. SCHEMAT PORÓWNUJĄCY ZDROWY UKŁAD KOSTNY I OBRAZ NIEDOSTATECZNEJ MINERALIZACJI KOŚCI (OSTEOMALACJI)

Jeżeli proponowane zmiany w diecie nie przynoszą efektów, należy zastosować się do zaleceń programu „Sześć kroków wyjścia z alergii" (zobacz: część VIII), ponieważ prawdopodobnie choroba kości to wynik alergii lub autoagresji, która niszczy jelita, upośledzając wchłanianie składników odżywczych, takich jak wapń, fosfor, witamina D. Alergia może również osłabić pracę nerek. Nerki regulują metabolizm tkanki kostnej oraz ilość wydalanych z moczem jonów wapniowych, magnezowych i fosforanowych. Są też miejscem biosyntezy kalcytriolu, czyli aktywnej formy witaminy D.

9 | WITAMINA D NAJWAŻNIEJSZA POD SŁOŃCEM

Witamina D powstaje przede wszystkim w skórze pod wpływem działania promieni słonecznych. Jednak zbyt rzadko wystawiamy się na słońce, większość czasu spędzając w pomieszczeniach. Chronimy też skórę przed słońcem, stosując kosmetyki zawierające wysokie filtry ochronne. Z tego powodu większość z nas cierpi na niedobór tej witaminy. Warto więc kontrolować jej poziom.

Przyczyną niedoboru może też być osłabiona czynność nerek, w których powstaje aktywna forma witaminy. Organizm zużywa również dużo witaminy D na walkę z przewlekłymi stanami zapalnymi.

Witamina D_3 odgrywa bardzo ważną rolę. Pomaga wchłaniać wapń w jelicie cienkim. Jej niedobór prowadzi do krzywicy, osteomalacji (krzywicy dorosłych) oraz osteoporozy. Zbyt niski poziom witaminy D_3 zwiększa ryzyko zachorowania na choroby nowotworowe, takie jak rak jelita grubego, sutka, prostaty, chłoniak nieziarniczy.

Witamina D odpowiada w organizmie za następujące zadania:
- nasilenie transportu wapnia w jelicie cienkim,
- utrzymanie homeostazy wapnia,
- regulowanie pracy układu odpornościowego (brak witaminy D może się przyczynić do rozwoju chorób z autoagresji),
- wzmocnienie pracy mięśni,
- obniżanie zbyt wysokiego ciśnienia krwi,
- podtrzymanie wydzielania insuliny w trzustce.

Brak witaminy D może przyczynić się do insulinooporności, nietolerancji glukozy, dyslipidemii (zaburzenia w gospodarce tłuszczowej), a także powodować otyłość brzuszną.

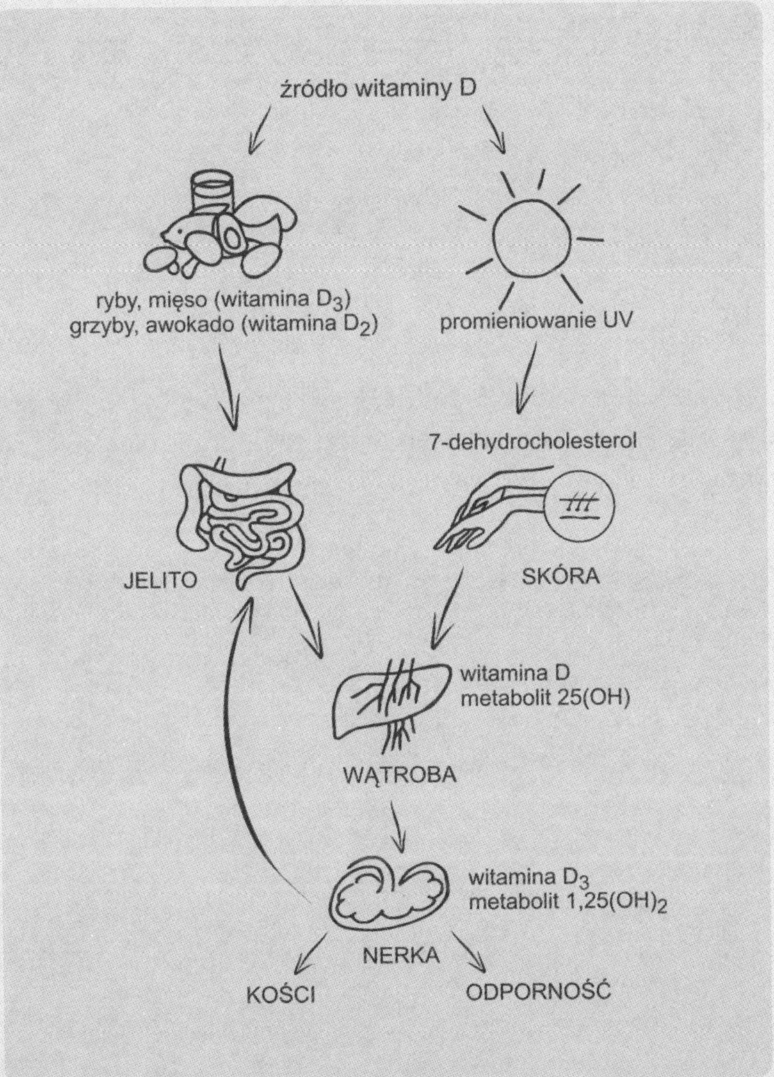

RYCINA 16. SCHEMAT POWSTAWANIA WITAMINY D W ORGANIZMIE

Zapotrzebowanie organizmu na witaminę D jest różne. Zależy między innymi od wieku i płci.

TABELA 33. CZYNNIKI MAJĄCE WPŁYW NA ZAPOTRZEBOWANIE NA WITAMINĘ D

	KOBIETY [µg/d]	MĘŻCZYŹNI [µg/d]
19 r.ż. i starsi	5	5
50 r.ż. i starsi	10–15	10–15
Ciąża	5	–
Laktacja	5	–

Źródło: Uwe Gröber, *Mikroskładniki odżywcze*, MedPharm Polska, Wrocław 2010.

Ważnym źródłem witaminy D jest także pożywienie. Można samodzielnie ułożyć jadłospis w taki sposób, aby dostarczać sobie odpowiednią ilość witaminy D.

TABELA 34. WYBRANE PRODUKTY ZAWIERAJĄCE WITAMINĘ D

PRODUKT	WIELKOŚĆ PORCJI	ZAWARTOŚĆ WIT. D
Dorsz świeży	100 g	1 µg
Łosoś, pstrąg gotowany/pieczony	100 g	13 µg
Makrela gotowana/pieczona	100 g	3,8 µg
Ryby z puszki – tuńczyk, sardynki	100 g	5 µg
Śledź w oleju	100 g	20,2 µg
Węgorz wędzony – filet	100 g	36 µg
Jajka gotowane	1 szt. ok. 50 g	0,74 µg
Pokarm kobiecy	100 ml	0,037–0,2 µg
Awokado	100 g	5 µg
Pieczarki świeże	100 g	1,95 µg
Wątroba wołowa ekologiczna	100 g	1,1 µg

Opracowanie własne na podstawie: Hanna Kunachowicz, Irena Nadolna, Beata Przygoda, Krystyna Iwanow, *Tabele składu i wartości odżywczej żywności*, PZWL, Warszawa 2005.

Należy przyjmować następujące dawki witaminy D_3:

- dzieci do 6 miesiąca życia: 400 jednostek międzynarodowych (IU), tj. 10 mikrogramów (μg) na dobę;
- dzieci od 6 do 12 miesiąca życia: 400–600 IU;
- dzieci i młodzież do 18 roku życia: 600–1000 IU w zależności od masy ciała i pory roku (dzieci i dorośli, którzy cierpią na otyłość, powinni przyjmować górną dawkę normy na witaminę D);
- dorośli: 800–2000 IU;
- mniejsze dawki od kwietnia do września;
- kobiety ciężarne 1500–2000 IU (od 2 miesiąca ciąży).

Czy można stosować suplementy witaminy D?

Zazwyczaj nie zalecam pacjentom suplementów, ale w wypadku witaminy D odpowiedź brzmi: tak.

Kontrolujmy poziom witaminy D, uzupełniając tabelę objawów niedoboru witaminy. (Zobacz na końcu książki: **Tabela IX.** DZIENNICZEK POSTĘPÓW SUPLEMENTACJI WITAMINĄ D).

10 | ALARM! STAN ZAPALNY

Stany zapalne w organizmie są bardzo niebezpieczne, ponieważ odpowiadają za powstawanie wolnych rodników uszkadzających strukturę DNA i powodują zachorowania na autoagresję oraz nowotwory. Likwidacja stanów zapalnych może jednocześnie wyleczyć inne dolegliwości.

Jedną z przyczyn tworzenia się stanów zapalnych jest alergia. Z tego powodu można tutaj wykorzystać program „Sześć kroków wyjścia z alergii” (zobacz: część VIII).

Nie wystarczy zażywanie leków przeciwzapalnych, należy szukać przyczyny stanu zapalnego. Bez rozpoznania i usunięcia przyczyn stan zapalny będzie powracał. Jeżeli przyczyną reumatoidalnego zapalenia stawów jest gluten, należy wyeliminować go z diety. Gluten powoduje osadzanie się w stawach przeciwciał przeciwglutenowych, które wywołują stan zapalny. W likwidacji stanów zapalnych istotną rolę odgrywają antyoksydanty.

Antyoksydanty znajdują się w wielu produktach spożywczych, między innymi w warzywach, owocach, ziołach, przyprawach, nasionach, suchych roślinach strączkowych. Nie ma ich w mięsie, mleku, serach żółtych ani w żywności przetworzonej.

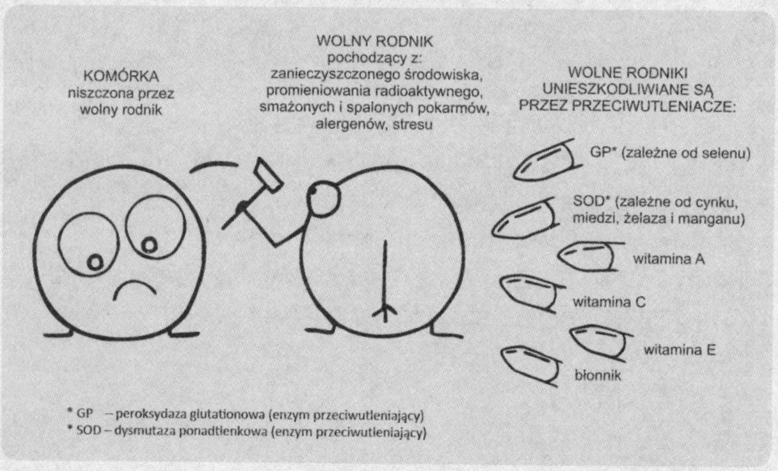

RYCINA 17. ANTYOKSYDANT (PRZECIWUTLENIACZ) ODDAJE ELEKTRON I NEUTRALIZUJE WOLNY RODNIK

O występowaniu stanów zapalnych w organizmie dowiemy się z wyników badań. Oto **wybrane parametry, których podwyższony poziom świadczy o stanie zapalnym**:

- białko C-reaktywne (CRP) – ogólny stan zapalny,
- odczyn Biernackiego (OB), wskaźnik opadania krwinek czerwonych – ogólny stan zapalny,
- miano antystreptolizyny (ASO) – zakażenie paciorkowcem,
- czynnik reumatoidalny (RF) – choroby reumatyczne,
- immunoglobulina E (IgE) całkowita – choroby alergiczne lub obecność pasożytów.

Warto w tej sytuacji zastosować zalecenia programu „Sześć kroków wyjścia z alergii" (zobacz: część VIII). Program ten pomaga wyeliminować nawet zakażenie paciorkowcem, ponieważ wzmacnia układ odpornościowy. Ponadto alergia może być przyczyną występowania stanów zapalnych. Niepokoić powinny wysypki skórne oraz przewlekły katar i kaszel.

Młody, 24-letni mężczyzna miał stan zapalny prostaty (świadczył o tym podniesiony marker PSA). Był leczony antybiotykami, które okazały się nieskuteczne. Przyszedł do mnie po pomoc, ponieważ odczuwał tak silny ból prostaty, że w gabinecie nie mógł siedzieć na krześle. Diagnoza była następująca: silna alergia na brzozę oraz – jak się po dłuższym czasie okazało – na piwo, a mówiąc precyzyjniej: na gluten w nim zawarty. W tym przypadku była to celiakia. Kto by pomyślał, że tego typu reakcje alergiczne mogą mieć coś wspólnego z chorą prostatą? A jednak. Dla mnie tego typu zależności nie są niespodzianką. Przeciwnie, zdarzają się bardzo często.

Powyższy przykład jest dowodem na to, że jeśli chodzi o zdrowie, nic nie powinno ujść naszej uwagi. Organizm to sieć zależności. Drobne dolegliwości mogą świadczyć o tym, że za jakiś czas pojawi się poważna choroba. Może jej zapobiec dostarczenie organizmowi wszystkich odpowiednio zbilansowanych składników odżywczych, a także korzystanie ze słońca.

11 | CHORA TARCZYCA, CZYLI CHOROBA HASHIMOTO

Chora tarczyca zazwyczaj nie powoduje bólu. Przykre skutki odczuwalne są po pewnym czasie. Najczęstszym obecnie problemem, zwłaszcza wśród kobiet, jest autoimmunologiczna choroba tarczycy, zwana chorobą Hashimoto. Z badań wynika, że choruje na nią jedna piąta kobiet leczących się na bezpłodność. Początkowo choroba rozwija się bezobjawowo, dlatego często nie zostaje rozpoznana. Niestety, jej kolejny etap to zaostrzenie stanu zapalnego tarczycy, który doprowadza do zwłóknienia gruczołu i powolnego zanikania tego narządu.

Ostatnio do mojego gabinetu przyszła 40-letnia mama z dzieckiem cierpiącym na alergię, która – jak się okazało – sama potrzebowała pomocy. Moją uwagę zwróciło jej niepokojące zachowanie: podniesiony głos, nerwowość, wybuchowość, problemy z koncentracją, agresja. Starałam się ją uspokoić i dowiedzieć, co mogło być przyczyną drażliwego zachowania. Okazało się, że mama kobiety chorowała na tarczycę. Skierowałam pacjentkę na badania anty-TPO oraz anty-TG. Powodem jej agresywnego zachowania była zaawansowana choroba tarczycy. Przyjmowanie hormonów i stosowanie się do zaleceń mojego programu „Sześć kroków wyjścia z alergii" po pięciu miesiącach zaczęły przynosić poprawę zdrowia. Dobre samopoczucie matki pozytywnie wpłynęło również na proces leczenia dziecka, ponieważ wszystkie zalecenia dotyczące jego diety wprowadzała rozważnie, starannie i dokładnie, potrafiła się skupić i nie była tak nerwowa, jak podczas pierwszej wizyty w moim gabinecie.

Aby zdiagnozować chorobę Hashimoto, należy wykonać badanie poziomu anty-TPO oraz anty-TG w surowicy krwi. Podwyższona wartość tych parametrów świadczy o stanie zapalnym tarczycy. Może to być przyczyną wielu niepokojących dolegliwości.

Styl życia, jaki obecnie prowadzimy, nie sprzyja zdrowiu tarczycy. Jest wrażliwa na zanieczyszczenie środowiska pestycydami, plastikiem oraz aminami i ftalanami znajdującymi się w kosmetykach, takich jak lakiery czy perfumy. Zły wpływ na tarczycę ma żywność z konserwantami, barwnikami i stabilizatorami. Szkodzi jej przewlekły stres, który coraz częściej nam towarzyszy.

To nie wszystko. Tarczyca jest wyjątkowo wrażliwa na niedobory pokarmowe, zwłaszcza takich składników, jak żelazo, jod i selen. Odczuwa negatywne skutki stanów zapalnych wynikających z alergizacji organizmu.

Do prawidłowego funkcjonowania tarczycy niezbędny jest jod. Guzki tarczycy są między innymi efektem braku jodu. Uzupełnianie jego niedoborów jest bardzo trudne i powinno być przeprowadzane pod okiem doświadczonego dietetyka.

Stan tarczycy można zobrazować przez kilka badań składających się na **profil tarczycowy**: TSH, FT_3, FT_4. Należy wykonać również USG tarczycy, które wykrywa guzki, oraz sprawdzić objętość tarczycy. Zdarza się, że dorośli pacjenci mają taką objętość tarczycy jak u małego dziecka.

Kontrolujmy postępy leczenia tarczycy, wypełniając dzienniczek objawów i oceniając ich intensywność w skali od 0 do 10. (Zobacz na końcu książki: **Tabela X.** DZIENNICZEK POSTĘPÓW LECZENIA TARCZYCY).

Aby poprawić samopoczucie pacjentów, lekarze zalecają przyjmowanie hormonów, których chora tarczyca nie wytwarza w dostatecznej ilości. Hormony poprawiają samopoczucie, ale nie leczą. Po rozpoznaniu problemów z tarczycą należy wykonać badania, które wyjaśnią, co jest ich przyczyną. Często to alergia wziewna i pokarmowa, więc tu również może przyjść z pomocą program „Sześć kroków wyjścia z alergii" (zobacz: część VIII). Zalecałabym też regularne wizyty u psychoterapeuty. Leczenie chorób tarczycy jest bardzo trudne. Stan psychiczny pacjenta odgrywa w tym procesie istotną rolę.

12 | DIAGNOSTYKA INSULINOOPORNOŚCI

Insulinooporność polega na zaburzeniach homeostazy glukozy we krwi. Za prawidłowy poziom glukozy odpowiada insulina – hormon wytwarzany przez trzustkę. Insulina umożliwia przejście glukozy przez ścianki komórki do jej wnętrza. W przypadku insulinooporności, nawet gdy poziom insuliny jest prawidłowy, komórki organizmu są na nią oporne. Zachowują się wobec niej obojętnie. Osobom chorym na cukrzycę brakuje tego hormonu i trzeba go uzupełniać lekami lub zastrzykami. Zauważyłam, że coraz więcej pacjentów cierpi na insulinooporność. Jest to poważny problem zdrowotny XXI wieku.

Warto dokładnie sobie uświadomić, z czym mamy do czynienia. Każdą komórkę w organizmie można porównać do domu z zamkniętymi drzwiami. Aby otworzyć drzwi, trzeba użyć klucza. Jest nim insulina. Wracamy do domu zmęczeni, głodni, chcemy przygotować sobie posiłek, mamy wszystkie niezbędne produkty, stajemy przed drzwiami i zaczynamy długie poszukiwanie klucza w torebce. Jest! Znaleźliśmy klucz, ale czeka nas przykra niespodzianka. Klucz nie pasuje.

Tak się dzieje w przypadku insulinooporności. Komórka potrzebuje glukozy, by prawidłowo funkcjonować, ale żeby glukoza dostała się do jej wnętrza, potrzebna jest insulina. U chorych z insulinoopornością jest insulina, jest glukoza, ale zamek został wymieniony. To oni sami wymienili zamek, nieświadomie łamiąc podstawowe zasady żywienia.

Insulinooporność dotyczy przede wszystkim komórek mięśni szkieletowych i tkanki tłuszczowej oraz komórek wątroby.

Wiele objawów jest spowodowanych głodem komórek, które potrzebują glukozy, ale jej nie dostają.

Efektem nieleczonej insulinooporności są przede wszystkim zaburzenia w gospodarce tłuszczowej, które objawiają się

Objawów insulinooporności może być sporo. Oto niektóre z nich:
- stałe uczucie głodu i potrzeba podjadania;
- ból głowy, senność, otępienie;
- niespokojny, zaburzony sen;
- ciało galaretowate, skłonność do zatrzymywania wody w organizmie;
- zaburzenia hormonalne (m.in. zespół policystycznych jajników).

otyłością brzuszną. Tłuszcz gromadzi się głównie w okolicy pasa, którego obwód u mężczyzn może wynosić ≥ 94 cm, natomiast u kobiet ≥ 80 cm. Towarzyszy temu podniesiony poziom trójglicerydów ≥ 150 mg/dl w surowicy krwi oraz obniżony poziom dobrego cholesterolu (HDL) chroniącego przed odkładaniem się płytek miażdżycowych w naczyniach krwionośnych. Niebezpiecznie niska wartość HDL u mężczyzn to < 40 mg/dl, a u kobiet < 50 mg/dl.

Zaburzenie gospodarki tłuszczowej powoduje podniesienie ciśnienia tętniczego ≥ 130/85 mm Hg. Za tym idą choroby układu sercowo-naczyniowego, niealkoholowe stłuszczenie wątroby, zespół policystycznych jajników.

Jak wspomniano, insulinooporność powoduje liczne schorzenia: zaburzenia hormonalne, zakłócenie gospodarki tłuszczowej, nadciśnienie tętnicze. Na te dolegliwości przepisuje się leki, które mogą nasilić insulinooporność. Tworzy się w ten sposób błędne koło, które w ostateczności może doprowadzić do zagrożenia życia, czyli cukrzycy typu 2.

Na powstanie zjawiska insulinooporności wpływ ma wiele czynników:
- zbyt dużo cukru w pożywieniu;
- nadużywanie alkoholu;
- mało ruchu;
- ignorowanie nietolerancji oraz alergii pokarmowych;

- zaburzona flora bakteryjna;
- przeciążenie pracą i zbyt mało odpoczynku;
- przewlekły stres – podwyższony poziom kortyzolu (hormonu stresu);
- przyjmowanie różnych leków: glikokortykosteroidów, diuretyków (diazydowych, pętlowych), doustnych środków antykoncepcyjnych, blokerów kanału wapniowego (stosowanych najczęściej przy schorzeniach serca);
- zbyt długie przerwy między posiłkami oraz wieczorne objadanie się.

Osobą, której codzienne nawyki mogły doprowadzić do insulinooporności, była jedna z moich pacjentek. Pani, która „wiecznie się odchudzała", bez skutku, ponieważ jej dzienne menu to uniemożliwiało: 7.00 – kawa z mlekiem, 10.00 – jogurt owocowy, 12.00 – kolejna kawa z mlekiem oraz tzw. gorący kubek, czyli zupa w proszku, 18.00 – obiad, najczęściej makaron lub ryż z mięsem, czasami warzywa, często jedzenie na wynos. Dodam, że pani dużo czasu spędzała w pracy (od 9.00 do 17.00). Jej organizm wyjątkowo dobrze znosił takie obciążenia, pytanie tylko: jak długo?

Analizując skład posiłków tej pacjentki, można zauważyć, że nie zawierają one żadnych produktów, które stabilizują poziom cukru we krwi. Są to: kasze pełnoziarniste, orzechy, nasiona, warzywa, białko zwierzęce oraz przede wszystkim rośliny strączkowe.

Badania wykazujące insulinooporność

Na badania, które mogą wykazać insulinooporność, niezbędne jest skierowanie od lekarza. Jednym z takich badań jest krzywa insulinowa.

Krzywa insulinowa: krew pobierana jest na czczo. Następnie badany dostaje do spożycia 75 g glukozy, a kolejne badanie wykonuje się po upływie 2 godzin od podania glukozy (dla insuliny na czczo: do 24 IU/dl).

Likwidując insulinooporność, należy przestrzegać poniższych zasad:

- Zmniejszenie masy ciała nawet o 10% obniża oporność na insulinę. Wzrost masy ciała o 5–7 kg podwaja ryzyko wystąpienia cukrzycy typu 2, natomiast wzrost o 8–11 kg potraja ryzyko zachorowania na cukrzycę.
- Należy codziennie zjadać 4–5 zbilansowanych posiłków, w odstępach co 3–4 godziny.
- Pierwsze śniadanie należy jeść tuż po przebudzeniu. Porannej kawy nie wolno pić na czczo!
- W diecie powinny znaleźć się produkty naturalne, pełnoziarniste, warzywa, nasiona, orzechy, suche rośliny strączkowe, białko zwierzęce lub roślinne, dobrej jakości tłuszcze oraz dostateczna ilość witaminy C, PP, B_5 (kwasu pantotenowego) oraz B_6, cynku i chromu z pożywienia (wszystkie te składniki znajdują się w produktach naturalnych).
- Należy wypijać 1,5–2 litry płynów dziennie. Warto ograniczyć picie kawy i herbaty, ponieważ zaburzają gospodarkę cukrową.
- Dieta powinna zawierać kwasy omega-3 (występują w rybach, olejach, nasionach). Pomagają wyrównać stężenie glukozy, poprawiają wrażliwość komórek na insulinę i zmniejszają ryzyko zawału mięśnia sercowego.
- Nie wolno pić alkoholu pod żadną postacią.
- Należy uzupełniać witaminę D (nadmiar tkanki tłuszczowej powoduje zaburzenia w gospodarce tą witaminą).
- Trzeba zapewnić sobie więcej ruchu, np. trzy razy w tygodniu chodzić na długie spacery.
- Należy nauczyć się technik relaksacji.

Rozpoznanie cukrzycy

Cukrzyca to choroba, która objawia się zbyt wysokim poziomem cukru we krwi. Przyczyną cukrzycy typu 1 jest zazwyczaj obciążenie genetyczne. Coraz częściej potwierdza się moja opinia, że cukrzycę może pośrednio powodować alergia na mleko lub gluten. Cukrzyca typu 2 to często efekt spożywania zbyt dużej ilości cukru. Zazwyczaj przed cukrzycą pojawia się insulinooporność.

Proces chorowania na cukrzycę trwa latami. Najczęściej poprzedza ją hipoglikemia reaktywna (niedocukrzenie), gdy poziom glukozy po upływie 4 godzin od posiłku spada do 55 mg/dl.

Zachorowaniu na cukrzycę towarzyszy wiele objawów. Nie wszystkie występują jednocześnie. Należą do nich:

- osłabienie,
- zmęczenie,
- głód,
- niepohamowany apetyt na słodycze (głód węglowodanowy),
- zawroty głowy,
- problemy z koncentracją,
- drażliwość,
- nadpobudliwość,
- depresja,
- splątanie i spowolnienie myśli,
- zaburzenia snu,
- drgawki,
- omdlenia.

Jedna z moich pacjentek chorowała na hipoglikemię. Nie była świadoma, na czym polega to schorzenie, jakie są konsekwencje tej choroby ani co może jej pomóc, a co zaszkodzić. Pacjentka uznała, że powinna jeść więcej słodyczy i cukru, aby podnieść poziom glukozy we krwi. W ten sposób nabawiła się kandydozy i cukrzycy.

Aby dowiedzieć, się czy w naszym organizmie nie rozwinęła się insulinooporność, należy wykonać następujące badania:

Hemoglobina glikowana (HbA1c).

- Jest to wskaźnik poziomu glukozy w ciągu ostatnich 4–12 tygodni.

Poziom glukozy we krwi na czczo.

- Stężenie glukozy we krwi na czczo zgodnie z zaleceniami Polskiego Towarzystwa Diabetologicznego z roku 2015 powinno wynosić 70–99 mg/dl.
- Wartość od 100 mg/dl do 125 mg/dl oznacza nieprawidłową glikemię i stan przedcukrzycowy.
- Wynik powyżej 125 mg/dl wskazuje na cukrzycę (po dwukrotnym badaniu).

Krzywa glukozowa.

Podczas tego badania krew pobierana jest na czczo. Następnie badany dostaje do spożycia 75 g glukozy. Krew bada się ponownie po upływie 1 godziny, a następnie po upływie 2 godzin od przyjęcia glukozy. Normy są następujące: na czczo poniżej 90 mg/dl, a przy obciążeniu glukozą po 2 godzinach nie więcej niż 140 mg/dl.

Skutki nieleczonej cukrzycy

Jeśli cukrzyca nie jest leczona, dochodzi między innymi do glikacji białek (reakcji przyłączania glukozy do białek), w wyniku której powstają niebezpieczne dla organizmu związki, tzw. zaawansowane (końcowe) produkty glikacji (*advanced glycation end-products*, AGE).

Produkcja tych związków w organizmie zwiększa się, gdy w naszej diecie jest zbyt dużo cukru. Takiej sytuacji musimy unikać. Dlaczego? Związków AGE nie polubi nikt. Ich nadmiar przyspiesza procesy starzenia się organizmu, a co za tym idzie – wywołuje takie niepożądane efekty, jak utrata jędrności skóry czy pojawienie się zmarszczek. Dzieje się tak z powodu twardnienia kolagenu. Za to odpowiedzialne są niechciane AGE.

Związki te potrafią narobić dużo więcej szkód, znacznie poważniejszych. Hamują działanie głównego enzymu odtruwającego organizm – dysmutazy ponadtlenkowej, a także powodują rozpad nici DNA. Zaburza to procesy replikacji i transkrypcji, czyli powielania takich samych cząsteczek DNA. Skutkiem może być pojawienie się nowotworów. Ponadto związki AGE powodują zmiany miażdżycowe, uszkodzenia struktury nerwów oraz zaćmę. Badania naukowe wykazały, że są również odpowiedzialne za starzenie się neuronów, czyli pośrednio za chorobę Alzheimera, oraz chorobę zwyrodnieniową stawów.

Obserwuję ze zdumieniem, że niektórzy pacjenci z zaburzoną gospodarką cukrową postępują bardzo lekkomyślnie. Jeszcze z okresu praktyk pamiętam, jak pacjent po amputacji stopy z powodu nieleczonej cukrzycy podjadał czekoladki. W szafce przy łóżku miał ich spory zapas. Przestrzegam przed takim zachowaniem. Cukrzyca to poważna choroba. Smak czekolady nie zrekompensuje nam cierpienia, jakie niesie.

Produkty zalecane oraz zabronione w leczeniu insulinooporności i cukrzycy

Osobom z insulinoopornością zaleca się spożywanie produktów o niskim indeksie glikemicznym. Zdarza się coraz częściej, że przyczyną insulinooporności są nietolerancje lub alergie pokarmowe. W takim wypadku skuteczną formą leczenia będzie program „Sześć kroków wyjścia z alergii" (zobacz: część VIII).

Kontrolujmy proces leczenia insulinooporności oraz cukrzycy, wypełniając tabelę objawów. (Zobacz na końcu książki: **Tabela XI.** DZIENNICZEK POSTĘPÓW LECZENIA INSULINOOPORNOŚCI ORAZ CUKRZYCY).

TABELA 35. PRODUKTY ZALECANE ORAZ ZABRONIONE W LECZENIU INSULINOOPORNOŚCI I CUKRZYCY

PRODUKTY ZALECANE (O NISKIM INDEKSIE GLIKEMICZNYM)	PRODUKTY ZABRONIONE (O WYSOKIM INDEKSIE GLIKEMICZNYM)
Program „Sześć kroków wyjścia z alergii" na okres co najmniej 6 tygodni.	Produkty zawierające gluten, mleko, cukier.
Pełne ziarna: komosa ryżowa, amarantus, kasza gryczana, ryż nieoczyszczony (basmati, brązowy, długoziarnisty), ograniczona ilość kaszy jaglanej (około 4 łyżek ugotowanej kaszy przez pierwszych 6 tygodni, po tym okresie nie przekraczać ilości pół szklanki dziennie). **Zboża glutenowe**: kasza jęczmienna, płatki owsiane (dla tych, którzy nie chcą zrezygnować z glutenu). **Pieczywo, płatki**: chleb z mąki gryczanej, placki gryczane. Stosując dietę bezglutenową, nie należy wprowadzać żadnych produktów na bazie gotowych oczyszczonych mąk bezglutenowych, ponieważ zawierają między innymi czystą skrobię odpowiedzialną za insulinooporność. **Pieczywo pełnoziarniste**: żytnie, orkiszowe, pumpernikiel (dla tych, którzy nie chcą zrezygnować z glutenu).	**Ziarna oczyszczone**: biały ryż, kukurydza, kuskus. **Gotowe produkty z mąki przetworzonej**: chleb z karmelem, biały chleb i bułki, bajgle, precle, bagietki, ciasta i ciasteczka, babeczki, pączki, wafle, naleśniki, pizza, tortille, pita, przemysłowe płatki śniadaniowe, chrupki, wafle ryżowe, wafle kukurydziane.
Warzywa: wszystkie są dozwolone, jednak niektóre z nich należy ograniczyć, ponieważ zawierają sporo skrobi: • buraki (pół szklanki dziennie), • dynia (pół szklanki dziennie), • ziemniaki gotowane w łupinach (1–2 szt. 2–3 razy w tygodniu), • bataty (pół szklanki dziennie). Bardzo korzystnie na poziom cukru wpływają warzywa zielone i warzywa z rodziny krzyżowych (kapustowatych).	**Warzywa**: kukurydza, kabaczki i wszystkie warzywa w puszkach, a także ziemniaki pieczone i purée oraz frytki.

PRODUKTY ZALECANE (O NISKIM INDEKSIE GLIKEMICZNYM)	PRODUKTY ZABRONIONE (O WYSOKIM INDEKSIE GLIKEMICZNYM)
Rośliny strączkowe: wszystkie są polecane, zwłaszcza: soczewica, fasola, cieciorka, groch. Spowalniają uwalnianie glukozy do krwi.	**Rośliny strączkowe**: bób, groszek zielony w puszce.
Owoce: czarne jagody, jeżyny, maliny, wiśnie, czereśnie. Nie przekraczać ilości pół szklanki dziennie. Owoce pestkowe: śliwki (2 sztuki dziennie). Inne: jabłka, gruszki (2 sztuki dziennie).	**Owoce**: melony, arbuzy, daktyle, śliwki suszone, rodzynki, owoce w puszkach, soki owocowe.
Nabiał (nie dotyczy osób na diecie bezmlecznej): twaróg chudy, kefir, jogurt naturalny bez dodatku owoców i cukru.	**Nabiał**: słodkie śmietany, żółte sery, słodkie mleka, jogurty owocowe.
Nasiona i orzechy: migdały, siemię lniane, orzechy laskowe, oliwa z oliwek.	**Inne**: cukier, miód, słodziki, słodzone napoje gazowane, słodycze, alkohole, chipsy ziemniaczane, owocowe, warzywne.

Czas na wnioski i działanie, czyli profilaktykę zdrowia

Po wykonaniu badań można postawić odpowiednią diagnozę. Pamiętajmy jednak, że szczegółową interpretację wyników powinien wykonać lekarz. Opisane przeze mnie w tym rozdziale najczęstsze dolegliwości, ich objawy, sposób diagnozowania i leczenia to wynik mojej wieloletniej pracy w zawodzie dietetyka.

Gdy rozmawiałam z pacjentami w swoim gabinecie, wielu z nich wyrażało żal: „Dlaczego nikt mnie wcześniej nie poinformował o tym, jakie badania należy wykonać?”. Mam nadzieję, że opisując najczęściej wykonywane profile badań, pomogę takim zagubionym pacjentom.

Do informacji podanych w tym rozdziale podejdźmy z rozwagą. Nie szukajmy objawów na siłę. Nie wykonujmy wszystkich badań naraz. Spokojnie przeanalizujmy objawy i zastanówmy się, na jaki problem mogą one wskazywać. Wtedy zróbmy konkretne badania. W razie jakichkolwiek wątpliwości skonsultujmy się z lekarzem.

VIII. OD ZDROWIA DZIELI NAS TYLKO SZEŚĆ KROKÓW!

W poradniku podaję zalecenia, w jaki sposób wyleczyć chorobę lub złagodzić jej przebieg, stosując odpowiednią dietę. Zazwyczaj wystarcza wprowadzenie niewielkich zmian żywieniowych. Kiedy i one nie pomagają, należy wprowadzić zalecenia, które działają intensywniej, regenerując jednocześnie układ pokarmowy, odpornościowy i nerwowy. Wówczas proponuję zastosować mój autorski program „Sześć kroków wyjścia z alergii". Poniżej przedstawiam historię powstania programu, która jest ważna, aby zrozumieć jego istotę, oraz krok po kroku główne założenia programu.

1 | JAK POWSTAŁ PROGRAM „SZEŚĆ KROKÓW WYJŚCIA Z ALERGII"?

Program „Sześć kroków wyjścia z alergii" jest bardzo istotnym narzędziem służącym do wyeliminowania alergii pokarmowych, wziewnych i kontaktowych, ma również pozytywny wpływ na leczenie chorób zależnych od diety[1]. W czasach, w których go opracowałam, był programem innowacyjnym, ponieważ w zaleceniach żywieniowych łączył dietę bezglutenową, bezmleczną, bezcukrową oraz niskohistaminową.

---

[1] Więcej na ten temat: Bożena Kropka, *Pokonaj alergię*, Wydawnictwo Rodzina, Skoczów 2009.

Program „Sześć kroków wyjścia z alergii" stworzyłam przede wszystkim z myślą o mojej córce. Miała mocną wysypkę. Po odstawieniu glutenu, cukru i mleka poprawił się stan jej skóry. Niestety, dwa miesiące później pojawiła się kolejna, bardziej uciążliwa wysypka, z którą tym razem nie potrafiłam sobie poradzić. W tym czasie również zdiagnozowałam u niej celiakię. Zdesperowana odwiedzałam wielu lekarzy. Dowiedziałam się tylko tyle: „Jeżeli pani ma celiakię, a mąż łuszczycę, dziecko i tak jest w dobrym stanie", „To geny", „Taka już jej uroda". Tymczasem moje dziecko natychmiast potrzebowało pomocy! Nie przyjmowałam do wiadomości, że córka już zawsze będzie chorować. Czułam się zawiedziona bezradnością lekarzy, a przede wszystkim bardzo osamotniona w walce o zdrowie mojego dziecka. Zdałam sobie sprawę, że jeśli ja nie pomogę córce, nikt tego nie zrobi! Wszelkimi sposobami broniłam się przed podawaniem jej sterydów, nie wierzyłam w skuteczność tych leków, a przede wszystkim bałam się ich działań niepożądanych. Zaczęłam „pracę u podstaw". Zrobiłam gruntowny remont mieszkania, wyrzuciłam wszystkie przedmioty, które zatrzymują kurz. Niestety, nie było żadnej poprawy. Dziś mogę się przyznać, że byłam bliska załamania i po raz pierwszy przestałam wierzyć w skuteczność leczenia poprzez żywienie. Chciałam wycofać się z zawodu dietetyka. Przełomem okazała się książka pod redakcją prof. Jerzego Sochy *Żywienie dzieci zdrowych i chorych*, a w niej informacja na temat reakcji pseudoalergicznych[2]. Chciałam wiedzieć więcej na ten temat, więc sięgałam po kolejne publikacje. Okazało się, że reakcje organizmu, które występowały u mojej córki, są spowodowane przez dodatki do żywności. Byłam zaskoczona, ponieważ dla mojego dziecka wszystko gotowałam w domu, moje potrawy nie zawierały żadnych konserwantów, stabilizatorów, emulgatorów. Jedynym produktem gotowym, który

---

2 *Żywienie dzieci zdrowych i chorych*, red. J. Socha, PZWL, Warszawa 1998.

kupowałam, był chleb bezglutenowy. Przeczytałam jego skład. Zobaczyłam, że ma dodatek kwasku cytrynowego, który powoduje reakcje pseudoalergiczne. Znalazłam! Znalazłam źródło uporczywej wysypki mojego dziecka. Nauczyłam się samodzielnie piec chleb bezglutenowy, a wysypka zniknęła po jednym tygodniu i już nigdy nie wróciła.

Na szczęście dowody na skuteczność zastosowanej przeze mnie terapii były niepodważalne. U wszystkich pacjentów, którzy stosowali przez trzy miesiące dietę bez glutenu, mleka, cukru oraz niskohistaminową, zmniejszyły się najbardziej uciążliwe dolegliwości alergiczne. Swoimi doświadczeniami dzieliłam się na licznych konferencjach o tematyce prozdrowotnej, w programach telewizyjnych, audycjach radiowych oraz w senackiej Komisji Zdrowia, gdzie zostałam zaproszona. Odbyłam wiele rozmów z lekarzami, dietetykami – przeciwnikami i zwolennikami proponowanego przeze mnie programu. Niestety, rozmowy te przyniosły wówczas nikłe efekty.

Największym problemem była dieta bezglutenowa. Środowisko medyczne nie uznawało tej diety za skuteczne narzędzie w regeneracji jelit. Uważano wówczas, że tego typu dieta jest zarezerwowana dla osób chorujących na celiakię. Celiakia dotyczy tylko małych dzieci, więc dieta nie jest potrzebna dorosłym. Termin „glutenowrażliwość", oznaczający czasową nietolerancję glutenu wynikającą z uszkodzenia kosmków jelitowych, funkcjonował w kręgach naukowych, ale tak naprawdę nie wiedziano, co z tym zjawiskiem zrobić w praktyce. Dopiero w 2012 roku (dzięki pracom naukowym doktora Alessia Fasano[3]) pojawił się w środowisku naukowym termin *gluten sensitivity*, czyli nadwrażliwość na gluten. Dieta bezglutenowa przestała być tylko dziwnym wymysłem. Coraz więcej terapeutów zaczynało ją zalecać.

3 A. Fasano, *A Clinical Guide to Gluten-Related Disorders*, Lippincott, Williams & Wilkins, Philadelphia 2013.

Dwa lata temu, podczas prowadzonej przeze mnie konferencji dla rodziców dzieci z FAS (*fetal alcohol syndrome* – alkoholowy zespół płodowy), podeszła do mnie pani doktor gastroenterolog dziecięcy. Powiedziała mi wówczas, że nie poparłaby moich poglądów, gdyby nie dowiedziała się o istnieniu nadwrażliwości na gluten (*gluten sensitivity*) na międzynarodowej konferencji, z której właśnie wróciła. Przyznała, że nowe informacje całkowicie zmieniły jej podejście do problematyki diet w leczeniu schorzeń układu pokarmowego. Dlaczego my, Polacy, ważne fakty przyjmujemy do wiadomości tylko wtedy, gdy są podawane w obcym języku? Mamy przecież wielu rodzimych wybitnych naukowców.

Przy tworzeniu programu inspiracją dla mnie były następujące badania i publikacje:

- **prof. Jerzego Sochy z Instytutu „Pomnik – Centrum Zdrowia Dziecka" w Warszawie.**

  Jego działalność naukowa dotyczyła regeneracji śluzówki jelita cienkiego. Ogromne wrażenie zrobił na mnie rozdział *Leczenie dietetyczne alergii i nietolerancji pokarmowych* ze wspomnianego już poradnika medycznego pod jego redakcją *Żywienie dzieci zdrowych i chorych*. W pamięci utkwiły mi dwa zdania: „W ostrej fazie choroby (celiakii) do czasu regeneracji kosmków, poza eliminacją składnika toksycznego – glutenu, może być także konieczna przejściowa eliminacja innych pokarmów zawierających nietolerowane lub alergizujące składniki (np. laktoza, sacharoza, białko mleka krowiego). W miarę regeneracji błony śluzowej i ustąpienia objawów wskazane jest stopniowe rozszerzenie jadłospisu"[4]. W ten sposób upewniłam się, że stosowanie diety bezglutenowej, bezmlecznej i bezcukrowej

[4] *Żywienie dzieci zdrowych...*, dz. cyt.

jest potrzebne i bezpieczne, trzeba je tylko odpowiednio zbilansować.

- prof. Mirosława Jarosza z Instytutu Żywności i Żywienia w Warszawie.

Ważny element programu antyalergicznego to dieta rotacyjna, która jest etapem walki ze stanem zapalnym. Wiele o tej diecie dowiedziałam się z podręcznika *Alergie pokarmowe*[5], który został opracowany przez Instytut Żywności i Żywienia pod redakcją prof. Mirosława Jarosza oraz prof. Jana Dzieniszewskiego.

- prof. Krystyny Obtułowicz *Alergologia praktyczna*[6].
- mgra Janusza Picia *Możesz wygrać z rakiem i alergią*[7].

To działa!

Zdobyłam ogromną wiedzę, ale miałam problem z zastosowaniem zdobytych informacji w praktyce. Opracowanie jadłospisu i przepisów kulinarnych do tej diety było ogromnym wyzwaniem, ponieważ musiałam wykluczyć z niej ogromną ilość produktów, a następnie umiejętnie je zastąpić.

Bardzo trudno ułożyć jadłospis z produktów bez glutenu, mleka, cukru, histaminy, a w dodatku w rotacji. Udało mi się jednak stworzyć proste przepisy, pomocne przy komponowaniu smacznego, a przede wszystkim zdrowego jadłospisu (zobacz: część X)[8].

Nad programem „Sześć kroków wyjścia z alergii" pracowałam długo i z wysiłkiem, ale było warto, efekty przeszły moje oczekiwania. Okazało się, że zalecenia programu pomagają chorym na astmę i atopowe zapalenie skóry. Powszechnie uważa

---

5 *Alergie pokarmowe*, red. M. Jarosz, J. Dzieniszewski, PZWL, Warszawa 2004.
6 *Alergologia praktyczna*, red. K. Obtułowicz, PZWL, Warszawa 2001.
7 J. Pić, *Możesz wygrać z rakiem i alergią*, Hizop, Wilamowice 2003.
8 Więcej na ten temat: B. Kropka, *Pokonaj alergię...*, dz. cyt.

się, że te choroby są nieuleczalne. Tym bardziej zdziwił mnie następujący przypadek.

Przed wprowadzeniem zmian w diecie każdego pacjenta dokładnie upewniałam się, czy jest to dla niego bezpieczne i czy przyczyni się do poprawy zdrowia. Zlecałam pacjentom wykonywanie wielu badań laboratoryjnych, aby monitorować stan ich zdrowia.

Pewnego dnia zawitał do mnie miły pan, śpiewak operowy. Okazało się, że on i jego syn są chorzy na astmę. Mężczyzna z powodu choroby nie mógł w pełni wykonywać swojego zawodu i jedynie uczył śpiewu. Prowadziłam wówczas dwudniowe szkolenia, podczas których można było dokładnie poznać zalecenia i zasady działania programu „Sześć kroków wyjścia z alergii". Po paru miesiącach dostałam e-mail, w którym mój były pacjent poinformował mnie, że zastosował się do zaleceń ze szkolenia i nie ma już duszności. Jest bardzo szczęśliwy, wyjechał za granicę, śpiewa zawodowo, a na świat przyszedł jego drugi, tym razem zdrowy, syn.

Program „Sześć kroków wyjścia z alergii" okazał się wielkim przełomem w mojej wieloletniej pracy dietetyka. Był programem antyalergicznym, a skutecznie pomagał wyleczyć lub chociaż złagodzić inne dolegliwości. Pozwoliło mi to pójść o wiele dalej w pracy z pacjentami, leczyć nie tylko alergie czy nietolerancje pokarmowe, lecz także wiele innych schorzeń. Prawdą jest, że **aż 80% chorób jest zależnych od diety!**

2 | PROGRAM „SZEŚĆ KROKÓW WYJŚCIA Z ALERGII" OSTATNIĄ DESKĄ RATUNKU

Ten poradnik został opracowany z myślą o pacjentach, którzy cierpią na nietolerancje pokarmowe oraz choroby zależne od diety wynikające z podstawowych błędów żywieniowych. Nietolerancje pokarmowe zazwyczaj dotyczą pokarmów jednego rodzaju, na przykład produktów mlecznych lub zawierających gluten. Nietolerancja mleka wymaga wyeliminowania z diety produktów mlecznych, ale niekoniecznie zawierających gluten czy histaminę.

Pamiętam swojego pierwszego małego pacjenta – trzyletniego chłopczyka z obciążeniami ośrodkowego układu nerwowego. Całkowite stężenie immunoglobuliny E (IgE) wjego krwi wynosiło ponad 6000, co oznaczało, że w organizmie istnieje bardzo poważny stan zapalny. To było przyczyną problemów z mową i z układem nerwowym. W tym przypadku objawy alergiczne ustępowały bardzo powoli. Jednak po miesiącu dziecko zaczęło budować już pierwsze proste zdania.

Zlekceważenie dolegliwości wynikających z nietolerancji pokarmowych doprowadza do zaostrzenia objawów, a wtedy w wyniku marszu alergicznego mogą pojawić się alergie i choroby autoimmunologiczne. W takim wypadku należy wprowadzić wszystkie etapy programu „Sześć kroków wyjścia z alergii".

3 | ZALECENIA PROGRAMU „SZEŚĆ KROKÓW WYJŚCIA Z ALERGII"

Krok I – regeneracja jelit

Głównym założeniem programu „Sześć kroków wyjścia z alergii" jest regeneracja jelit, przywrócenie prawidłowej flory bakteryjnej, wyciszenie układu immunologicznego oraz wyeliminowanie z codziennego jadłospisu żywności przetworzonej. Należy wprowadzić te zalecenia. Wtedy organizm zbierze siły, aby uporać się ze wszystkimi dolegliwościami.

W celu regeneracji jelit należy wprowadzić zalecenia diety:
- bezglutenowej,
- bezmlecznej,
- bezcukrowej.

Krok II – likwidacja reakcji pseudoalergicznych

Reakcje pseudoalergiczne mogą być wywołane przez różne czynniki, do których należą:
- wyrzuty histaminy z komórek tucznych;
- chemiczne dodatki do żywności;
- nietolerancja salicylanów;
- toksyny, których powstawanie wiąże się z zaburzeniami flory bakteryjnej;
- pasożyty i grzyby, takie jak lamblia, glistnica, *Candida albicans*.

Reakcje pseudoalergiczne ustaną po wyeliminowaniu tych czynników.

> **DOWIEDZ SIĘ WIĘCEJ:**
> Zalecenia diety bezglutenowej i bezmlecznej zostały opisane w części IV. *Nietolerancje pokarmowe*. Dieta bezcukrowa została omówiona przy okazji leczenia insulinooporności w części VII. *Badania – droga do trafnej diagnozy* (rozdział 12. *Diagnostyka insulinooporności*).

Krok III – profilaktyka przeciwastmatyczna

Astma kojarzy się każdemu z alergią wziewną. Słusznie. Nie zdziwię się więc, jeśli ktoś zada mi pytanie: Dlaczego wprowadzam zalecenia przeciwastmatyczne, jeśli pacjent nie ma alergii na kurz ani na pyłki? Ponieważ **trzeba usunąć wszelkie potencjalne składniki alergizujące**, między innymi kurz, **aby wzmocnić układ odpornościowy**. Warto wyrzucić z mieszkania kurzołapy, przejrzeć szafy i pozbyć się nienoszonych już ubrań, dać komuś w prezencie przeczytane książki oraz pluszaki, którymi dziecko przestało się bawić. Zrezygnować z dywanów, wykładzin, firan i zasłon, zdjąć ze ścian tapety. Nie używać preparatów nabłyszczających. Kurz usuwać szmatką zamoczoną w czystej wodzie. Dom będzie mniej pachnący i błyszczący, ale za to zdrowszy.

Nie zapomnijmy o wietrzeniu mieszkania, utrzymujmy w nim odpowiednią wilgotność, śpijmy przy otwartych oknach. Spędzamy wiele czasu przy komputerze, dlatego pamiętajmy o regularnym czyszczeniu klawiatury. To siedlisko roztoczy, które wdychamy. Uderzając w każdy klawisz, uwalniamy roztocze. Roztocze ukrywają się wszędzie, w każdym kącie, siedzą na wszystkich domowych sprzętach. Mogą bardzo uczulać.

DOWIEDZ SIĘ WIĘCEJ:
Diety niskohistaminowa i niskosalicylowa zostały omówione w części IV. *Nietolerancje pokarmowe* (rozdział 7. *Nietolerancja histaminy* oraz 8. *Nietolerancja salicylanów*).
Informacja o dodatkach do żywności, które powodują reakcje pseudoalergiczne, znajduje się w części VI. *Prawidłowe odżywianie.*
Odbudowa flory bakteryjnej opisana jest w części II. *Mamy miliardy najlepszych przyjaciół, czyli o florze bakteryjnej.*

Krok IV – detoksykacja organizmu

Na czym polega detoksykacja? To nic innego jak **„generalne sprzątanie" organizmu poprzez odpowiednią dietę: naturalną, bez dodatków do żywności.**

Jest wiele pomysłowych terapii wspomagających oczyszczanie organizmu, ale bez zmiany odżywiania są nieskuteczne. Ich działanie jest krótkotrwałe. Wiele osób ma w zwyczaju wyjeżdżać raz w roku na kilkudniowe wczasy z dietą owocowo-warzywną lub głodówką. Po powrocie jedzą wszystko, co niezdrowe. Zaśmiecają organizm. Ponownie przybierają na wadze, więc znów wyjeżdżają na detoksykację i odchudzanie. Takie postępowanie nie przysporzy zdrowia, lecz jedynie problemów ze zdrowiem. Każda tego typu restrykcyjna terapia bardzo obciąża organizm. Powtarzana przynosi z czasem coraz mniejsze efekty. W pewnym momencie może doprowadzić do bardzo poważnego osłabienia nadnerczy i tarczycy.

Dieta owocowo-warzywna oraz głodówki są skuteczne i korzystne dla zdrowia. Sama również je stosuję. Jest jeden warunek: muszą pociągnąć za sobą radykalną zmianę nawyków żywieniowych.

Jeden z moich pacjentów, malutki chłopczyk, miał ostrą wysypkę na pośladkach. Nie można było jej wyeliminować nawet po zastosowaniu zaleceń dietetycznych. Okazało się, że dziecko ma mocne uczulenie na roztocze, a tych było pełno w tapczanie, na którym go przewijano.

Krok V – nabywanie tolerancji na pokarmy szkodliwe

Po okresie regeneracji śluzówki jelita cienkiego, co może trwać od trzech miesięcy nawet do trzech lat, wprowadzamy do diety gluten (jeżeli nie mamy celiakii) oraz mleko (jeśli nie mamy wrodzonej nietolerancji laktozy). Dietę dopuszczającą spożywanie niewielkiej ilości cukru proponuję kontynuować.

Krok VI – utrzymanie efektów leczniczych (6U)

Utrzymanie efektów leczniczych jest niezwykle ważne przez całe życie.

Kiedy pacjent odkrywa, jak dalece dieta wpływa na regenerację organizmu, ma ochotę ogłosić to całemu światu. Wielu moich pacjentów, którzy dzięki zdrowej diecie zyskali nowe życie, postanowiło dalej zgłębiać tajniki zdrowej kuchni. Wielu z nich zaczęło kształcić się w dziedzinie dietetyki. Inni prowadzą internetowe blogi. Stają się wręcz orędownikami zdrowego żywienia. Jedna z moich byłych pacjentek, pani Julia Bator, napisała wartościową książkę *Zamień chemię na jedzenie*.

Oto sześć podstawowych zasad, których należy przestrzegać:

1. Unikanie żywności przetworzonej przemysłowo.
2. Urozmaicona dieta.
3. Umiarkowanie w jedzeniu i piciu.
4. Uprawianie sportu.
5. Unikanie niepotrzebnego stresu.
6. Unikanie późnych godzin snu.

To, że mogłam przyczynić się do zmiany czyjegoś życia na lepsze, czyni mnie szczęśliwą i dumną z moich pacjentów. Obserwuję, jak walczą, jacy są wytrwali. Ten wysiłek się opłaca. Na końcu trudnej drogi, podczas której trzeba pokonać tylko sześć, a czasami aż sześć kroków, czeka najcenniejsza nagroda – **ZDROWIE**.

IX. PSYCHIKA

To nie rzeczy same w sobie niepokoją ludzi,
ale ludzki sposób widzenia rzeczy!
Epiktet

1 | EMOCJE A ZDROWIE

Poprawa stanu zdrowia zależy nie tylko od diety, lecz także od psychiki. Prawdopodobnie lęk jest najbardziej destrukcyjną emocją wpływającą na pogorszenie stanu zdrowia. Moi pacjenci najczęściej odczuwają strach przed cierpieniem, przed śmiercią. Boją się, że nie starczy im zdrowia, aby zapewnić sobie i swojej rodzinie godne życie. Inne emocje, które negatywnie wpływają na zdrowie, to: brak nadziei, poczucie winy, poczucie odrzucenia, wstyd, zażenowanie, gniew, rozczarowanie, żal, zwątpienie, bolesne wspomnienia, poczucie własnej niższości, niepewność, przygnębienie. Moi pacjenci często ulegają takim emocjom. Negatywne uczucia osłabiają efekt leczenia.

Pacjenci, przychodząc do mnie, mają nadzieję, że otrzymają pomoc. Ta nadzieja jest coraz większa, gdy w trakcie stosowania zaleceń dietetycznych powoli poprawia się ich samopoczucie. Polepszenie stanu zdrowia wpływa na psychikę. Pacjent zaczyna wierzyć, że będzie w pełni zdrowy, i rzeczywiście tak się dzieje, bo pojawiają się pozytywne odczucia, a przede wszystkim znika lęk. Każdy, kto cierpi na przewlekłą chorobę, powinien być pod opieką psychologa. Rozbudzenie w pacjencie pozytywnych emocji jest kołem napędowym całego procesu jego leczenia.

Do pozytywnych emocji, które mają lecznicze właściwości, należą: radość, szczęście, euforia, zadowolenie, akceptacja, czułość, duma, entuzjazm, nadzieja, miłość, serdeczność, sympatia, ufność, życzliwość. Już samo czytanie tych pojęć pobudza w nas pozytywną energię.

Wszystkie uczucia, które wywołują strach, organizm instynktownie odbiera jako zagrożenie życia. Weryfikuje je dopiero nasza świadomość. Na przykład strach przed dużym psem, jako potencjalnie zagrożenie życia, jest raczej uzasadniony. Strach przed wystąpieniami publicznymi życiu nie zagraża, a jednak wielu z nas najchętniej ratowałoby się ucieczką.

Może warto nauczyć się panowania nad swoją psychiką? Pomogą nam w tym różnorodne techniki relaksacyjne. Najbardziej boimy się tego, co nieznane, co może kiedyś nastąpić, z czym sobie nie poradzimy. Ważne jest „tu i teraz". Nie warto ciągle dręczyć się myślami o niepewnej przyszłości.

Już dziś mamy wiele powodów do radości. **Zachwyćmy się zachodem słońca, szumem drzew. Cieszmy się obecnością osoby, która nas kocha.** Nie strońmy od czułości: dotyk, bliskość drugiego człowieka są źródłem endorfin – hormonów szczęścia rozluźniających całe ciało. Doceniajmy nawet najmniejsze dowody miłości, życzliwość otaczających nas osób. Nigdy nie myślmy o ludziach źle. Błędy należy wybaczać. Z drugiej strony unikajmy tych, którzy na nasze życie wpływają negatywnie. Którzy nas krzywdzą i sprawiają nam ból. Zawsze miejmy na względzie przede wszystkim własne szczęście, ale również dbajmy o szczęście innych. Przebywajmy z ludźmi, od których czegoś możemy się nauczyć, którzy są dla nas natchnieniem i motorem do działania. Szkoda czasu na użalanie się nad sobą, na zawiść, na gniew. Osoby, które źle nam życzą, po prostu omijajmy z daleka z życzliwym uśmiechem na twarzy. Negatywne odczucia traktujmy jak podpowiedź, czego unikać, a czego nie.

Jak psychika wpływa na proces leczenia, przekonałam się, pomagając siedmioletniemu chłopcu z astmą sterydooporną.

Bardzo przejął mnie ten przypadek. Mama małego pacjenta przekazała mi informację od lekarza prowadzącego następującej treści: „Z mojej strony to wszystko, przy ataku astmy proszę się po prostu modlić, aby dziecko się nie udusiło". Oprócz silnej astmy chłopczyk po każdym posiłku miał 39 stopni gorączki oraz opuchnięte wargi. Po dwóch miesiącach realizowania programu „Sześć kroków wyjścia z alergii" dziecko zaczęło pozytywnie reagować na sterydy. Dzięki temu zniknął strach o jego życie. Po kolejnych dwóch miesiącach stan chłopca tak się poprawił, że leki nie były już potrzebne! Bliscy chłopca pytali: Czy to cud? Odpowiedź jest prosta. To nie żaden cud, tylko konsekwentne stosowanie reguł programu wyjścia z alergii oraz nadzieja na poprawę zdrowia, której już brakowało domownikom. Kiedy wprowadzone zalecenia dietetyczne zaczęły przynosić pozytywne skutki, znowu zapanowały wśród nich radość i spokój. Zapewniam, że zmiana atmosfery w domu była bardzo skutecznym lekarstwem.

2 | NIETOLERANCJE POKARMOWE A ZDROWIE PSYCHICZNE

Czasami doskonale radzimy sobie z emocjami, a mimo to nasze zdrowie psychiczne jest w kiepskim stanie. Dlaczego tak jest? Ponieważ na psychikę wpływa również fizjologia. Od niedawna naukowcy zapewniają, że jelita to „drugi mózg człowieka". Zdrowe, szczelne jelita niemal gwarantują zdrowie, również psychiczne. Nie przepuszczają one opioidów, których źródłem jest niestrawiony pokarm. Opioidy potrafią przeniknąć przez barierę krew-mózg.

Pokarm może stać się opioidem

Do tej pory zbadano dokładnie takie egzorfiny, jak: kazomorfiny (pochodne mleka), glutenomorfiny i gliadomorfiny (pochodne glutenu). Wykazano na przykład, że dzieci z nadpobudliwością psychoruchową źle reagują na mleko, gluten, soję, pokarmy z dodatkami chemicznymi. Według tzw. hipotezy Reinholda nie tolerują także salicylanów. A z mojego doświadczenia wynika, że pacjenci reagują źle również na pyłki drzew, traw, chwastów, które ich uczulają.

U dzieci, które leczone były przez stosowanie moich zaleceń dietetycznych, można było zaobserwować poprawę zachowania. Stawały się spokojniejsze, mniej agresywne. Kiedyś uważałam, że agresywne i autodestrukcyjne zachowania dzieci z zaburzeniami ośrodkowego układu nerwowego (OUN) normowały się z powodu wyeliminowania z diety cukru i dodatków chemicznych. Obecnie utwierdzam się w przekonaniu, że niespokojne i agresywne zachowanie wynikało między innymi z nadwrażliwości na alergeny. System nerwowy nie radził sobie z takimi dokuczliwymi intruzami. Alergeny mogą działać na organizm człowieka jak silny narkotyk – do tego stopnia, że powodują zmianę osobowości. Tymczasem dorośli nie potrafią zdiagnozować przyczyn agresywnego zachowania dziecka. Często uważają je za źle wychowane i karcą za nieposłuszeństwo. Rodzice czują się bezradni. Nie wiedzą, jak poradzić sobie z problemem.

Problem agresji wśród dzieci jest coraz częstszy. Przy niepokojących symptomach, takich jak nadmierne pobudzenie, problemy z koncentracją i ze snem oraz inne odstępstwa od normy, warto upewnić się, czy dziecko nie cierpi z powodu nietolerancji pokarmowej lub alergii. Wtedy konieczna jest zmiana sposobu żywienia i unikanie dodatków do żywności i cukru.

Naukowcy wykonali badania pod kątem wpływu alergenów na OUN.

Mama dziecka alergicznego opowiadała, że po zjedzeniu glutenu lub słodyczy jej syn staje się tak nerwowy i pobudzony, że nie da się zapanować nad jego zachowaniem: kopie, gryzie, krzyczy. Tata trzyma go przez 15 minut aż do momentu, kiedy minie pierwsza reakcja organizmu na alergen i dziecko się uspokoi. Po takim ataku zachowanie chłopczyka wraca do normy i zadowolony przytula się do rodziców. Co ciekawe, zachowuje się tak, jakby zupełnie nie pamiętał, co się z nim przed chwilą działo.

TABELA 36. OBJAWY ZE SFERY PSYCHICZNEJ I NEUROLOGICZNEJ W CHOROBACH ALERGICZNYCH U LUDZI DOROSŁYCH

OBJAWY	CZĘSTOŚĆ WYSTĘPOWANIA (W %)
Bóle głowy o różnym charakterze	90
Zmiany usposobienia	87
Zawroty głowy	57
Objawy z przewodu pokarmowego	46
Migrena	37
Ogólne osłabienie	35
Napady padaczkowe	35
Omdlenia	30
Bóle mięśniowe	21
Zapalenia nerwów	13
Uczucie drętwienia	13
Objawy móżdżkowe	10
Zaburzenia pamięci, dezorientacja przejściowa	9
Objawy depresyjne	9
Bezsenność, zaburzenia snu	6
Objawy z autonomicznego układu nerwowego	2
Inne objawy neurologiczne	2
Inne objawy psychiczne	2

Źródło: Maciej Kaczmarski, Elżbieta Korotkiewicz-Kaczmarska, *Alergia i nietolerancja pokarmowa – mleko i inne pokarmy*, Help-Med, Kraków 2013.

3 | BÓL GŁOWY A STAN PSYCHICZNY

O tym, że ból głowy ma duży wpływ na samopoczucie, nie trzeba nikogo przekonywać. Zapewne każdego niejeden raz bolała głowa. Oczywiście taki ból może się zdarzyć sporadycznie i nie musi być oznaką poważnych problemów zdrowotnych, ale jeżeli pojawia się cyklicznie i zmusza do zażywania leków, szczególnie tych przeciwmigrenowych, trzeba reagować.

Są różne rodzaje bólu głowy wynikające z problemów z trawieniem pokarmów:

- **Tępy ból głowy**, przejściowy, któremu nie towarzyszą inne objawy neurologiczne. Pamiętam, że w młodości codziennie cierpiałam na takiego rodzaju tępe bóle głowy trwające mniej więcej od godziny 10.00 do 15.00. Gdy wyeliminowałam z diety cukier, bóle minęły bezpowrotnie.
- **Ból migrenowy** wywołany miejscową reakcją alergiczną ośrodkowego układu nerwowego, kiedy dochodzi do obrzęku mózgu. Następny etap to rozszerzenie naczyń krwionośnych w wyniku wyrzutu histaminy z komórek tucznych. Wyeliminowanie pokarmów, które po spożyciu wywołują niepożądane reakcje, jest formą leczenia i zapobiegania bólom głowy.

Jak toksyny grzyba *Candida albicans* wpływają na funkcjonowanie OUN?

Z moich obserwacji wynika, że toksyny grzyba *Candida albicans* również przenikają przez barierę krew-mózg.

Tak stało się w przypadku dziewczynki, u której stwierdzono zaawansowaną kandydozę. Została poddana silnemu leczeniu preparatami przeciwgrzybiczymi. Po podaniu tych leków dziecko dostało napadu drgawek padaczkowych, których nie miało wcześniej. Okazało się, że toksyny rozpadającego się grzyba zaczęły obciążać OUN, powodując jego stan zapalny.

Zależność naszego samopoczucia od funkcjonowania niektórych narządów jest bezsprzeczna.

4 | WPŁYW TARCZYCY I NADNERCZY NA NASZE SAMOPOCZUCIE

Tarczyca

W części VII. *Badania – droga do trafnej diagnozy* przedstawiłam badania, które należy wykonać, aby sprawdzić stan tarczycy, a także podałam zalecenia wspomagające prawidłową pracę tego narządu. Jeśli nie będziemy leczyć chorej tarczycy, narazimy się na schorzenia OUN z objawami od lekkiego obniżenia nastroju po ciężką depresję.

Nadnercza

Zaburzenia w pracy nadnerczy mogą być spowodowane między innymi przez syntetyczne sterydy. Ogromny wpływ na ich funkcjonowanie ma również nasza psychika.

Stres, zwłaszcza przewlekły, jest obciążeniem dla nadnerczy, gdyż są one zmuszone do nadmiernego wyrzutu kortyzolu – hormonu stresu. Po pewnym czasie nadnercza są tak wyczerpane, że zaczynają wytwarzać go coraz mniej. To niekorzystne zjawisko, ponieważ kortyzol jest dla organizmu bardzo ważny.

Kortyzol oddziałuje na OUN: zarówno jego nadmiar, jak i niedobór ma wpływ na osobowość człowieka. Jeżeli nadnercza są zmuszone do większej produkcji kortyzolu, zaburza to pracę neuroprzekaźników, np. serotoniny. Kiedy brakuje kortyzolu, mamy problemy z zasypianiem, obniża się nastrój, może dojść do obsesji i lęków. Więcej stresu często oznacza problemy ze snem. Doświadcza tego wiele osób.

JAK ZADBAĆ O NADNERCZA?

- Najpierw wyleczmy stany zapalne w mózgu poprzez regenerację jelit, stosując zalecenia z części o nietolerancjach pokarmowych. Jeżeli one nie pomogą, wprowadźmy program „Sześć kroków wyjścia z alergii" (zobacz: część VIII).
- Dbajmy o odpowiednią ilość antyoksydantów (warzywa, owoce) w diecie, które mają wpływ na neuroprzekaźniki oraz hormony.
- Śniadania jedzmy zaraz po przebudzeniu.
- Nie jedzmy na stojąco.
- Spożywajmy pięć posiłków dziennie, aby uniknąć wahań poziomu cukru we krwi.
- Pijmy wodę.
- Dbajmy o dostarczanie organizmowi witamin z grypy B (kasze, suche rośliny strączkowe, orzechy) oraz witaminy C.
- Pamiętajmy o odpowiedniej ilości snu.
- Wystawiajmy się na działanie słońca. Gdy świeci najintensywniej, wychodźmy na 10-minutowy spacer.

Nawet mała sprzeczka rodzinna jest dużym obciążeniem dla naszych nadnerczy, a co dopiero przewlekły stres i nadmiar obowiązków. Co to oznacza w praktyce? W weekend odpoczywajmy. Po dużej dawce stresu przez 2–3 dni dbajmy o siebie szczególnie.

Po każdym stresie nadnercza potrzebują 24–48 godzin odpoczynku, aby ustabilizować hormony.

Zawsze po zakończeniu cyklu warsztatów, które organizuję dla swoich pacjentów, jestem bardzo zmęczona. Ten fakt zawsze mnie dziwił, ponieważ szkolenia sprawiają mi ogromną przyjemność. Czym tu się zmęczyć? A jednak. Moje nadnercza za każdym razem po intensywnym wysiłku, nawet dającym radość i satysfakcję, domagają się co najmniej jednego dnia odpoczynku, powrotu do równowagi, większej dawki serotoniny.

Warto pamiętać, że:

- Niezbędne są piękne widoki dla oczu.
- Niezbędne są miłe dźwięki dla uszu.
- Niezbędne są przyjemne zapachy i wrażenia smakowe.
- Niezbędny jest spokój i przyjazna atmosfera w domu i w pracy.
- Odtwarzajmy w pamięci przyjemne wspomnienia i wrażenia.
- Bawmy się, tańczmy, śpiewajmy.
- Bądźmy mili, pomocni i serdeczni.
- Śmiejmy się jak najwięcej.
- Niezwykłe właściwości ma kontakt fizyczny z ukochaną osobą. Subtelny dotyk, zwłaszcza stref erogennych, powoduje zwiększenie stężenia oksytocyny, co wpływa odprężająco i daje uczucie spokoju i zadowolenia.

Uczucie szczęścia zapewnia odpowiedni poziom serotoniny, która doskonale wpływa na nadnercza.

Wpływ serotoniny na emocje człowieka najlepiej widać, gdy jesteśmy zakochani. Naukowcy zbadali jej stężenie u zakochanych i okazało się, że zwiększa się ono nawet o 200%, ale gdy ukochanej osoby nie ma obok i zaczynamy za nią tęsknić, poziom serotoniny spada do minimum. Dlatego zakochani bujają się na ogromnej emocjonalnej huśtawce – od euforii do rozpaczy.

Moja rada: niech zakochani dostarczają sobie więcej witaminy C z owoców i warzyw.

5 | NAJLEPSZA PSYCHOTERAPIA – ROZMOWA Z ŻYCZLIWYM CZŁOWIEKIEM

Tania i łatwo dostępna terapia pozwalająca odreagować stres to rozmowa z drugim człowiekiem. My, kobiety, znamy tę zasadę. Zawzięcie próbujemy nauczyć jej naszych partnerów. Z różnym skutkiem. W trakcie życzliwej rozmowy z uwagą słuchajmy rozmówcy. W ten sposób poznajemy go, jego poglądy i opinie. Uczymy się szacunku dla drugiego człowieka. Niech rozmowa będzie szczera. Nie ignorujmy rozmówcy. Nie przytakujmy, jeśli coś nam nie odpowiada. Rozmowa z drugim człowiekiem uczy precyzować własne oczekiwania. Czasami wypowiadając na głos swoje lęki, pozbywamy się ich. Terapeutycznie na psychikę działa również płacz. Ma działanie oczyszczające.

6 | TERAPIA ŚMIECHEM

Śmiech jest terapią, którą możemy zapewnić sobie sami, aby chronić układ nerwowy.

Wyróżniamy różne rodzaje śmiechu:

- Rozjaśniający twarz. Radość uwidacznia się poprzez delikatne podniesienie kącików ust. Jak najczęściej powinniśmy się lekko uśmiechać – jest to informacja dla naszego mózgu, że czujemy się bezpieczni i odprężeni.
- Śmiech intensywny i głośny.
- Śmiech do łez.

Kiedy śmiech nie leczy?

- Kiedy śmiejemy się, kpiąc z drugiego człowieka, aby go poniżyć.
- Kiedy śmiejemy się fałszywie.

Uśmiech jest bardzo przydatny, bo sprawia, że ludzie są dla siebie bardziej życzliwi i skłonni do pomocy, do porozumienia. Uśmiech drugiego człowieka ośmiela i zachęca do działania. Na jednej z konferencji podczas prowadzonej przeze mnie prezentacji bardzo serdecznie uśmiechała się do mnie słuchaczka. Dzięki temu było mi raźniej, czułam się rozluźniona. Zaczęłam mieć wrażenie, że skądś ją znam, ale nie. To jej życzliwy uśmiech sprawił, że poczułam, jakbym znała ją od lat.

Korzyści płynące z uśmiechu:

- wspomaganie krążenia krwi,
- pozytywny wpływ na opróżnianie pęcherzyka żółciowego,
- pozytywny wpływ na perystaltykę jelit,
- pozytywny wpływ na proces oddychania,
- wpływ na zmiany kancerogenne w organizmie,
- wpływ na równowagę hormonalną.

Przysadka mózgowa to najważniejszy gruczoł dokrewny wpływający na niemal wszystkie funkcje organizmu. Zaburzenia w jej pracy mogą odbić się na całym naszym życiu, dlatego musi być pozytywnie stymulowana. A zatem:

Drogi Czytelniku,
kochaj, śmiej się, odżywiaj racjonalnie, dbaj o zdrowie, a będziesz mógł bez przeszkód cieszyć się każdym dniem!

X. DODATKI

PRZEPISY

Kiszonki

Przygotowanie kiszonek warzywnych jest bardzo proste. Potrzebny jest 1 kg warzyw. Najlepiej nadają się kapusta, buraki, marchewka. Dodatkiem może być seler, czosnek, namoczone i posiekane glony, np. wakame, kelp, oraz sól. Wszystkie produkty należy kisić w naczyniach glinianych.

◇ ◇ ◇

WYKONANIE:

- *Warzywa zetrzeć na tarce lub drobno pokroić.*
- *Dodać soli.*
- *Włożyć warzywa do naczynia do wysokości około 2,5 cm od górnej krawędzi. Następnie przycisnąć je deską, aż wypłynie sok. Podczas kiszenia muszą być całe zanurzone w soku, aby nie zaczęły gnić.*
- *Na warzywach ułożyć grubą warstwę świeżych liści kapusty.*
- *Przykryć warzywa talerzem mniejszym o 1 cm od średnicy naczynia. To pozwoli na uwalnianie się gazów powstających podczas fermentacji.*
- *Całość przykryć ręcznikiem papierowym.*
- *Wstawić do ciemnego, dobrze wietrzonego pomieszczenia o temperaturze pokojowej (15–22°C) mniej więcej na 2 tygodnie.*

➢ *Po tym czasie odrzucić znajdujące się na wierzchu stare liście kapusty i spleśniałe, odbarwione warzywa. Pozostałe warzywa przełożyć do szklanych słojów. Przechowywać w lodówce.*

Na podstawie: Paul Pitchford, *Odżywianie dla zdrowia*, Galaktyka, Łódź 2008.

Zakwas z buraków

SKŁADNIKI:

✓ 1 kg czerwonych buraków (ekologicznych),
✓ 4 ząbki lub pół główki czosnku,
✓ 1 liść laurowy,
✓ 6 ziaren czarnego pieprzu,
✓ 3 goździki,
✓ 10 ziaren kolendry,
✓ 3 ziarna ziela angielskiego,
✓ 3 szklanki przegotowanej i ostudzonej wody lub wody mineralnej,
✓ 1 łyżka soli kamiennej niejodowanej do przetworów.

◇ ◇ ◇

WYKONANIE:

➢ *Buraki umyć, obrać i pokroić w grube plastry, aby nie wypływały na wierzch.*
➢ *Dodać przyprawy. Włożyć je pomiędzy buraczane plastry.*
➢ *Całość zalać solanką. Potrząsnąć delikatnie słoikiem, aby pozbyć się pęcherzyków powietrza.*
➢ *Docisnąć buraki. Słoik lub gliniane naczynie szczelnie zamknąć.*
➢ *Zostawić na kilka dni w temperaturze pokojowej.*
➢ *Kiedy w słoiku pojawi się piana, przenieść słoik do chłodniejszego pomieszczenia.*

- *Po kilku dniach zakwas powinien być gotowy. Przecedzić go do szklanych butelek i przechowywać w lodówce.*

Przygotowanie masła ghee

Masło ghee przyrządza się z niesolonego masła ekologicznego.

- *Należy podgrzać w rondlu 200 g takiego masła, aż do wrzenia, zmniejszyć ogień, aby lekko bulgotało. Następnie zebrać delikatnie gromadzącą się na wierzchu pianę. W niej znajdują się uczulające białka mleka i laktoza. Po upływie 12–15 minut będzie słychać dźwięk, jakby smażył się olej, wtedy szybko zdjąć rondel z ognia i pozostawić do ostygnięcia. Alergizujące białka zostają na dnie rondla oraz w zebranej z wierzchu pianie.*

Na podstawie: Paul Pitchford, *Odżywianie dla zdrowia*, Galaktyka, Łódź 2008.

Tak przygotowany tłuszcz mleczny w zasadzie nie zawiera laktozy i białek. Jest zazwyczaj dobrze tolerowany przez pacjentów. Dodatkowo ma w sobie cenne kwasy tłuszczowe, witaminy A, D, E, K oraz beta-karoten. Dłużej zachowuje świeżość, więc warto zrobić od razu większą jego ilość.

Masło ghee produkowane przemysłowo jest źródłem wolnych rodników, konserwantów i innych chemicznych dodatków. Przygotowane w warunkach domowych nie zawiera takich niezdrowych dodatków. Masło ghee może jednak alergizować. W takim wypadku należy wyeliminować je z diety.

Mleko z nasion

W okresie stosowania diety bezmlecznej będzie nam doskwierał brak produktów mlecznych. Proponuję przygotować mleko z nasion, które robi się z ekologicznych nasion dyni, sezamu i słonecznika.

SKŁADNIKI:

- ✓ 200 g ziaren dyni, czarnego sezamu, słonecznika;
- ✓ 2 szklanki ciepłej wody;
- ✓ sól morska do smaku.

◇ ◇ ◇

WYKONANIE:

- ➢ *Mieszankę nasion należy moczyć przez 12 godzin. Następnie wszystko dokładnie zmiksować, odcedzić. Jeżeli mleko będzie za gęste, można je rozcieńczyć, dodając letnią wodę.*

Takie zastępcze mleko znacznie wzbogaci jadłospis, można wykorzystywać je do gotowania budyniów, dodawać do kasz i naleśników. Nasiona, które zostaną po przygotowaniu mleka, świetnie sprawdzą się jako składnik past i wypiekanego chleba. Muszę przestrzec alergików, że jeden ze składników mleka z nasion, czyli czarny sezam, często alergizuje.

Mleko migdałowe

Kolejnym zdrowym substytutem mleka zwierzęcego jest mleko migdałowe.

SKŁADNIKI:

- ✓ 200 g migdałów,
- ✓ 2 szklanki ciepłej wody,
- ✓ sól do smaku.

◇ ◇ ◇

WYKONANIE:

➢ *Migdały należy moczyć przez 12 godzin. Następnie obrać je ze skórki. Dolać 2 szklanki świeżej wody. Wszystko dokładnie zmiksować i odcedzić. Jeżeli mleko będzie za gęste, można je rozcieńczyć, dodając letnią wodę. Taki produkt można wykorzystywać do tych samych celów co mleko z nasion. Każde z nich doda nieco innego posmaku. Zachęcam do eksperymentowania.*

Przepis na kwaśną marynatę

SKŁADNIKI NA 100 G MIĘSA:

- ✓ sok z jednej cytryny,
- ✓ 3 ząbki czosnku,
- ✓ papryka słodka w proszku,
- ✓ przyprawy: sól, pieprz ziołowy, tymianek, majeranek.

◇ ◇ ◇

WYKONANIE:

➢ *Wszystkie składniki należy dokładnie wymieszać. Mięso powinno być włożone do szklanego naczynia i w całości przykryte marynatą. Trzymamy je w lodówce przez cały dzień.*

Wakame z sezamem

SKŁADNIKI:

✓ 30 g wodorostów wakame,
✓ ¼ szklanki namoczonych i odsączonych nasion sezamu.

◇ ◇ ◇

WYKONANIE:

➢ *Opiekać wakame w piekarniku w temperaturze 180°C przez 10–15 minut, aż stanie się ciemny i chrupiący. Następnie należy zemleć go na proszek. Sezam uprażyć na sucho. Ucierać go wraz ze zmielonym wakame, aż nasiona sezamu będą zmiażdżone w 90%. Posypkę przesypać do słoja i włożyć do lodówki.*

Na podstawie: Paul Pitchford, *Odżywianie dla zdrowia*, Galaktyka, Łódź 2008.

Marynata do ryb

SKŁADNIKI:

✓ 2 łyżki soku z cytryny,
✓ 2 łyżki oliwy,
✓ ½ łyżeczki soli,

- ✓ ¼ łyżeczki pieprzu,
- ✓ 2 łyżki siekanego koperku lub natki pietruszki.

◇ ◇ ◇

WYKONANIE:

➢ *Przed zamarynowaniem ryby należy ją oczywiście wypatroszyć. Wymieszać wszystkie składniki marynaty. Rybę umieścić w szklanym naczyniu i zalać marynatą, tak aby cała była przykryta. Naczynie z rybą włożyć do lodówki i marynować tylko przez 30–40 minut. Dłuższe marynowanie pozbawia rybę naturalnego smaku.*

Gomasio (zdrowa posypka)

SKŁADNIKI:

- ✓ sezam,
- ✓ sól.

◇ ◇ ◇

WYKONANIE:

➢ *Sezam należy lekko podprażyć. Pod koniec prażenia dodać sól. Gotowy produkt przełożyć do naczynia. Zimą proporcja sezamu do soli powinna wynosić 7:1 (na 7 łyżek sezamu 1 łyżeczka soli). Proporcja na lato – 12:1.*

Gomasio stosuje się do posypywania kanapek, sałatek i wielu innych potraw.

Sos winegret I

SKŁADNIKI:

- ✓ 3 części nierafinowanego oleju (do wyboru: olej lniany tłoczony na zimno, oliwa z oliwek, olej z awokado),
- ✓ 1 część soku z cytryny,
- ✓ przyprawy,
- ✓ woda do zemulgowania.

◇ ◇ ◇

WYKONANIE:

➢ *Zmiksować olej z sokiem z cytryny i wodą. Następnie dodać przyprawy i znowu zmiksować całość. Gotowy sos przelać do słoika i przechowywać w lodówce.*

Moje ulubione dodatki do sosu to: sól morska, musztarda, miód, rozmaryn, estragon, mięta, imbir, szałwia, szczypiorek, cebula, czosnek. Dozuję je w zależności od pory roku i nastroju.

Powidła z suszonych owoców

SKŁADNIKI:

- ✓ 200 g rodzynek,
- ✓ 200 g moreli,
- ✓ 200 g śliwek,
- ✓ 200 g daktyli.

◇ ◇ ◇

WYKONANIE:

- *Suszone owoce (ekologiczne) należy zalać zimną wodą i gotować, aż będą miękkie. Kiedy woda wyparuje, wystarczy je zmiksować i gotowe!*

JADŁOSPIS NA CAŁY TYDZIEŃ

To propozycje potraw, które dostarczą organizmowi wszystkich niezbędnych składników odżywczych. Produkty, które w nim uwzględniłam, są ogólnie dostępne i tanie. Jadłospis pomaga wyleczyć lub złagodzić przebieg wielu chorób, dlatego zalecam go przy schorzeniach układu pokarmowego i odpornościowego. Opracowany został dla osób, które chcą zregenerować śluzówkę jelita cienkiego po antybiotykoterapii. Zalecany jest też w leczeniu nietolerancji pokarmowych oraz alergii. Wykorzystano w nim wskazania programu „Sześć kroków wyjścia z alergii" (zobacz: część VIII).

Potrawy proponowane w jadłospisie nie zawierają glutenu, mleka ani cukru. Uwzględnione zostały również zalecenia diety niskohistaminowej. Wprawdzie w diecie tej nie powinno być pomidorów, ale zawierają one likopen, który działa przeciwnowotworowo. Dopuściłam przetwory z pomidorów ekologicznych, które nie powinny powodować wyrzutów histaminy z komórek tucznych, choć może się tak zdarzyć. Wówczas należy wyeliminować je z jadłospisu. Z produktów mlecznych dopuściłam masło ghee, które jest pozbawione alergizujących białek i laktozy. Jednak u osób wrażliwych mimo wszystko może się pojawić reakcja alergiczna. Należy wtedy wykluczyć masło z diety. W trakcie eliminowania z diety produktów mlecznych trzeba pamiętać o wzbogaceniu posiłków w produkty zawierające wapń. (Więcej na temat diety bezmlecznej zobacz w części IV). Aby odbudować kosmki jelitowe, należy unikać smażenia potraw, ale parę razy dopuściłam ten sposób obróbki w jadłospisie, ponieważ pacjenci tęsknią za tym smakiem.

Proponuję, abyś dzień rozpoczął od wypicia szklanki letniej wody z odrobiną soku z cytryny. Jeżeli masz czas i ochotę, namawiam do zrobienia soku warzywnego oraz wypicia zakwasu z buraków. Aby poprawić wchłanianie składników odżywczych z pokarmów, nie zapomnij o produktach, które zawierają krzemionkę. Do produktów tych zaliczamy między innymi: herbatę z pokrzywy, amarantus, komosę ryżową (quinoa). Namawiam również do codziennej suplementacji olejem z wiesiołka oraz dodawania do potraw niewielkiej ilości ekologicznych glonów, zwłaszcza osoby po czterdziestym roku życia.

Wszystkie potrawy jadłospisu zostały opracowane dla czterech osób. Na drugie śniadanie wprowadziłam tzw. pudełka śniadaniowe. To potrawy dla jednej osoby, które można zabrać na wynos.

Zanim wprowadzisz opracowany przeze mnie jadłospis, przeczytaj część VI. *Prawidłowe odżywianie,* aby łatwiej stosować się do zaleceń.

ŚNIADANIE:

Na śniadanie zaproponowałam kaszę na ostro z dodatkiem warzyw. Zamieściłam również propozycję śniadania na słodko, ponieważ wiem, że niektórzy tylko takie preferują. Zobacz, jak czujesz się po spożyciu śniadania na słodko, a jak na ostro.

DRUGIE ŚNIADANIE (PUDEŁKO ŚNIADANIOWE):

Przygotowanie pudełka śniadaniowego jest praktycznym rozwiązaniem. Propozycje, które przedstawiłam, możesz zmodyfikować, biorąc pod uwagę swoje preferencje smakowe oraz zapotrzebowanie energetyczne. Kieruj się intuicją. Każdego dnia do pojemnika wkładaj inne rodzaje warzyw, kasz, ryżu (czarny, biały pełnowartościowy) i inny rodzaj białka (różnego rodzaju fasole, soczewice, mięsa, ryby, jajko). Do tego różne rodzaje ziaren. Pamiętaj, aby w pojemnikach zawsze znalazły się rośliny zielone. Wszystko polej sosem winegret.

Dzień wcześniej przygotuj mięso, ryby, suche rośliny strączkowe, kaszę, tofu, ponieważ o poranku może braknąć ci czasu. Mięso i ryby marynuj w odpowiednich zalewach. Będą wówczas lżej strawne.

Przygotowanie serka tofu

Wybieraj tofu z niemodyfikowanej soi. Nigdy nie podawaj tofu na zimno, tylko wcześniej ugotuj je w zalewie. Będzie smaczniejsze, a na pewno nie będzie miało takiego działania wychładzającego, jak zimne podane bezpośrednio z opakowania.

Sos winegret II

SKŁADNIKI:

- ✓ 2 łyżki musztardy bezglutenowej,
- ✓ 1 łyżka miodu lub brązowego cukru,
- ✓ 1 łyżka soku z cytryny,
- ✓ ¼ szklanki wody,
- ✓ 3 łyżki oliwy.

◇ ◇ ◇

WYKONANIE:

- ➢ *Wszystkie składniki oprócz oliwy zmiksować blenderem. Dodać oliwę i jeszcze raz dokładnie zmiksować.*

Przegryzki

Proponuję placek gryczany z różnymi pastami. Unikaj suchych wafli. Podnoszą one bowiem indeks glikemiczny, wiążą wodę w jelitach.

Placek gryczany

SKŁADNIKI:

✓ 500 g mąki gryczanej,
✓ 600 ml wody mineralnej mocno gazowanej,
✓ sól,
✓ nasiona.

◇ ◇ ◇

WYKONANIE:

➢ *Mąkę wymieszać z wodą i solą. Wylać na blachę wyłożoną papierem do pieczenia. Ciasto powinno mieć grubość około 1 cm. Posypać nasionami. Nasiona można również dodać na etapie mieszania. Piec w nagrzanym piekarniku w temp. 200°C około 40 minut.*

OBIADY:

Staraj się maksymalnie skrócić czas przebywania w kuchni. Szukaj prostych przepisów. Bądź elastyczny. Jeżeli wracasz późno do domu, potraktuj moje propozycje na drugie dania jako obiadokolację. Natomiast zupy możesz wziąć w termosie do pracy. Być może na początku codzienne przygotowywanie do pracy pojemnika śniadaniowego i termosu z zupą będzie uciążliwe, ale w końcu stanie się nawykiem. Często spożywamy tylko dwa ciepłe posiłki w ciągu dnia: śniadanie oraz obiadokolację. Twój układ pokarmowy potrzebuje ciepłego posiłku, który tonizuje jego pracę, także w ciągu dnia, a nie tylko rano i wieczorem.

Bulion warzywny

Do wykorzystania jako dodatek smakowy, np. do gotowania kasz, ryżu, a także podany jako samodzielne danie z dodatkiem makaronu bezglutenowego lub kluseczek kukurydzianych:

SKŁADNIKI:

- ✓ 2 litry wody,
- ✓ 4 marchewki,
- ✓ 4 pietruszki,
- ✓ 1 por,
- ✓ ¼ selera korzeniowego,
- ✓ 3 łodygi selera naciowego,
- ✓ 2 cebule,
- ✓ 3 ząbki czosnku,
- ✓ 2 gałązki lubczyku,
- ✓ 5 ziaren czarnego pieprzu,
- ✓ 5 ziaren ziela angielskiego,
- ✓ 3 liście laurowe,
- ✓ 1 łyżka sosu sojowego,
- ✓ 1 łyżka oleju,
- ✓ sól.

◇ ◇ ◇

WYKONANIE:

➢ *Cebule obrać, nadziać na widelec i przypiekać nad palnikiem tak długo, aż będą przypieczone. Wszystkie warzywa włożyć do wody i gotować na wolnym ogniu przez 1½ godziny. Następnie przecedzić wywar przez sito i doprawić. Można zamrażać.*

Propozycje jadłospisu

	DZIEŃ 1	DZIEŃ 2	DZIEŃ 3	DZIEŃ 4	DZIEŃ 5	DZIEŃ 6	DZIEŃ 7
Śniadanie	placki lub zapiekanka z płatków owsianych	komosa ryżowa na słodko	placki lub zapiekanka z płatków owsianych	makaron gryczany z warzywami	zielony omlet I	kasza jaglana z warzywami	zielony omlet II
Drugie śniadanie	**Pudełko śniadaniowe** Do wyboru: komosa ryżowa/ ryż naturalny, czarny/ kasza gryczana + rośliny strączkowe (różnego rodzaju fasole, soczewice, tofu)/ mięso/ ryby/ jajka + warzywa + warzywa zielone + nasiona (sezam, dynia, słonecznik) + sos winegret						
Obiad	leczo z ziemniakami	risotto	zapiekanka ziemniaczana z rybą	gulasz z zielonej soczewicy	zapiekanka ziemniaczana z warzywami	makaron gryczany z łososiem	pieczeń z indyka w dwóch sosach pieczone ziemniaki
	surówka z kapusty pekińskiej	surówka z białej kapusty	sałata z sosem winegret	surówka z czerwonej kapusty	surówka z kapusty włoskiej	sałatka z rukoli lub roszponki	buraczki
Podwieczorek	pieczone banany	kisiel owocowy	mus karobowy	lody bananowe	muffinki	galaretka owocowa	naleśniki
Kolacja	grochówka	zupa z czerwonej soczewicy	krem z buraków z fasolą	krupnik	zupa grzybowa	krupnik	bulion warzywny z kluskami jajecznymi

DZIEŃ 1

Potrawa	Składniki dla 4 osób	Wykonanie
Śniadanie: Placki lub zapiekanka z płatków owsianych	• 2 szklanki płatków owsianych bezglutenowych lub jaglanych • 2,5 szklanki mleka ryżowego • 1 papryka • ¼ cukinii • 2 łyżki mąki z amarantusa • szczypiorek • masło klarowane lub olej kokosowy	Płatki zalać mlekiem, tak aby były przykryte na wysokość około 5 cm. Wymieszać i pozostawić na godzinę lub całą noc. Dodać paprykę pokrojoną w drobną kosteczkę. Cukinię zetrzeć na tarce i dodać do masy. Dodać również pokrojony szczypiorek, a następnie mąkę z amarantusa. Masę dokładnie wyrobić i przyprawić. Smażyć na maśle klarowanym lub oleju kokosowym z jednej strony, a następnie przykryć patelnię talerzem i za jego pomocą obrócić placek na drugą stronę, ponieważ jest ciężki. Niektórzy nie tolerują płatków owsianych, nawet bezglutenowych, wtedy można użyć płatków jaglanych. Placki z płatków innych niż owsiane wymagają dodania jednego jajka. Zdrowsza wersja tego dania to zapiekanka. Masę przelać do 4 foremek do zapiekania o średnicy 10 cm. Wstawić do piekarnika rozgrzanego do 160°C i piec przez 20 minut.
Dodatek:	• 300 g owoców sezonowych	
Drugie śniadanie: pudełko śniadaniowe (dla 1 osoby)	• 50 g suchego ziarna komosy ryżowej • 100 ml mleka ryżowego • 70 g tofu • 70 g czerwonej fasoli • około 200 g warzyw do wyboru: pomidor, papryka czerwona i zielona, kilka rzodkiewek, ¼ brokułu • warzywa zielone: natka pietruszki, szczypiorek, rukola • sos winegret • 20 g nasion (do wyboru: pestki słonecznika, pestki dyni, sezam)	Namoczyć komosę w mleku ryżowym i pozostawić na całą noc. Rano ją ugotować. W razie potrzeby dolać odpowiednią ilość mleka, aby nie przypalić kaszy. Ugotować serek tofu w zalewie. Ugotować fasolę. Można użyć fasoli z puszki, ale przygotowana samodzielnie jest zdrowsza. Pokroić pomidora, paprykę i rzodkiewki. Można podpiec rzodkiewki na patelni grillowej. Brokuł gotować około 5 minut, aby pozostał chrupiący. Dodać warzywa zielone. Wszystko zmieszać. Polać sosem winegret i posypać nasionami.

DZIEŃ 1

Potrawa	Składniki dla 4 osób	Wykonanie
Obiad: Leczo	• ½ kg pieczarek • 3 różnokolorowe papryki • 1 por (biała część) • 4 pomidory obrane ze skórki lub 1 puszka pomidorów pelati • 2 cukinie • 1 cebula • 2 ząbki czosnku • 1 łyżeczka tymianku • 2 łyżki oliwy • sól i świeżo zmielony pieprz	Na dużej patelni rozgrzać oliwę, wrzucić posiekaną cebulę, obrany i drobno posiekany czosnek, pokrojone pieczarki, paprykę pokrojoną w cienkie paski, krążki pora oraz tymianek. Dusić, aż zacznie się wydzielać intensywny zapach. Dodać pokrojone w kostkę pomidory i jeszcze przez chwilę dusić. Na koniec dołożyć cukinię pokrojoną w drobniutką kostkę. Nie trzeba jej już gotować. Całość przyprawić do smaku solą i pieprzem. Podawać z ziemniakami.
Dodatek:	• 1 kg ziemniaków	Ziemniaki ugotować jako dodatek do drugiego dania.
Surówka z kapusty pekińskiej	• 1 średnia główka kapusty pekińskiej • 1 duży ogórek • 4 łyżki prażonego sezamu	Kapustę poszatkować. Ogórek pokroić w kostkę i dodać do kapusty. Całość posypać sezamem i polać sosem winegret.
Sos winegret koperkowy	• 2 łyżki musztardy bezglutenowej • 1 łyżka miodu • 1 łyżka soku z cytryny • ¼ szklanki wody • 1 pęczek koperku • 3 łyżki oliwy	Wszystkie składniki oprócz oliwy zmiksować blenderem. Dodać oliwę i zmiksować ponownie na krem.

DZIEŃ 1		
Potrawa	Składniki dla 4 osób	Wykonanie
Podwieczorek: Pieczone banany	• 4 bardzo dojrzałe banany • 1 łyżeczka mielonego cynamonu	Obrać banany i przekroić na pół. Ułożyć połówki owoców na blasze do pieczenia, posypać cynamonem i zapiekać 10 minut w piekarniku rozgrzanym do 200°C (do 180°C z termoobiegiem).
Kolacja: Grochówka	• 1 szklanka grochu • 2 ziemniaki • 1 marchewka • 1 seler korzeniowy • 1 pietruszka • 1 cebula • 2 ząbki czosnku • 5 ziaren ziela angielskiego • 2 liście laurowe • 1 łyżka majeranku • ½ łyżeczki lubczyku • ½ łyżeczki mielonej kolendry • 4 łyżki masła klarowanego • sól, pieprz	Namoczyć groch w wodzie i pozostawić na noc. Ziemniaki pokrojone w grubą kostkę ugotować osobno. Marchewkę, cebulę, pietruszkę i seler pokroić w drobną kostkę, a czosnek posiekać. W garnku rozgrzać masło, wrzucić cebulę, czosnek, ziele angielskie, liście laurowe i dusić na małym ogniu przez 5 minut. Dodać groch z wodą, w której się moczył. Gotować pod przykryciem przez 50 minut. Wrzucić pozostałe przyprawy i gotować jeszcze około 10 minut. Dodać ugotowane ziemniaki, doprawić zupę solą i pieprzem, ewentualnie także kilkoma kroplami sosu sojowego.

DZIEŃ 2

Potrawa	Składniki dla 4 osób	Wykonanie
Śniadanie: Komosa ryżowa na słodko	• 200 g komosy ryżowej • 200 ml wody • 4 daktyle bez pestek • 3 łyżeczki chia • 500 ml mleka migdałowego • 1 łyżeczka cynamonu • szczypta soli • migdały	Komosę i daktyle zalać wodą i mlekiem. Przyprawić solą. Gotować od momentu wrzenia wody przez 15–20 minut, często mieszając. Dodać chia, cynamon. Gotować na wolnym ogniu, aż potrawa zgęstnieje. Przed podaniem posypać grubo pokrojonymi migdałami.
Dodatek:	• 300 g owoców sezonowych	
Drugie śniadanie: pudełko śniadaniowe (dla 1 osoby)	• 50 g ryżu • 80 g kaczki, indyka lub ryby • około 200 g warzyw do wyboru: pomidor, papryka czerwona i zielona, kilka rzodkiewek, kalafior • 10 g kiełków fasoli • warzywa zielone: natka pietruszki, szczypiorek, rukola • sos winegret • 20 g nasion (do wyboru: pestki słonecznika, pestki dyni, sezam)	Ugotować ryż. Drób lub rybę przyprawić i przyrządzić w ulubiony sposób, np. ugotować w bulionie albo upiec w folii. Tak przygotowane mięso lub rybę wymieszać z ryżem. Pokroić pomidora, paprykę i rzodkiewki. Można podpiec rzodkiewki na patelni grillowej. Kalafior gotować około 5 minut, aby pozostał chrupiący. Dodać warzywa zielone. Wszystko zmieszać. Polać sosem winegret i posypać nasionami.

DZIEŃ 2

Potrawa	Składniki dla 4 osób	Wykonanie
Obiad: Risotto	• 400 g czerwonej fasoli • 400 g ryżu do risotta • 250 g zielonego groszku (może być mrożony) • 1,3 l bulionu warzywnego • 1 por • 1 czerwona papryka • 1 zielona papryka • 1 cebula • 2 liście laurowe • 2 łyżki mielonej kurkumy • ¼ szklanki oliwy z oliwek • 1 pęczek koperku • sól, pieprz	Fasolę namoczyć na noc, a następnego dnia ugotować. Na patelni rozgrzać oliwę, wrzucić pokrojoną cebulę, por i paprykę. Wsypać ryż. Dodać liście laurowe, kurkumę, sól i pieprz do smaku. Podsmażyć przez 2–3 minuty. Wlać tyle bulionu warzywnego, by ryż był zaledwie przykryty. Przykryć naczynie i dusić. Gdy warzywa będą przybierać złocisty kolor, dosypać groszek i ugotowaną fasolę. Mieszać przez 3 minuty. Odstawić jeszcze na 10 minut, by ryż doszedł. Posypać drobno posiekanym koperkiem. Uwagi: Do tej potrawy wyjątkowo używa się specjalnej odmiany ryżu białego. Ma on mniej składników odżywczych niż pełnoziarnisty, ale działa osłaniająco na śluzówkę jelita cienkiego.
Surówka z białej kapusty	• ¼ główki białej kapusty • 1 pęczek szczypiorku • natka pietruszki • 1 łyżka oliwy z oliwek • sok z cytryny • sól, pieprz	Białą kapustę drobno poszatkować, posolić i odstawić na 10 minut. Dolać tyle wody, aby przykryła kapustę, i gotować przez 3 minuty. Odcedzić. Dodać oliwę zmieszaną z sokiem z cytryny. Przyprawić do smaku solą i świeżo zmielonym pieprzem.
Podwieczorek: Kisiel owocowy	• 400 g owoców sezonowych • 2 łyżki skrobi ziemniaczanej lub kukurydzianej • 1½ szklanki wody • sok z cytryny (opcjonalnie)	Owoce zmiksować (można użyć soku lub musu owocowego domowej roboty). Dodać 1 szklankę wody i zagotować. Do ½ szklanki wody dodać skrobię ziemniaczaną lub kukurydzianą, dokładnie wymieszać. Zawiesinę wlać do owoców i gotować jeszcze przez 2–5 minut. Można doprawić sokiem z cytryny. Jeśli kisiel jest za rzadki, można dodać więcej skrobi.

DZIEŃ 2

Potrawa	Składniki dla 4 osób	Wykonanie
Kolacja: Zupa z czerwonej soczewicy	• 400 g czerwonej soczewicy • 1 cebula • 250 ml przecieru pomidorowego przygotowanego samodzielnie • 2 litry wody lub bulionu warzywnego • 4 łyżki oliwy z oliwek • 4 ząbki czosnku • 2 łyżeczki soli • 1 łyżeczka curry • 1 łyżeczka kurkumy • 1 łyżeczka kuminu • 2 łyżeczki czarnej gorczycy • ½ l mleka kokosowego (opcjonalnie)	Soczewicę ugotować w małej ilości bulionu lub wody. Dodać cebulę podsmażoną na oliwie, przecier pomidorowy oraz przyprawy i dusić przez 30 minut, mieszając od czasu do czasu. Zmiksować całość na gładką masę. Dodać pozostałą ilość wody lub bulionu, a na koniec mleko kokosowe.

DZIEŃ 3

Potrawa	Składniki dla 4 osób	Wykonanie
Śniadanie: Placki lub zapiekanka z płatków owsianych	• 2 szklanki płatków owsianych bezglutenowych lub jaglanych • 2,5 szklanki mleka ryżowego • 1 papryka • ¼ cukinii • 2 łyżki mąki z amarantusa • szczypiorek • masło klarowane lub olej kokosowy	Płatki zalać mlekiem, tak aby były przykryte na wysokość około 5 cm. Wymieszać i pozostawić na godzinę lub całą noc. Dodać paprykę pokrojoną w drobną kosteczkę. Cukinię zetrzeć na tarce i dodać do masy. Dodać również pokrojony szczypiorek, a następnie mąkę z amarantusa. Masę dokładnie wyrobić i przyprawić. Smażyć na maśle klarowanym lub oleju kokosowym z jednej strony, a następnie przykryć patelnię talerzem i za jego pomocą obrócić placek na drugą stronę, ponieważ jest ciężki. Niektórzy nie tolerują płatków owsianych, nawet bezglutenowych, wtedy można użyć płatków jaglanych. Placki z płatków innych niż owsiane wymagają dodania jednego jajka. Zdrowsza wersja tego dania to zapiekanka. Masę przelać do 4 foremek do zapiekania o średnicy 10 cm. Wstawić do piekarnika rozgrzanego do 160°C i piec przez 20 minut.
Dodatek:	• 300 g owoców sezonowych	
Drugie śniadanie: pudełko śniadaniowe (dla 1 osoby)	• 50 g kaszy gryczanej niepalonej • 140 g fasoli, soczewicy lub zielonego groszku • około 200 g warzyw do wyboru: pomidor, papryka czerwona i zielona, kilka rzodkiewek, ¼ brokułu • warzywa zielone: natka pietruszki, szczypiorek, rukola • sos winegret • 20 g nasion (do wyboru: pestki słonecznika, pestki dyni, sezam)	Ugotować kaszę gryczaną. Ugotować rośliny strączkowe. Pokroić pomidora, paprykę i rzodkiewki. Można podpiec rzodkiewki na patelni grillowej. Brokuł gotować około 5 minut, aby pozostał chrupiący. Dodać warzywa zielone. Wszystko zmieszać. Polać sosem winegret i posypać nasionami.

DZIEŃ 3

Potrawa	Składniki dla 4 osób	Wykonanie
Obiad: Zapiekanka ziemniaczana z rybą	<u>Kapusta</u>: • 500 g białej kapusty • 1 cebula • 2 ząbki czosnku • sól, biały pieprz • sok z limonki • 2 łyżki masła klarowanego • 1 łyżka ziaren kolendry • 1 pęczek świeżej kolendry	<u>Kapusta:</u> Poszatkować kapustę. Cebulę pokroić w kostkę, a czosnek w plasterki. Warzywa dusić na maśle z przyprawami przez 5–6 minut. Na koniec dodać posiekaną świeżą kolendrę.
	<u>Dorsz</u>: • 600 g filetów z dorsza • sól, biały pieprz • oliwa z oliwek • sok z cytryny • 1 ząbek czosnku • kilka gałązek świeżej kolendry	<u>Dorsz:</u> Filety z dorsza umyć, doprawić solą i pieprzem. Skropić oliwą z oliwek i sokiem z cytryny, posypać pokrojonym w plasterki czosnkiem. Na wierzchu ułożyć kilka gałązek kolendry. Filety ułożyć na blasze wyłożonej papierem do pieczenia. Piec w piekarniku nagrzanym do 210–220°C z termoobiegiem przez 10 minut. Gdy po delikatnym naciśnięciu mięso rozdziela się na kawałki – dorsz jest upieczony.
	<u>Purée ziemniaczane</u>: • 1 kg ziemniaków • 1 pęczek rzodkiewek • 150 ml mleka roślinnego • 2 szczypty gałki muszkatołowej • sól, biały pieprz • 150 g masła klarowanego	<u>Purée ziemniaczane:</u> Ziemniaki ugotować w łupinach, przestudzić, obrać i przecisnąć przez praskę. Dodać rzodkiewki pokrojone w plasterki. Zagotować mleko roślinne z gałką muszkatołową, a następnie dokładnie je wymieszać z ziemniakami. Dodać masło klarowane. Doprawić solą i pieprzem.

DZIEŃ 3

Potrawa	Składniki dla 4 osób	Wykonanie
Obiad cd.:		Wykonanie zapiekanki: Do naczynia żaroodpornego przełożyć kapustę, upieczonego i podzielonego na mniejsze kawałki dorsza oraz purée ziemniaczane. Piec 15 minut w piekarniku nagrzanym do 250°C z grillem od góry.
Sałata z sosem winegret	• 1 główka zielonej sałaty • 1 pęczek szczypiorku	Sałatę dokładnie wypłukać, odwirować i porwać na małe kawałki. Należy odrzucić nerwy, ponieważ w nich jest najwięcej toksyn. Zalać sosem winegret i posypać posiekanym szczypiorkiem.
Sos winegret koperkowy	• 2 łyżki musztardy bezglutenowej • 1 łyżka miodu • 1 łyżka soku z cytryny • ¼ szklanki wody • 1 pęczek koperku • 3 łyżki oliwy	Wszystkie składniki oprócz oliwy zmiksować blenderem. Dodać oliwę i zmiksować ponownie na krem.
Podwieczorek: Mus karobowy	• 3 awokado • 200 g daktyli • 4 łyżki karobu • 1 łyżka soku z cytryny • 2 łyżeczki kardamonu	Daktyle namoczyć w wodzie na 4 godziny. Następnie wszystkie składniki zmiksować i schłodzić.

DZIEŃ 3

Potrawa	Składniki dla 4 osób	Wykonanie
Kolacja: Krem z buraków z fasolą	• 3 duże buraki • 200 g czerwonej fasoli • 2 ząbki czosnku • kawałek imbiru (2 cm) • szczypta proszku chili lub kawałek wypestkowanej papryczki chili • ½ szklanki bulionu warzywnego • 3 szklanki wody • 1–2 łyżki soku z limonki • 3 łyżki masła klarowanego lub oliwy z oliwek • sól, pieprz • natka pietruszki lub świeża kolendra	Fasolę namoczyć na noc, a następnego dnia ugotować. Piekarnik rozgrzać do 200°C. Buraki obrać, pokroić w kostkę i upiec w piekarniku w naczyniu żaroodpornym. Dodać łyżkę masła i bulion warzywny. Po podduszeniu zmiksować, przelać do garnka, dolać odpowiednią ilość wody (niektórzy wolą gęste zupy, inni rzadkie). Dodać starty imbir i czosnek oraz pozostałe przyprawy i gotować około 15 minut. Na końcu dodać ugotowaną wcześniej fasolę. Posypać posiekaną natką pietruszki i kolendrą.

DZIEŃ 4

Potrawa	Składniki dla 4 osób	Wykonanie
Śniadanie: Makaron gryczany z warzywami	• 200 g suchego makaronu gryczanego • 2 łyżki oliwy (do gotowania makaronu) • szczypta soli • 1 litr wody • 250 g jarmużu • 50 g szpinaku • 1 awokado • 5 łyżek oliwy z oliwek • 2 ząbki czosnku • 40 g bazylii • sok z cytryny • 100 g migdałów	Ugotować makaron. Podsmażyć na oliwie rozgniecione ząbki czosnku, jarmuż i szpinak przez 2 minuty. Dodać pokrojone awokado, bazylię, sok z cytryny oraz obrane i posiekane migdały. Wszystko dokładnie zmiksować, a następnie przyprawić. Połączyć z ugotowanym ciepłym makaronem.
Dodatek:	• 300 g owoców sezonowych	
Drugie śniadanie: pudełko śniadaniowe (dla 1 osoby)	• 50 g ryżu • 80 g kaczki, indyka lub ryby • około 200 g warzyw do wyboru: pomidor, papryka czerwona i zielona, kilka rzodkiewek, kalafior lub brokuł • 10 g kiełków fasoli • warzywa zielone: natka pietruszki, szczypiorek, rukola • sos winegret • 20 g nasion (do wyboru: pestki słonecznika, pestki dyni, sezam)	Ugotować ryż. Drób lub rybę przyprawić i przyrządzić w ulubiony sposób, np. ugotować w bulionie albo upiec w folii. Tak przygotowane mięso lub rybę wymieszać z ryżem. Pokroić pomidora, paprykę i rzodkiewki. Można podpiec rzodkiewki na patelni grillowej. Kalafior lub brokuł gotować około 5 minut, aby pozostał chrupiący. Dodać warzywa zielone. Wszystko zmieszać. Polać sosem winegret i posypać nasionami.

DZIEŃ 4

Potrawa	Składniki dla 4 osób	Wykonanie
Obiad: Gulasz z zielonej soczewicy	• 100 g zielonej soczewicy • 1 cukinia, kabaczek, patison lub bakłażan • 1 papryka czerwona • 200 g szpinaku • 200 g pieczarek • 1 cebula • 1 łyżka masła klarowanego lub oleju kokosowego • 1 łyżka oleju sezamowego • 1–2 ząbki czosnku • 1 liść laurowy	Pokroić cukinię, kabaczka, patisona lub bakłażana oraz paprykę, cebulę i pieczarki. Posolić, dodać rozgniecione ząbki czosnku oraz liść laurowy i poddusić na maśle lub oleju przez 10 minut. Dodać soczewicę (wcześniej namoczoną przez godzinę) i dusić pod przykryciem jeszcze przez 15 minut, aż soczewica zmięknie. Liście szpinaku dodać do gorącej potrawy, ale już odstawionej z palnika. Doprawić do smaku. Na koniec wlać olej sezamowy.
Surówka z czerwonej kapusty	• ½ główki czerwonej kapusty • masło klarowane lub olej kokosowy • 1 cebula • sok z cytryny lub ocet winny • sól, pieprz • szczypta cukru	Kapustę opłukać i poszatkować. W garnku zagotować niewielką ilość wody, dodać tłuszcz i dusić kapustę około 10 minut. Odcedzić. Cebulę posiekać i wymieszać z kapustą. Skropić sokiem z cytryny, doprawić do smaku.
Podwieczorek: Lody bananowe	• 8 bardzo dojrzałych bananów	Banany obrać i pokroić na cienkie plasterki. Włożyć do miski i wstawić do zamrażarki co najmniej na 6 godzin. Przed przygotowaniem lodów wyjąć kawałki bananów z zamrażarki, by się ogrzały przez parę minut. Następnie banany należy zmiksować. Aby uzyskać inny smak, można dodać mrożone jagody, sok z cytryny itp.

DZIEŃ 4

Potrawa	Składniki dla 4 osób	Wykonanie
Kolacja: Krupnik	• 2 marchewki • 7–8 ziemniaków • 2 pietruszki • 2–3 suszone grzyby • 1 cebula • 1 mały seler • 1 por (biała część) • 1 ząbek czosnku • przyprawy: ziele angielskie, bazylia, tymianek, majeranek, liść laurowy, sól, natka pietruszki, natka selera, kminek • 1–2 łyżki oliwy z oliwek • ½ szklanki kaszy jaglanej • 2 litry wody	Grzyby dokładnie umyć i namoczyć na noc. Kaszę opłukać i odcedzić. Ziemniaki pokroić w grubą kostkę, a cebulę, marchewkę, pietruszkę i seler w drobną kostkę. Posiekać por, czosnek i odciśnięte z wody grzyby, a także natkę pietruszki i selera. Wszystkie warzywa włożyć do garnka, zalać wodą, dodać oliwę i przyprawy. Ugotować do miękkości. Posypać natką pietruszki.

DZIEŃ 5		
Potrawa	**Składniki**	**Wykonanie**
Śniadanie: Zielony omlet I	• 8 jajek • 1 łyżeczka masła klarowanego lub oleju kokosowego • 1 cebula • 2 ząbki czosnku • 200 g szpinaku • 1 pęczek natki pietruszki • sól, pieprz	Posiekać cebulę i czosnek. Rozgrzać tłuszcz na patelni i dusić cebulę z czosnkiem oraz odrobiną wody przez 5–7 minut. Dodać szpinak i poddusić. Następnie rozbełtać jajka, wylać masę jajeczną na warzywa, doprawić, przykryć i zapiekać pod pokrywką przez 3 minuty. Posypać posiekaną natką pietruszki i zapiekać jeszcze 2 minuty. Podawać od razu, np. z plackami gryczanymi (przepis powyżej).
Dodatek:	• 300 g owoców sezonowych	
Drugie śniadanie: pudełko śniadaniowe (dla 1 osoby)	• 50 g suchego ziarna komosy ryżowej • 100 ml mleka ryżowego • 70 g tofu • 70 g czerwonej fasoli • około 200 g warzyw do wyboru: pomidor, papryka czerwona i zielona, kilka rzodkiewek, kalafior lub brokuł • warzywa zielone: natka pietruszki, szczypiorek, rukola • sos winegret • 20 g nasion (do wyboru: pestki słonecznika, pestki dyni, sezam)	Namoczyć komosę w mleku ryżowym i pozostawić na całą noc. Rano ją ugotować. W razie potrzeby dolać odpowiednią ilość mleka, aby nie przypalić kaszy. Ugotować serek tofu w zalewie. Ugotować fasolę. Można użyć fasoli z puszki, ale przygotowana samodzielnie jest zdrowsza. Pokroić pomidora, paprykę i rzodkiewki. Można podpiec rzodkiewki na patelni grillowej. Brokuł gotować około 5 minut, aby pozostał chrupiący. Dodać warzywa zielone. Wszystko zmieszać. Polać sosem winegret i posypać nasionami.

DZIEŃ 5

Potrawa	Składniki	Wykonanie
Obiad: Zapiekanka ziemniaczana z warzywami	• 1,3 kg ziemniaków • 5 łyżek oliwy z oliwek • 1 czerwona papryka • 4 ząbki czosnku • sok z cytryny • 1 szklanka zielonych oliwek bez pestek • 200 g czerwonej fasoli • sól, pieprz • ½ pęczka świeżej kolendry • 1 pęczek szczypiorku	Czerwoną fasolę namoczyć i pozostawić na noc, a następnego dnia ugotować. Paprykę pokroić w paski. Czosnek, kolendrę i szczypiorek drobno posiekać. Ziemniaki obrać i przekroić wzdłuż na ćwiartki, podgotować przez 10–15 minut, a następnie odcedzić. Na dużej żaroodpornej patelni rozgrzać 3 łyżki oliwy z oliwek. Włożyć paprykę oraz czosnek i smażyć do chwili, gdy warzywa zaczną wydzielać intensywny zapach. Dodać ziemniaki, fasolę i oliwki, przyprawić do smaku solą i pieprzem. Wstawić patelnię do piekarnika nagrzanego do 200°C na 15–20 minut. Wyjąć, kiedy ziemniaki zmiękną i się przyrumienią. Wyłożyć zapiekankę na półmisek, dodać pozostałe 2 łyżki oliwy, skropić sokiem z cytryny, posypać świeżą kolendrą i szczypiorkiem, ostrożnie wymieszać i podawać.
Surówka z kapusty włoskiej	• 200 g kapusty włoskiej • 200 g czerwonej kapusty • 150 g marchwi • 4 łyżki pestek słonecznika <u>Sos winegret:</u> • 150 ml oliwy z oliwek • 1 łyżka miodu lub cukru buraczanego • 3 łyżki soku z cytryny • 1½ łyżki czerwonego octu winnego • 1 łyżeczka sproszkowanej gorczycy • 3–4 ząbki czosnku • 1 łyżeczka świeżo startego imbiru. • przyprawy: sól, pieprz, tymianek i natka pietruszki do smaku	Kapustę poszatkować, marchew zetrzeć na tarce, czosnek drobno posiekać, a następnie wymieszać warzywa w dużej misce. Składniki sosu dokładnie wymieszać, polać surówkę i posypać pestkami słonecznika.

DZIEŃ 5

Potrawa	Składniki	Wykonanie
Podwieczorek: Muffinki (18 szt.)	• 200 g mąki gryczanej • 200 g mąki ryżowej • 1 łyżka mielonego cynamonu • 300 ml wody mocno gazowanej • 1 szklanka mielonych migdałów • 1/3 szklanki miodu lub ½ szklanki cukru buraczanego • 400–500 g owoców sezonowych (rabarbaru, jagód, malin, jeżyn itp.) • cukier puder	Rozgrzać piekarnik do 180°C. Wszystkie składniki oprócz owoców dokładnie wymieszać na gładką masę. Następnie dodać pokrojony rabarbar lub jagody. Gotowe ciasto przelać do natłuszczonych foremek i piec przez 45 minut, aż muffinki staną się brązowe. Przed podaniem posypać cukrem pudrem i udekorować owocami.
Kolacja: Zupa grzybowa	• 2 ziemniaki • 1 marchew • 1 pietruszka • 1 cebula • 1 mały seler • 1 por (biała część) • 1 ząbek czosnku • 20 g suszonych grzybów • 1–2 łyżki oliwy z oliwek • przyprawy: sól, pieprz, 4 ziarna ziela angielskiego, kurkuma, natka selera, natka pietruszki • 1 łyżka masła klarowanego • 1–1½ l wrzątku	Grzyby dokładnie umyć i namoczyć na noc. Ziemniaki pokroić w grubą kostkę, a pozostałe warzywa w drobną kostkę. Wszystkie warzywa oprócz cebuli, czosnku i pora ugotować w ½ l wrzątku, aż będą miękkie. Dolać resztę wody do uzyskania odpowiedniej konsystencji. Cebulę, czosnek, por oraz grzyby posiekać i udusić na maśle z dodatkiem kurkumy, a następnie zmiksować i dodać do zupy. Dodać oliwę i posypać obficie natką pietruszki.

DZIEŃ 6		
Potrawa	**Składniki**	**Wykonanie**
Śniadanie: Kasza jaglana z warzywami	• 1 szklanka kaszy jaglanej • 1,2 l bulionu warzywnego • 300 ml mleka kokosowego • 300 g zielonego groszku świeżego lub mrożonego • 300 g szparagów • 1 por • kurkuma • sok z cytryny • masło klarowane • 1 pęczek szczypiorku	Uprażyć kaszę przez 3 minuty. Dodać kurkumę i gotować przez 2 minuty z 1 szklanką bulionu. Następnie dolać resztę bulionu i mleka kokosowego. Gotować jeszcze przez 15 minut. Szparagi bardzo drobniutko pokrojone oraz groszek dodać do kaszy i gotować do miękkości warzyw. Dodać posiekanego i uduszonego pora. Chwilę podgotować. Doprawić solą, pieprzem oraz sokiem z cytryny. Obficie posypać szczypiorkiem. Uwagi: Ilość dosyć spora. Poza sezonem szparagowym można zastąpić szparagi 1 porem.
Dodatek:	• 300 g owoców sezonowych	
Drugie śniadanie: pudełko śniadaniowe (dla 1 osoby)	• 50 g suchego ziarna komosy ryżowej • 100 ml mleka ryżowego	Namoczyć komosę w mleku ryżowym i pozostawić na całą noc. Rano ją ugotować. W razie potrzeby dolać odpowiednią ilość mleka, aby nie przypalić kaszy.
	• 70 g tofu	Ugotować serek tofu w zalewie.
	• 70 g czerwonej fasoli	Ugotować fasolę. Można użyć fasoli z puszki, ale przygotowana samodzielnie jest zdrowsza.
	• około 200 g warzyw do wyboru: pomidor, papryka czerwona i zielona, kilka rzodkiewek, kalafior lub brokuł	Pokroić pomidora, paprykę i rzodkiewki. Można podpiec rzodkiewki na patelni grillowej. Brokuł gotować około 5 minut, aby pozostał chrupiący.
	• warzywa zielone: natka pietruszki, szczypiorek, rukola	Dodać warzywa zielone.
	• sos winegret	Wszystko zmieszać.
	• 20 g nasion (do wyboru: pestki słonecznika, pestki dyni, sezam)	Polać sosem winegret i posypać nasionami.

DZIEŃ 6

Potrawa	Składniki	Wykonanie
Obiad: Makaron gryczany z łososiem	• 200 g makaronu gryczanego lub z brązowego ryżu • 500 g łososia • 1 brokuł • 1 cukinia • 1 duża papryka czerwona lub 2 mniejsze • 3 ząbki czosnku • 200 g szpinaku • 4–5 gałązek świeżej bazylii • sok z cytryny lub limonki • musztarda bezglutenowa • masło klarowane	Brokuł ugotować osobno. W filetach z łososia wyciąć kieszonkę. Skropić rybę sokiem z cytryny lub limonki i natrzeć musztardą bezglutenową. Szpinak udusić z 2 zgniecionymi ząbkami czosnku, doprawić solą oraz pieprzem i włożyć do kieszonek w rybie. Rybę ułożyć w naczyniu żaroodpornym i piec w piekarniku przez 20–30 minut w temperaturze 180°C. Pozostałe warzywa oraz 1 zmiażdżony ząbek czosnku poddusić na maśle klarowanym, a pod koniec dodać świeżą bazylię. Ugotować makaron i wymieszać z warzywami.
Sałatka z rukoli lub roszponki	• rukola lub roszponka • 100 g sezamu • sok z cytryny • 1–2 łyżki oliwy z oliwek • sól, pieprz, cukier	Rukolę lub roszponkę opłukać i odwirować. Polać sokiem z cytryny i oliwą z oliwek, doprawić do smaku solą, pieprzem i szczyptą cukru, posypać sezamem.
Podwieczorek: Galaretka owocowa	• 400 g owoców sezonowych lub 400 ml naturalnego soku bądź musu owocowego • 100 ml wody • 1,5–2 łyżki żelatyny lub 1–1,5 łyżki agaru • 1 łyżka cukru (opcjonalnie)	Owoce zmiksować na mus lub wycisnąć z nich sok. Można posłodzić cukrem. Żelatynę rozpuścić we wrzącej wodzie, a następnie dodać do musu lub soku i dokładnie wymieszać. Używając agaru, należy go rozpuścić w zimnej wodzie i gotować około 2 minut. Następnie do roztworu dodawać powoli sok. Odstawić, aby masa stężała.

DZIEŃ 6

Potrawa	Składniki	Wykonanie
Kolacja: Krupnik	• 2 marchewki • 7–8 ziemniaków • 2 pietruszki • 2–3 suszone grzyby • 1 cebula • 1 mały seler • 1 por (biała część) • 1 ząbek czosnku • przyprawy: ziele angielskie, bazylia, tymianek, majeranek, liść laurowy, sól, natka pietruszki, natka selera, kminek • 1–2 łyżki oliwy z oliwek • ½ szklanki kaszy jaglanej • 2 litry wody	Grzyby dokładnie umyć i namoczyć na noc. Kaszę opłukać i odcedzić. Ziemniaki pokroić w grubą kostkę, a cebulę, marchewkę, pietruszkę i seler w drobną kostkę. Posiekać por, czosnek i odciśnięte z wody grzyby, a także natkę pietruszki i selera. Wszystkie warzywa włożyć do garnka, zalać wodą, dodać oliwę i przyprawy. Ugotować do miękkości. Posypać natką pietruszki.

DZIEŃ 7

Potrawa	Składniki	Wykonanie
Śniadanie: Zielony omlet II	• 8 jajek • 1 czerwona papryka • 1 awokado • 1 łyżeczka masła klarowanego lub oleju kokosowego • 2 cebule • 6 ząbków czosnku • 200 g szpinaku • 1 pęczek szczypiorku • sól, pieprz	Posiekać cebulę i czosnek. Rozgrzać tłuszcz na patelni i dusić cebulę z czosnkiem oraz odrobiną wody przez 5–7 minut. Dodać paprykę oraz szpinak i poddusić. Następnie rozbełtać jajka, wrzucić pokrojone w kostkę awokado, doprawić. Wylać masę jajeczną na warzywa, przykryć i smażyć przez 5 minut. Posypać posiekanym szczypiorkiem. Podawać od razu, np. z plackami gryczanymi (przepis powyżej). Uwaga: Ilość składników na 4 omlety.
Dodatek:	• 300 g owoców sezonowych	
Drugie śniadanie: pudełko śniadaniowe (dla 1 osoby)	• 1 placek gryczany (przepis powyżej) • masło klarowane lub oliwa z oliwek • sałata • rukola • ogórek	Placek posmarować masłem, obłożyć liśćmi sałaty, rukolą i plasterkami ogórka.
Obiad: Pieczeń z indyka w dwóch sosach	• 480 g mięsa z indyka • 1 łyżka oliwy z oliwek • 1 łyżka masła klarowanego • 2 średnie cebule • ½ szklanki wody • 1 łyżeczka curry • 1 łyżeczka mielonego kardamonu • szczypta słodkiej papryki • sól, pieprz	Na dużej patelni rozgrzać oliwę z masłem. Ułożyć na niej kawałki indyka i obsmażyć z każdej strony, wrzucić drobno posiekaną cebulę i poddusić przez 2–5 minut. Dolać odrobinę wody, dodać curry, kardamon i paprykę. Przyprawić solą i pieprzem. Przykryć i dusić na niezbyt dużym ogniu, aż indyk będzie miękki. Wyłożyć mięso na półmisek. Cebulę z sosem zmiksować. Podawać indyka z dwoma sosami – cebulowym i z rukoli.

DZIEŃ 7

Potrawa	Składniki	Wykonanie
Sos z rukoli	• 200 g rukoli • 1 łyżka miodu lub cukru • ½–1 łyżeczka soli • 1 łyżka musztardy bezglutenowej • 2 łyżki soku z cytryny • 70–100 ml oliwy z oliwek (ilość zależy od ilości dodanego soku z cytryny)	Rukolę, miód, musztardę i sok z cytryny zmiksować. Następnie, ciągle miksując, cienkim strumieniem dolać oliwę z oliwek, aż sos stanie się gęsty (w razie potrzeby można rozcieńczyć go przegotowaną wodą).
Pieczone ziemniaki	• 1½ kg ziemniaków • oliwa z oliwek • kilka gałązek świeżego tymianku • kilka gałązek świeżego rozmarynu • sól, pieprz	Rozgrzać piekarnik do 200°C (z termoobiegiem do 180°C). Ziemniaki obrać i przekroić na połówki. Włożyć je do garnka z zimną wodą i zagotować. Kiedy woda zacznie wrzeć, lekko posolić i gotować ziemniaki kilka minut, a następnie zdjąć z ognia i odcedzić. Wyłożyć ziemniaki na blachę do pieczenia, obficie skropić oliwą z oliwek, posypać solą i pieprzem, a na wierzchu ułożyć zioła. Piec około 1 godziny. W tym czasie raz lub dwa przewrócić ziemniaki, aby były równomiernie upieczone.
Buraczki	• 1 kg czerwonych buraków • 1 cebula • 2 łyżki oleju • sól, pieprz • sok z cytryny • cukier do smaku • 1 łyżeczka chrzanu	Buraki ugotować. Po odcedzeniu ostudzić i obrać. Zimne zetrzeć na tarce o dużych oczkach. Cebulę drobno posiekać, dodać do buraków. Warzywa posolić, dosłodzić, przyprawić pieprzem i sokiem z cytryny. Poczekać kilka minut, aż składniki dobrze się połączą, dodać olej i chrzan. Całość wymieszać.

DZIEŃ 7

Potrawa	Składniki	Wykonanie
Podwieczorek: Naleśniki (4–5 szt.)	• 1 jajko • $^{2}/_{3}$ szklanki mąki kukurydzianej • $^{1}/_{3}$ szklanki mąki ziemniaczanej • trochę cukru • $^{2}/_{3}$ szklanki wody (tyle, aby uzyskać lejące ciasto) • masło klarowane lub olej kokosowy	Wszystkie składniki dokładnie zmiksować. Ciasto odstawić na 15 minut. Smażyć maleńkie naleśniki. Można podać je z powidłami z suszonych owoców (przepis powyżej).
Kolacja: Bulion warzywny	Składniki podano powyżej.	Przepis podano powyżej.
Kluski jajeczne	• 2 jajka • 3 łyżki mąki • szczypta soli	Do jajek wsypać przesianą mąkę, dokładnie wymieszać na jednolitą masę. Gdyby ciasto było za gęste, dodać odrobinę wody. Ciasto wlać cienkim strumieniem przez lejek na wrzącą zupę, zamieszać i gotować około 5 minut.

DZIENNICZKI AUTODIAGNOZY

TABELA I. DZIENNICZEK OBJAWÓW NIETOLERANCJI LAKTOZY

Intensywność objawów należy oceniać w skali od 0 do 10, gdzie 10 jest stanem najgorszym. Obserwacje zapisywać co tydzień.

OBJAWY SAMOPOCZUCIE	DATA: ______ Co jadłam/jadłem: ______ ______ ______ LICZBA PUNKTÓW	DATA: ______ Co jadłam/jadłem: ______ ______ ______ LICZBA PUNKTÓW	DATA: ______ Co jadłam/jadłem: ______ ______ ______ LICZBA PUNKTÓW
MAŁE DZIECI			
Biegunka (od kilku do kilkunastu na dobę)			
Octowy zapach kału			
Tryskające stolce			
Wzdęcia			
Ból brzucha			
Zahamowanie wzrostu			
DZIECI STARSZE, MŁODZIEŻ, DOROŚLI			
Wzdęcia			
Bóle brzucha			
Kruczenie			
Przelewania			

Luźne stolce			
Strzelające stolce			
Mdłości po jedzeniu			
Uczucie pełności po jedzeniu			
Odbijanie się, przelewania w brzuchu i jelitach, odbijanie się powietrzem			
Gazy (flatulencje)			
Skurczowe bóle brzucha			
Biegunki			
Maziaste stolce			
Zmęczenie			
Napięcie wewnętrzne			
Apatia			
Stan wyciszenia			
Depresyjny nastrój			
Problemy skórne			
Bóle kończyn			
Bóle głowy			
Niepokój wewnętrzny			
Zaburzenia koncentracji			
Zaburzenia snu			
Zawroty głowy			

TABELA II. DZIENNICZEK OBJAWÓW NIETOLERANCJI FRUKTOZY

Intensywność objawów należy oceniać w skali od 0 do 10, gdzie 10 jest stanem najgorszym. Obserwacje zapisywać co tydzień.

OBJAWY SAMOPOCZUCIE	DATA: ______ Co jadłam/jadłem: ______ LICZBA PUNKTÓW	DATA: ______ Co jadłam/jadłem: ______ LICZBA PUNKTÓW	DATA: ______ Co jadłam/jadłem: ______ LICZBA PUNKTÓW
MAŁE DZIECI			
Biegunka (od kilku do kilkunastu na dobę)			
Octowy zapach kału			
Tryskające stolce			
Wzdęcia			
Ból brzucha			
Zahamowanie wzrostu			
DZIECI STARSZE, MŁODZIEŻ, DOROŚLI			
Wzdęcia			
Bóle brzucha			
Kruczenie			
Przelewania			

Luźne stolce			
Strzelające stolce			
Mdłości po jedzeniu			
Uczucie pełności po jedzeniu			
Odbijanie się, przelewania w brzuchu i jelitach, odbijanie się powietrzem			
Gazy (flatulencje)			
Skurczowe bóle brzucha			
Biegunki			
Maziaste stolce			
Zmęczenie			
Napięcie wewnętrzne			
Apatia			
Stan wyciszenia			
Depresyjny nastrój			
Problemy skórne			
Bóle kończyn			
Bóle głowy			
Niepokój wewnętrzny			
Zaburzenia koncentracji			
Zaburzenia snu			
Zawroty głowy			

TABELA III. DZIENNICZEK OBJAWÓW NIETOLERANCJI GLUTENU

Intensywność objawów należy oceniać w skali od 0 do 10, gdzie 10 jest stanem najgorszym. Obserwacje zapisywać co tydzień. Badać co miesiąc poziom żelaza, kwasu foliowego i witaminy D w surowicy krwi, aż do wyrównania niedoborów.

OBJAWY SAMOPOCZUCIE	DATA: ______ Co jadłam/jadłem: ______ ______ ______ LICZBA PUNKTÓW	DATA: ______ Co jadłam/jadłem: ______ ______ ______ LICZBA PUNKTÓW	DATA: ______ Co jadłam/jadłem: ______ ______ ______ LICZBA PUNKTÓW
MAŁE DZIECI			
Anemia			
Brak łaknienia			
Przewlekłe biegunki o typie tłuszczowym			
Niedobór masy ciała			
Wzdęcia			
Powiększenie obwodu brzucha			
DZIECI STARSZE, MŁODZIEŻ, DOROŚLI			
Mdłości po jedzeniu			
Wymioty			
Przelewania w brzuchu i jelitach			
Wzdęcia			
Gazy (flatulencje)			

Skurczowe bóle brzucha				
Biegunki				
Maziste stolce				
Uczucie pełności po jedzeniu				
Poziom żelaza				
Poziom witaminy D				
Poziom kwasu foliowego				
Problemy skórne				
Niepokój wewnętrzny				
Bóle głowy				
Zaburzenia koncentracji				
Zaburzenia snu				
Zawroty głowy				
Zmiana usposobienia: drażliwość				
Depresyjny nastrój				

TABELA IV. DZIENNICZEK OBJAWÓW NIETOLERANCJI SALICYLANÓW

Intensywność objawów należy oceniać w skali od 0 do 10, gdzie 10 jest stanem najgorszym.
Obserwacje zapisywać co tydzień.

OBJAWY SAMOPOCZUCIE	DATA: ____________ Co jadłam/jadłem: ____________________ ____________________ ____________________ LICZBA PUNKTÓW	DATA: ____________ Co jadłam/jadłem: ____________________ ____________________ ____________________ LICZBA PUNKTÓW	DATA: ____________ Co jadłam/jadłem: ____________________ ____________________ ____________________ LICZBA PUNKTÓW
Uczucie pełności po jedzeniu			
Luźne stolce			
Biegunki			
Przelewania w brzuchu i jelitach			
Wysypki			
Duszności			

TABELA V. DZIENNICZEK ŻYWIENIA

OPIS SAMOPOCZUCIA	ZALECENIE – PRAWIDŁOWE ŻYWIENIE	TAK	NIE
Regularność posiłków			
	Liczba posiłków w ciągu dnia: 3–5 Częstość posiłków: co 3–4 godziny Podjadanie Kolacja: 2–3 godziny przed snem		
Składniki posiłków			
	Czy w posiłkach występowały tylko produkty zbożowe i kasze pełnowartościowe?		
	Czy co najmniej w trzech posiłkach występowały warzywa gotowane?		
	Czy co najmniej w trzech posiłkach była surówka lub sok ze świeżych warzyw i owoców?		
	Czy codziennie w jadłospisie występowały 2–3 owoce?		
	Czy w diecie występowały jajka (2–3 tygodniowo)?		
	Czy w diecie występowały rośliny strączkowe co najmniej 3 razy w tygodniu?		
	Czy w diecie występowały: 2 razy w tygodniu tłuste ryby: pstrąg, śledź, makrela, 1 raz w tygodniu chude ryby: sola, mintaj, dorsz, szczupak, leszcz?		
	Czy w moim jadłospisie występowały codziennie dobre tłuszcze: do wyboru orzechy, nasiona, awokado, oleje z pierwszego tłoczenia?		
	Czy w diecie występowało tylko 1 raz w tygodniu mięso (najlepiej ekologiczne)?		
	Czy wypiłem/łam co najmniej 1 litr wody dziennie?		
	Czy wypiłem/łam tylko 1 kawę i herbatę dziennie?		

OPIS SAMOPOCZUCIA	ZALECENIE – PRAWIDŁOWE ŻYWIENIE	TAK	NIE
Błędy żywieniowe			
	Czy w diecie występowały produkty przetworzone? Jakie:		
	Czy w diecie występowały tłuste mięsa: wieprzowina, kiełbasy, pasztety, wyroby garmażeryjne?		
	Czy w diecie występowały słodycze, lody, słodzone napoje itp.?		
	Czy w diecie występowały produkty smażone?		
	Czy w diecie występowały produkty wędzone lub grillowane?		
	Czy codziennie piłem/łam alkohol?		
	Czy spożywane pokarmy były dosalane?		
	Czy w diecie występowały produkty, które mnie uczulają? Gluten Mleko Cukier		
	Czy uprawiałem/łam jakikolwiek rodzaj ruchu?		
	Czy poświęcałem/łam co najmniej 15 minut na relaks?		

TABELA VI. DZIENNICZEK POSTĘPÓW LECZENIA ANEMII

Intensywność objawów należy oceniać w skali od 0 do 10, gdzie 10 jest stanem najgorszym.

Obserwacje zapisywać co tydzień. Badać co miesiąc poziom żelaza, ferrytyny, kwasu foliowego i witaminy B_{12} oraz wykonać morfologię krwi. Badania wykonywać do momentu, aż się wyrównają niedobory. Na przykład jeżeli poziom kwasu foliowego podczas pierwszego badania jest w normie, nie ma już sensu powtarzać tego badania.

Data:			
Obfita menstruacja			
Problemy z przyswajaniem wiedzy			
Osłabienie sprawności fizycznej			
Kołatanie serca po wysiłku			
Zmęczenie			
Drażliwość			
Wzmożony apetyt			
Zły stan włosów i paznokci			
Zimne stopy i dłonie			
Bladość skóry i błon śluzowych			
Poziom żelaza w surowicy krwi			
Poziom ferrytyny w surowicy krwi			
Poziom kwasu foliowego w surowicy krwi			
Poziom witaminy B_{12} w surowicy krwi			
Morfologia krwi			

TABELA VII. DZIENNICZEK POSTĘPÓW LECZENIA SCHORZEŃ NEREK

Obserwacje zapisywać co tydzień. Prowadzenie dzienniczka postępów leczenia schorzeń nerek jest bardzo złożoną czynnością. Proponuję, aby lekarz prowadzący zajął się parametrami laboratoryjnymi.

Data:			
Nieprzyjemny zapach z ust			
Obrzęki			
Wielomocz			
Bóle kości			

TABELA VIII. DZIENNICZEK POSTĘPÓW LECZENIA CHORÓB KOŚCI

Badać co miesiąc poziom witaminy 25(OH)D, osteokalcyny, fosfatazy alkalicznej w surowicy krwi. Badania wykonywać do momentu, aż się wyrównają niedobory. Na przykład jeżeli poziom osteokalcyny podczas pierwszego badania jest w normie, nie ma już sensu powtarzać tego badania.

Data:			
Poziom witaminy 25(OH)D w surowicy krwi			
Poziom osteokalcyny w surowicy krwi			
Poziom fosfatazy alkalicznej w surowicy krwi			

TABELA IX. DZIENNICZEK POSTĘPÓW SUPLEMENTACJI WITAMINĄ D

Intensywność objawów należy oceniać w skali od 0 do 10, gdzie 10 jest stanem najgorszym.
Objawy zapisywać co tydzień. Badać co miesiąc poziom witaminy 25(OH)D w surowicy krwi do momentu, aż wyrównają się jej niedobory.

Data:			
Poziom witaminy 25(OH)D w surowicy krwi			
Nastrój depresyjny			
Drażliwość			
Osłabienie			
Zmęczenie			
Zaburzenia snu			
Obniżona odporność (częste przeziębienia)			
Nadciśnienie tętnicze			

TABELA X. DZIENNICZEK POSTĘPÓW LECZENIA TARCZYCY

Intensywność objawów należy oceniać w skali od 0 do 10, gdzie 10 jest stanem najgorszym.
Objawy zapisywać co tydzień. Badać co miesiąc poziom TSH, T_3, T_4, anty-TPO, anty-tTG jeżeli występują zaburzenia w tych parametrach. Badania laboratoryjne wykonywać aż do poprawienia wyników

Data:			
Przewlekłe zmęczenie			
Poranne bóle głowy			
Depresja			
Uporczywe myśli obniżające nastrój			
Zaparcia			
Wrażliwość na zimno			
Problemy trawienne (np. niestrawność)			
Sucha skóra			
Wypadanie włosów			
Niska temperatura ciała (prawidłowa temperatura ciała mierzona pod pachą po przebudzeniu to 36,0–37°C; idealna temperatura to 36,6°C)			
Opuchlizna twarzy			
Palpitacje serca			
Bezsenność			
Przyspieszony puls			
Nocne poty			
Problemy z zajściem w ciążę i jej utrzymaniem			
Poziom TSH w surowicy krwi			
Poziom T_3 w surowicy krwi			
Poziom T_4 w surowicy krwi			
Poziom anty-TPO w surowicy krwi			
Poziom anty-tTG w surowicy krwi			

TABELA XI. DZIENNICZEK POSTĘPÓW LECZENIA INSULINOOPORNOŚCI ORAZ CUKRZYCY

Intensywność objawów należy oceniać w skali od 0 do 10, gdzie 10 jest stanem najgorszym.
Objawy zapisywać codziennie. Badać też codziennie poziom glukozy glukometrem, jeżeli występowały zaburzenia w jej poziomie.

Data:			
Poziom glukozy – glukometr			
Przewlekłe zmęczenie			
Przybieranie na wadze lub trudności ze zmniejszeniem masy ciała pomimo zastosowanych diet i wprowadzonych ćwiczeń			
Niepohamowany apetyt na słodycze (głód węglowodanowy)			
Problemy z koncentracją			
Depresja			
Splątanie, spowolnienie myśli			
Zaburzenia snu			
Nadpobudliwość			
Zawroty głowy			
Drgawki			
Omdlenia			

BIBLIOGRAFIA

Bawa S., *Zastosowanie diety bezglutenowej i bezmlecznej w innych jednostkach chorobowych poza celiakią: autyzm, ADHD, astma, alergie, cukrzyca typu 1, RZS, IBD, IBS itd.*, SGGW, http://www.celiakia.pl/images/stories/bezkazeinowa.pdf [28.05.2012].

Bennett S., *Jak zwalczyć alergię w 7 dni*, przeł. M. Witkowska, MT Biznes, Warszawa 2015.

Białka w żywieniu człowieka, red. J. Gawęcki, Akademia Rolnicza w Poznaniu, Poznań 1999.

Choroby autoimmunologiczne u dzieci, red. J. Socha, PZWL, Warszawa 2005.

Ciborowska H., Rudnicka A., *Dietetyka. Żywienie zdrowego i chorego człowieka*, PZWL, Warszawa 2007.

Fritzsche D., *Nietolerancja laktozy. Leczenie i dieta*, przeł. P. Wieczorek, Wydawnictwo RM, Warszawa 2011.

Gajewski M., Radzanowska J., *Skład chemiczny i jakość sensoryczna kapusty głowiastej w zależności od jej odmiany i dawki azotu stosowanej w nawożeniu mineralnym*, „Żywność. Nauka. Technologia. Jakość" 2004, 2(39).

Gallop R., *Chudnij z indeksem glikemicznym: Dieta i.g.*, przeł. A. Bezpiańska-Oględcka, BIS, Warszawa 2009.

Gastroenterologia i hepatologia kliniczna, red. S. Konturek, PZWL, Warszawa 2001.

Gastroenterologia praktyczna, red. J. Socha, PZWL, Warszawa 1999.

Gawęcki J., *Witaminy*, Akademia Rolnicza w Poznaniu, Poznań 2002.

Histamine potential of foods and additives, Schweizerische Interessengemeinschaft Histamin-Intoleranz (SIGHI), www.histaminintoleranz.ch [28.05.2012].

Holford P., *Smak zdrowia. Zasady prawidłowego odżywiania*, przeł. A. Dąbrowska, Świat Książki, Warszawa 1999.

Jach M. i in., *Probiotyki – aspekty funkcjonalne i technologiczne*, „Postępy Mikrobiologii" 2013, 52(2).

Jamioł-Milc D., Stachowska E., Chlubek D., *Skutki spożywania trans nienasyconych kwasów tłuszczowych w okresie ciąży i laktacji*, „Annales Academiae Medicae Stetinensis" 2010, 56(1).

Kaczmarski M., Korotkiewicz-Kaczmarska E., *Alergia i nietolerancja pokarmowa – mleko i inne pokarmy*, Help-Med, Kraków 2013.

Kokot F., Kokot S., *Badania laboratoryjne. Zakres norm i interpretacja*, PZWL, Warszawa 2005.

Kompendium wiedzy o żywności i żywieniu człowieka, red. J. Gawęcki, T. Mossor-Pietraszewska, PWN, Warszawa 2004.

Kropka B., *Pokonaj alergię*, Wydawnictwo Rodzina, Skoczów 2009.

Kubiak T., *Związki metabolizmu żelaza z rozwojem raka piersi u kobiet przed i po menopauzie*, „Przegląd Menopauzalny" 2013, 17(4).

Kuczyńska B. i in., *Krótkołańcuchowe kwasy tłuszczowe – mechanizmy działania, potencjalne zastosowania kliniczne oraz zalecenia dietetyczne*, „Nowiny Lekarskie" 2011, 80(4).

Ludvigsson J.F. i in., *Diagnosis and management of adult coeliac disease: guidelines from the British Society of Gastroenterology*, „Gut" 2014, 63(8).

Pitchford P., *Odżywianie dla zdrowia. Tradycje wschodnie i nowoczesna wiedza o żywieniu*, przeł. I. Zagroba, Galaktyka, Warszawa 2008.

Prawda o tłuszczach, red. J. Gawęcki, Instytut Danone, Warszawa 1997.

Siemianowski K., Szpendowski J., *Znaczenie twarogu w żywieniu człowieka*, „Problemy Higieny i Epidemiologii" 2014, 95(1).

Silbernagl S., Despopoulos A., *Ilustrowana fizjologia człowieka*, przeł. D. Gołka, PZWL, Warszawa 2010.

Skrzydło-Radomańska B., Radwan P., *Zastosowanie preparatów kwasu masłowego w gastroenterologii*, „Gastroenterologia Praktyczna" 2013, 4(21).

Stevens L.J. i in., *Omega-3 fatty acids in boys with behaviour, learning, and health problems*, „Physiology and Behaviour" 1996, 59(4–5).

Styszyński A., Korybalska K., Wieczorowska-Tobis K., *Nieenzymatyczna glikozylacja białek – potencjalna rola w patogenezie chorób i starzeniu*, „Gerontologia Polska" 2001, 9(1).

Uszyński M., *Stres i antystres. Patomechanizm i skutki zdrowotne*, MedPharm Polska, Wrocław 2009.

Współczesna wiedza o węglowodanach, red. J. Gawęcki, Akademia Rolnicza w Poznaniu, Poznań 2001.

Zagon I.S., McLaughlin P.J., *Identification of opioid peptides regulating proliferation of neurons and glia in the developing nervous system*, „Brain Research" 1991, 542(2).

Zielińska I., Czerwionka-Szaflarska M., *Nadwrażliwość na substancje dodawane do żywności – niedoceniony problem w profilaktyce pediatrycznej*, „Przegląd Pediatryczny" 2008, 38(4).

Żywienie dzieci zdrowych i chorych, red. J. Socha, PZWL, Warszawa 1998.

SKOROWIDZ

Ż

PODZIĘKOWANIA

Wiedzę, którą przedstawiłam w poradniku, zawdzięczam przede wszystkim moim pacjentom. To oni inspirowali mnie do pracy i wieloletnich badań, a ja starałam się zrobić wszystko, by im pomóc. Szukałam wskazówek i rozwiązań, gdy typowe zalecenia dietetyczne nie pomagały. Pacjenci dzielili się ze mną swoimi odkryciami, spostrzeżeniami, doświadczeniami. Nauczyliśmy się współpracować, jesteśmy na siebie otwarci, ponieważ tylko wtedy możemy osiągnąć zadowalające efekty. Jeśli terapeuta nie ma możliwości zastosowania swojej wiedzy teoretycznej w praktyce, jest niespełniony. Ja mam szczęście. Moi pacjenci mi ufają. Dlatego dziękuję wszystkim, którzy wprowadzili program „Sześć kroków wyjścia z alergii", tym bardziej że nie jest to łatwa droga.

Na początku pracowałam z rodzicami dzieci alergicznych. Rodzice są w stanie zrobić niemal wszystko, by ich dziecko mogło normalnie funkcjonować. Zmęczeni chorobą i ciągłymi poszukiwaniami pomocy, z dużym samozaparciem wprowadzają nowe, często zupełnie nieznane zalecenia, trudne i wymagające wielu wyrzeczeń, ale robią wszystko, by koszmar związany z chorobą i brakiem efektów leczenia farmakologicznego wreszcie się skończył. Zalecenia działają, zmienia się diametralnie życie moich pacjentów, a oni z radością stwierdzają, że mogą odstawić leki.

Ale pojawił się inny problem, który nas zaskoczył: odrzucenie przez otoczenie z powodu diety. Stała się ona uciążliwa nie dla rodziców czy chorych dzieci, ale dla ich znajomych, członków rodziny, dziadków, przedszkoli, szkół, do których chodziły. To dziwne, że z jednej strony kochamy naszych najbliższych, a z drugiej bezmyślnie próbujemy podważyć to, co oni robią, by pozbyć się choroby...

Rodzice czasami ulegają presji otoczenia, poddają się, rezygnują z zaleceń, ale po czasie wracają do mnie i z żalem mówią: „Wszyscy nas krytykowali za prowadzenie diety, gdy jednak dziecko z powodu tego, że nie stosujemy zaleceń dietetycznych, musiało być hospitalizowane, nagle nikt nie miał czasu, by zastąpić nas w szpitalu". To bolesna i przykra bezmyślność, brak serca do tego, by wesprzeć rodziców. Możemy odrzucać jakieś teorie, ale zanim to zrobimy, spróbujmy się czegoś na dany temat dowiedzieć, najlepiej ze źródeł naukowych. Nie podważajmy zaleceń ludzi, którzy zdobywaniem informacji na ten temat zajmują się zawodowo i zdobyli wykształcenie w tym kierunku.

Rodzice moich podopiecznych często słyszą: „Ciągle jesteś na tej diecie? Jest uroczystość rodzinna i co mam wam podać? Nie utrudniaj". Dziadkowie atakują pretensjami: „Robisz krzywdę dziecku, my chcemy iść z wnuczkami na lody, kupić słodycze, podać słodkie napoje. Dajcie sobie spokój". Dziadkowie nierzadko chcą wynagrodzić wnukom to, czego nie dali swoim dzieciom. Chcą nadrobić zaległości w okazywaniu miłości, a pomysł zazwyczaj mają jeden: coś kupić, a że łakocie są tanie, więc mogą tego dać dużo. Często nie mają innych pomysłów, by okazać miłość wnuczkom. A szkoda.

W przedszkolu czy w szkole mówią: „Alergia, osobne gotowanie, problem z wycieczkami? Proponujemy, abyście państwo znaleźli inną placówkę". Do tego dochodzą problemy z robieniem zakupów, pobytem na wczasach, wyjściem do restauracji.

Jest ciężko, ale mimo wszystko pacjenci trwają, ponieważ widzą efekty zaleceń. Ale jakim kosztem to się dzieje, wiem tylko ja i oni.

Mam nadzieję, że ten poradnik otworzy oczy niedowiarkom na działanie diety w leczeniu wielu schorzeń. Po wyleczeniu dieta jest niepotrzebna, ale zostają zmienione nawyki żywieniowe. Stajemy się bardziej czujni na to, co wkładamy do ust. Jestem przede wszystkim matką, która zna ból odmawiania dzieciom przyjemności spożywania uczulających pokarmów. Jestem kobietą, która spędziła wiele godzin w kuchni z małymi dziećmi. I pamiętam to zmęczenie gotowaniem, znużenie brakiem czasu dla siebie. Ale dzisiaj już nie muszę być tak restrykcyjna, zbieram efekty mojej ciężkiej pracy. Dlatego rozumiem pacjentów. Chciałabym coś wymyślić, aby rodzicom było łatwiej, ale to po prostu niemożliwe. Ale z drugiej strony cieszmy się, że dieta działa. Jest szansa, by dzieci były zdrowe i mogły prowadzić normalne życie.

Dlatego, korzystając ze sposobności, dziękuję wszystkim pacjentom i rodzicom pacjentów za to, że mimo wszystko się nie poddają. Przepraszam za zmęczenie, którego jesteście niejednokrotnie świadkami. Jestem dietetykiem, a czasami muszę być endokrynologiem, alergologiem, gastroenterologiem, nefrologiem, a to dużo. Na przykład żeby pomóc pacjentowi z chorobą Hashimoto, musiałam wczytać się w endokrynologię. Poznać leki, działanie hormonów, opracować dietę, przemyśleć suplementację jodem, co nie jest łatwą sprawą. A przecież przychodzą do mnie pacjenci z innymi poważnymi schorzeniami jelit, wątroby, trzustki, z alergią, chorobami autoimmunologicznymi, bezpłodnością.

Pisanie tego poradnika było dla mnie ogromnym wysiłkiem. Żeby się nim zająć, studiować do niego informacje, musiałam się odizolować od wszystkiego, także od rodziny i pacjentów.

Znalazłam swoją przestrzeń w gospodarstwie agroturystycznym Millerówka w Kamionce, tam powstała prawie cała książka.

Dziękuję Joannie i Arturowi Millerom za to, że gotowali mi zdrowe potrawy zgodnie z dietą bezglutenową. Dziękuję za lampkę czerwonego domowego wina przy rozpalonym kominku, która resetowała mój mózg obciążony wielogodzinną pracą. Dziękuję za Waszą opiekę!

Dziękuję Grażynie Kłobuch za olbrzymie zaangażowanie w pisanie tej książki. Cudownie mieć takiego współpracownika, który staje się przyjacielem. Dziękuję, Grażynko, za to, że gdy ja przestawałam dbać o siebie, Ty przejmowałaś pałeczkę. Dziękuję za to, że zawsze miałaś czas i chęci, by towarzyszyć mi w poszukiwaniach najlepszych rozwiązań dla pacjentów.

Dziękuję również Patrycji Cichy-Szept za to, że zwróciła moją uwagę na psychikę pacjentów, a także na to, że moja psychika potrzebuje wyciszenia i odpoczynku.

Pragnę także bardzo podziękować Agacie Przewieźlik za ilustracje, redakcję tekstu i za to, że mogłyśmy nawzajem na siebie liczyć i wspierać się przy tworzeniu tego poradnika.

Podziękowania należą się też moim córkom, Kamili i Natalii, które bardzo mnie wspierały w pracy nad tym poradnikiem. Takie córki to skarb. Dziękuję za to, że pojawiłyście się w moim życiu. Wasza miłość jest dla mnie najważniejsza, choć niekiedy odnosicie wrażenie, że nie poświęcam Wam wystarczająco dużo czasu.

Dziękuję również moim rodzicom – cieszę się, że nadal ze mną jesteście.

Chcę także podziękować mojej przyjaciółce Barbarze Ptaszyńskiej za wspólne głodówki i mobilizację do tego, aby patrzeć tam, gdzie innym trudno cokolwiek zauważyć.

Dziękuję Joannie Gruszce za cenne uwagi w trakcie pisania tej książki.

Żywienie człowieka wbrew pozorom jest bardzo trudnym działem. Jest to olbrzymia wiedza, która ciągle ulega modyfikacjom. Trzeba być bardzo ostrożnym, aby nie zrobić krzywdy pacjentom.

Dziękuję więc również panu doktorowi Pawłowi Grzesiowskiemu. Przede wszystkim za to, że chętnie dzieli się swoją wiedzą, za to, że jest otwarty. Rzadko można spotkać tak wspaniałego naukowca. Dziękuję za to, że pomimo olbrzymiej ilości obowiązków znalazł czas na to, by przejrzeć książkę.

Wreszcie dziękuję wydawnictwu Znak za zainteresowanie tematem i za pomoc w stworzeniu tego poradnika. Może da on początek dyskusji. Może zmobilizuje terapeutów do pracy przy okrągłym stole. Niech to będą nawet spory, ale oparte na podłożu naukowym. Mam nadzieję, że w końcu lekarze, dietetycy, psychoterapeuci połączą siły, bo nie da się już funkcjonować w pojedynkę. Celem tego poradnika jest także zwrócenie uwagi lekarzy na to, że dieta naprawdę może być istotnym narzędziem w leczeniu wielu schorzeń.

Przede wszystkim jednak ten poradnik powstał dla Ciebie, Drogi Czytelniku. Mam nadzieję, że moja praca uporządkuje również Twoje poszukiwania najlepszego dla siebie rozwiązania, aby wrócić do pełni sił i zdrowia. Wszystkim tego życzę. Bądźmy zdrowi!

Bożena Kropka

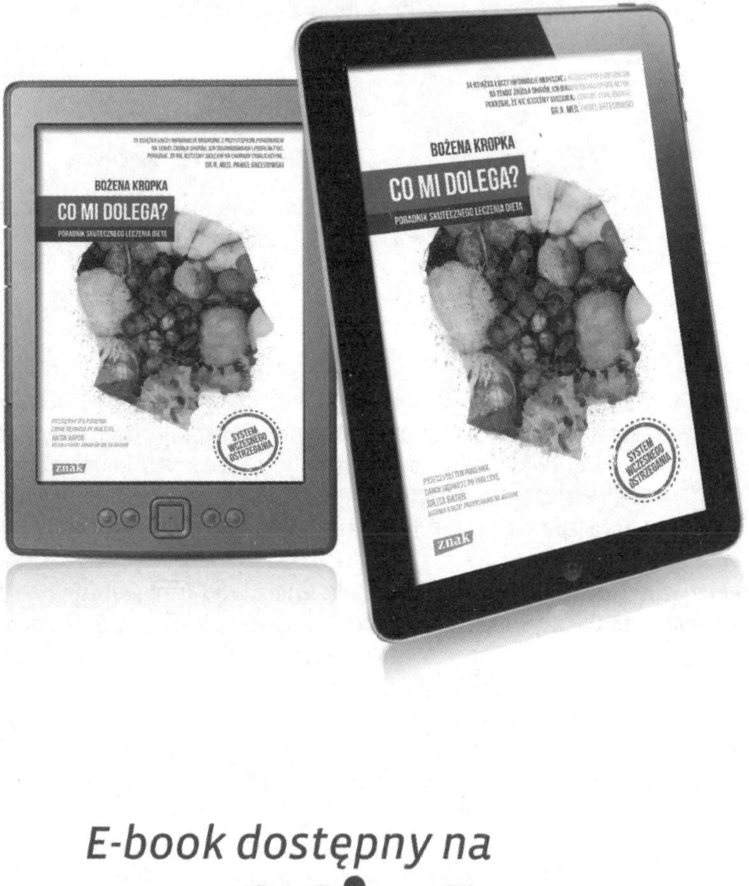
BOŻENA KROPKA
CO MI DOLEGA?
PORADNIK SKUTECZNEGO LECZENIA DIETĄ
SYSTEM WCZESNEGO OSTRZEGANIA
znak